Heinz Overschmidt
Ramon Gliewe
unter Mitarbeit von Peter Raschewski

Das Bodenseeschifferpatent A+D

Mit offiziellen Prüfungsfragen und Antworten

Delius Klasing Verlag

Seite 2: Kressbronn – die größte Marina am Bodensee

Bibliografische Information der Deutschen Nationalbibliothek
Die Deutsche Nationalbibliothek verzeichnet diese Publikation in der
Deutschen Nationalbibliografie; detaillierte bibliografische
Daten sind im Internet über http://dnb.d-nb.de abrufbar.

7. Auflage
ISBN 978-3-7688-0686-2
© by Delius, Klasing & Co. KG, Bielefeld

Zeichnungen: John Bassiner, Karin Buschhorn
Fotos: Ramon Gliewe, S. 111;
Gerhard Plessing, S. 2, 50, 134;
Peter Raschewski, S. 6, 8, 11, 14, 18, 19, 20, 128, 129;
Kurt Schubert, S. 12, 28, 44, 59, 66, 131;
Vetus, S. 47;
Hans-Günter Kiesel alle Übrigen
Druck: Ludwig Auer GmbH, Donauwörth
Printed in Germany 2007

Alle Rechte vorbehalten! Ohne ausdrückliche Erlaubnis
des Verlages darf das Werk, auch nicht Teile daraus,
weder reproduziert, übertragen noch kopiert werden, wie
z. B. manuell oder mithilfe elektronischer und mechanischer
Systeme einschließlich Fotokopieren, Bandaufzeichnung
und Datenspeicherung.

Delius Klasing Verlag, Siekerwall 21, D-33602 Bielefeld
Tel.: 0521/559-0, Fax: 0521/559-115
E-Mail: info@delius-klasing.de
www.delius-klasing.de

Vorwort

Für alle Führer von Sportbooten, deren Motor oder Hilfsmotor die Leistung von 3,69 kW übersteigt, ist auf den Binnenwasserstraßen in der Bundesrepublik Deutschland der Sportbootführerschein Binnen vorgeschrieben. Dieser wird durch die vom Bundesminister für Verkehr, Bau und Stadtentwicklung eingesetzten Prüfungskommissionen erteilt.

Die am Bodensee erworbenen Bodensee-Schifferpatente der Kategorie A und D können, gegen eine geringe Gebühr, in den amtlichen Sportbootführerschein Binnen umgeschrieben werden.

Diese Möglichkeit erlaubt den so zahlreichen Liebhabern des Schwäbischen Meeres und seiner zauberhaften Umgebung, im Rahmen eines Urlaubs gleichzeitig den am Bodensee obligatorischen Befähigungsnachweis, das Bodensee-Schifferpatent, zu erwerben und dieses danach ohne weitere Prüfung in den im übrigen Bundesgebiet auf Binnenwasserstraßen vorgeschriebenen und auf zahlreichen anderen Binnengewässern, auch im Ausland, anerkannten Sportbootführerschein umschreiben zu lassen. Das auch in Österreich und in der Schweiz gültige Bodensee-Schifferpatent hat dadurch eine zusätzliche, bedeutende Aufwertung erfahren.

Das vorliegende Lehrbuch vermittelt das für den Erwerb des Bodensee-Schifferpatentes erforderliche Wissen und enthält den amtlichen Prüfungsfragenkatalog. Außerdem erhält der Segler, ebenso wie der künftige Motorbootfahrer, viele Hinweise und Tipps aus der Praxis für die Praxis. Sie gehen über die für die Prüfung erforderlichen Grundkenntnisse weit hinaus und dienen der sicheren Beherrschung eines eigenen Bootes. Deshalb ist dieses Lehrbuch über die Vermittlung des für das Bodensee-Schifferpatent erforderlichen Wissens hinaus ein guter Begleiter auch für den fortgeschrittenen Segler und Motorbootfahrer.

Mit den Buchstaben A und D sind die Seiten mit dem Lehr- und Prüfungsstoff für die Kategorien »Segeln« (D) und »Motor« (A) gekennzeichnet.

Wir hoffen, mit diesem Lehrbuch dazu beizutragen, die Sicherheit der Wassersportler auf dem Bodensee und darüber hinaus auf allen übrigen Binnengewässern zu erhöhen.

Heinz Overschmidt (1925–2001)
Ehrenpräsident des Verbandes
Deutscher Sportbootschulen e.V.

Geleitwort

Der Bodensee, einer der größten Seen Westeuropas, eingebettet in eine wunderschöne Landschaft, lockt jährlich zahlreiche Gäste an.

Viele begnügen sich damit, die Weite dieses Gewässers von Land aus zu genießen, andere wiederum möchten den See hautnah erleben.

»Hinaus aufs Wasser!« ist die Devise.

Ein See – drei Länder – viele Ziele. Ob nun Einheimischer oder Gast, ohne das Bodensee-Schifferpatent geht es nicht – es sei denn, man gibt sich mit einer kleinen Jolle oder einem schwachen Außenborder zufrieden.

Wer jedoch mit einem sicheren Schiff den See erkunden und erfahren möchte, kommt nicht am Bodensee-Schifferpatent vorbei.

Oft wird die Frage gestellt: »Warum ein Extra-Schein?«

Nun, Deutschland ist nicht alleiniger See-Anlieger, die Schweiz und Österreich sind mit dabei. Das Verkehrsrecht eines Landes für alle zu übernehmen scheitert zum einen an der jeweiligen Souveränität eines Staates, zum anderen daran, dass der Bodensee schon in den Anfängen seiner Schifffahrt eine eigene Schifffahrtsordnung erhielt und das Bedürfnis, Tradition und Eigenständigkeit zu wahren in dieser Region besonders stark ausgeprägt ist. Möge dieses Buch dazu beitragen, das »Geheimnis« Bodensee etwas zu lüften und dem Seefahrer, der sich der Prüfung stellen möchte, hilfreich zur Hand sein.

Peter Raschewski
1. Vorsitzender des Verbandes
Deutscher Bodenseesegelschulen

Inhalt

Das Bodensee-Schifferpatent 8
Wie bekommt man das Schifferpatent? 8
Die Anerkennung anderer Bootsführerscheine 9
Zulassungs- und Registrierpflicht . 9
Kennzeichnungspflicht 9

Der Bodensee – Revierkunde 10
Naturschutz 11
Bodensee-Wetterkunde 12
Land- und Seewinde 12
Gewitter 12
Der Föhn 13
Der Sturmwarndienst 14
Bodensee-Navigation 16
Karte und Kompass 16
Entfernung, Geschwindigkeit und Tiefenmessung 18
Pegelberechnungen 18
Brücken 19
Fahrwasser- und Schifffahrtszeichen 20
Lichterführung 22
Schwimmende Anlagen, Geräte und Ankerlieger 25
Schwimmendes Gerät, Fahrzeuge bei der Arbeit, gesunkene und festgefahrene Schiffe auf den Rheinstrecken . 25
Notzeichen 26
Schallsignale 26
Befeuerung der Häfen und Landestellen 27

Rund ums Segelboot 28
Der Rumpf 29
Jollen, Kiel- und Mehrrumpfboote 29
Rumpfformen 30
Bug- und Heckformen 31
Begriffe rund um den Rumpf ... 31
Das Rigg 32
Takelungsarten 32
Mast und Spieren 33
Stehendes Gut 33
Laufendes Gut 34
Taljen 34
Das Segel 35
Segelbezeichnungen 36
Haupt- und Beisegel 37
Reffen und Reffeinrichtungen . 38
Reffen des Vorsegels 39
Ausrüstung und Beschläge 40
Wirtschafts- und Sanitäreinrichtungen 43

Umgang mit Leinen 44
Tauwerk 45
Das Material 45
Die Herstellung 45
Spleiß und Takling 45
Knoten 46

Theorie des Segelns 50
Richtungs- und Kursbezeichnungen 51
Kurse zum Wind 52
Wahrer und scheinbarer Wind . 53
Raumen und Schralen 53
Die Antriebskräfte 54
Antrieb durch Widerstand 54
Antrieb durch Auftrieb 54
Die Querkraft 54
Der Anstellwinkel des Segels ... 55
Die Abdrift 55
Die Stabilität 56
Die Formstabilität 56
Die Gewichtsstabilität 56
Luv- und Leegierigkeit 57
Verdränger und Gleiter 58

Die Rumpfgeschwindigkeit 58	Das Manöver 94	
Dynamischer Auftrieb 58	Mann an Bord 95	
	Schleppen und	
Praxis des Segelns 59	**geschleppt werden** 98	
Segel setzen 60	Verhalten auf dem Schlepper 98	
Segel anschlagen 60	Verhalten auf dem	
Anschlagen des Großsegels 60	geschleppten Boot 98	
Anschlagen der Fock 62	Der Schleppverband 99	
Segel setzen 62	Längsseits schleppen 99	
Segeltrimm 63	**Anker** 100	
Trimm des Großsegels 64	Die Ankertypen 100	**Anlegen** 124
Segel bergen 65	Ankerleine und Ankerkette 100	Anlegen an der Boje 125
Auftuchen des Großsegels 67	Der Ankerplatz 101	**Mann über Bord** 127
Das Ablegen 68	**Ankermanöver** 102	**Ausweich- und Fahrregeln** ... 128
Achteraussegeln 68	Das Ankern 102	Überholen 132
Ablegen vom Steg 68	Ankerlichten 103	Fahrregeln auf den
Ablegen von der Boje 70	**Kentern und Aufrichten** 104	Rheinstrecken 132
Der Aufschießer 71	Was tun nach dem Kentern? ... 106	
Der Nahezu-Aufschießer 71	**Verhalten im Sturm** 107	**Die Prüfungsfragen**
Anlegen 72	Das Abwettern von Böen 107	**mit Antworten** 134
Anlegen am Steg 72	Beidrehen und Beiliegen 107	**Theorieprüfung** 135
Anlegen an der Boje 74	**Sicherheitsausrüstung** 108	Allgemeines · Zulassung,
Anlegen vor dem Wind 76		Bau und Ausrüstung 135
Festmachen 77	**Rund ums Motorboot** 109	Schallzeichen · Lichterführung ·
Segeln am Wind 78	**Bootstypen** 110	Optische Signale 139
Die Segelstellung 78	Verdränger und Gleiter 111	Schifffahrtszeichen 142
Die Schwertstellung 79	**Motorenkunde** 112	Umweltschutz · Seemannschaft . 145
Die Position der Crew 80	Benzin- und Dieselmotor 112	Navigation und Wetterkunde ... 147
Segeln mit halbem	Zweitakter und Viertakter 112	Ausweich- und Fahrregeln ... 149
und raumem Wind 81	**Propeller** 113	Rheinstrecken
Die Segelstellung 81	Durchmesser und Steigung 113	(Alter Rhein/Seerhein) 151
Die Schwertstellung 81	Rechtsgängig	Segeln allgemein 153
Die Position der Crew 81	und rechtsdrehend 113	Segeln · Fahrregeln 155
Segeln vor dem Wind 82	Der Radeffekt 114	Motorboot · Fahrregeln 156
Die Segelstellung 82	**Die Steuerung** 114	Hochrheinstrecke
Die Schwertstellung 83	**Die Tankanlage** 115	(Stein/Schaffhausen) 158
Die Position der Crew 83	Tanken 116	**Die praktische Prüfung** ... 161
Gleiten 83	**Brandschutz** 117	Unter Motor 161
Wenden 84	**Gasanlagen** 118	Unter Segeln 161
Schiften 86	**Motorüberwachung** 118	
Halsen 88		**Kleines seemännisches**
Die »Gefahrenhalse« 90	**Fahren mit**	**Wörterbuch** 162
Die Q-Wende 91	**dem Motorboot** 119	
Kreuzen 93	**Ablegen** 120	
Holebug und Streckbug 93	Ablegen von der Boje 121	
Mann/Boje über Bord 94	**Wenden auf engem Raum** .. 123	
Mann über Bord – was tun? 94		

Das Bodensee-Schifferpatent

Jeder braucht ein Bodensee-Schifferpatent, der mit mehr als 12 m² Segelfläche oder 4,4 kW (6 PS) motorisiert auf dem Bodensee Boot fahren möchte. Das fordert die »Verordnung über die Schifffahrt auf dem Bodensee« (Bodensee-Schifffahrts-Ordnung – BodenseeSchO) vom 1. März 1976, in der Fassung vom 1. Januar 2002. Sie unterscheidet zwischen vier Kategorien von Schifferpatenten.

Kategorie A: Patent für Motorboote über 4,4 kW (6 PS). Mindestalter 18 Jahre. Mit 21 Jahren darf man auch Fahrgastschiffe führen, die für maximal 12 Fahrgäste zugelassen sind.

Kategorie D: Patent für Segelboote über 12 m² Segelfläche. Mindestalter 14 Jahre. Sind Segler mit mehr als 4,4 kW motorisiert, werden ihnen beide Patente abverlangt.

Darüber hinaus gibt es noch die Patente **Kategorie B** für Fahrgastschiffe und **Kategorie C** für Güterschiffe.

Wie bekommt man das Schifferpatent?

Wer ein Bodensee-Schifferpatent erwerben will, muss zum Führen des entsprechenden Bootes »geeignet und befähigt« sein. Diese Befähigung hat er vor einem Prüfungsausschuss des zuständigen Landratsamtes nachzuweisen. Die Zulassung zur Prüfung ist auf einem Formblatt des Landratsamtes zu beantragen. Zuständig für die Abnahme der Prüfung, die Ausstellung der Patente und alle übrigen Angelegenheiten der Freizeitschifffahrt sind die Landratsämter

Bodenseekreis Friedrichshafen (FN)
Konstanz (KN)
Lindau (Li)

Dem Antrag sind beizufügen:
– ein Lichtbild 38 x 45 mm, ohne Kopfbedeckung im Halbprofil,
– ein amtsärztliches oder ärztliches Zeugnis über die körperliche und geistige Eignung zum Führen eines Bootes, speziell über ausreichendes Seh-, Hör- und Farbunterscheidungsvermögen (Formblatt),
– ein Führungszeugnis (nur auf Verlangen).

Die Prüfung besteht aus einem theoretischen und einem praktischen Teil (s. auch Seite 135). Das theoretische Wissen wird nur schriftlich abgefragt. Die Antworten werden, entsprechend ihrer Wichtigkeit, mit einer unterschiedlichen Anzahl von Punkten bewertet.

Wer nicht bestanden hat, kann die Prüfung frühestens nach Ablauf von 4 Wochen wiederholen.

Wer auch die **Hochrheinstrecke** zwischen Stein am Rhein und Schaffhausen befahren will, der muss eine zusätzliche theoretische und praktische Prüfung ablegen. Der Hochrhein kann nur von Motorbooten befahren werden.

Patent-Entzug Hat der Inhaber seine Pflichten als Schiffsführer »erheblich« verletzt, stark alkoholisiert oder unter Einwirkung anderer Rauschmittel ein Boot geführt, kann ihm das Patent entzogen werden.

Aktualisierung Wer innerhalb der Bodensee-Uferstaaten umzieht oder von außerhalb in einen anderen Uferstaat zieht als den, der sein Schifferpatent ausgestellt hat, muss dieses umgehend aktualisieren lassen. Andernfalls ist es ungültig.

Umschreibung Das Bodensee-Schifferpatent kann ohne zusätzliche Prüfung in den amtlich vorgeschrie-

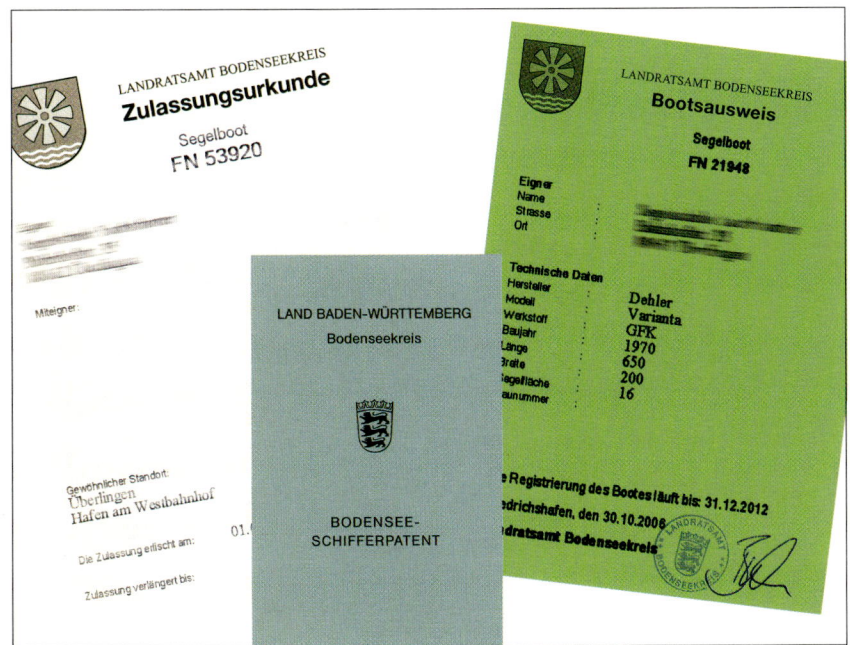

benen bundeseinheitlichen Sportbootführerschein Binnen umgeschrieben werden.
Wer das Schifferpatent A (Motor) mit dem Zusatz »Navigation« hat, erhält eine Prüfbescheinigung, die von der praktischen Prüfung für den amtlichen Sportbootführerschein See befreit.

Die Anerkennung anderer Bootsführerscheine

Inhaber der Sportbootführerscheine Binnen des Deutschen Segler-Verbandes (DSV) und des Deutschen Motoryachtverbandes (DMYV) und des Sportbootführerscheins See sind von der praktischen Prüfung befreit. Für jene, die nur mal Urlaub mit ihrem Boot am Bodensee machen wollen, entfällt sogar diese Auflage. Auf Antrag bei den Landratsämtern – und gegen eine Gebühr – erhalten Inhaber des Sportbootführerscheins Binnen oder See ein so genanntes Urlauberpatent. Es wird jedoch nur einmal im Jahr und höchstens für die Dauer eines Monats ausgestellt.

Zulassungs- und Registrierpflicht

Motorboote und Segelboote mit Motor oder Wohn-, Koch- oder sanitären Einrichtungen bedürfen einer amtlichen Zulassung. Sie ist beim zuständigen Landratsamt auf einem Formblatt zu beantragen. Voraussetzung ist eine technische Überprüfung des Bootes. Die Zulassung kann an bestimmte Auflagen gebunden sein. Sie erlischt nach 3 Jahren. Danach muss eine Nachuntersuchung beantragt werden. Die Zulassungsurkunde ist – wie alle Bootspapiere – stets an Bord mitzuführen.

❏ Nicht zugelassen sind:
– Motoren ohne Abgastypenprüfbescheinigung für die so genannte Abgasstufe 2. Sie schreibt genaue Grenzwerte für Emissionen von Kohlenmonoxid, Kohlenwasserstoffen und Stickstoffoxiden vor,
– Motoren, lauter als maximal 72 dB(A) in 25 m seitlichem Abstand.

Veränderungen sind kurzfristig mitzuteilen:
– bei Eigentümerwechsel innerhalb von 2 Wochen,
– bei Standortwechsel des Bootes und/oder Eigentümers innerhalb von 2 Monaten,
– soll das Boot künftig nicht mehr auf dem Bodensee betrieben werden, ist die Zulassungsurkunde sofort zurückzugeben.

Alle nicht zulassungspflichtigen Boote über 2,50 m Länge müssen registriert werden. Für sie wird ein Bootsausweis ausgestellt.

Kennzeichnungspflicht

Jedes zulassungs- und registrierpflichtige Boot bekommt von den Landratsämtern ein Kennzeichen zugeteilt. Ausgenommen Boote ohne Motor unter 2,50 m, außerdem Surfbretter, Paddel- und Rennruderboote. Sie sind, unabhängig von ihrer Länge, mit Namen und Adresse des Eigners zu versehen. Die Kennzeichen – lateinische Buchstaben und arabische Ziffern – müssen, gut sichtbar, hell auf dunklem oder dunkel auf hellem Grund stehen und mindestens 8 cm hoch sein. Der Kennzeichnungspflicht ist genügt, wenn das Boot ein von einer anderen deutschen, österreichischen oder Schweizer Schifffahrtsbehörde erteiltes amtliches Kennzeichen führt. Es entbindet aber nicht von der Zulassung.

Der Bodensee – Revierkunde

Der Bodensee in Zahlen	
Gesamtfläche:	571 km²
Wasserspiegel:	395 m über Normalnull
Uferlänge:	263 km
Größte Tiefe (zwischen Fischbach und Uttwill):	254 m
Größte Breite (zwischen Friedrichshafen und Arbon):	14 km
Entfernung zwischen Ludwigshafen und Bregenz:	63 km
Entfernung zwischen Konstanz und Bregenz:	46 km
Entfernung zwischen Ludwigshafen und der Insel Mainau:	17 km
Entfernung zwischen Konstanz und Stein am Rhein:	27 km

Der Bodensee ist ein internationales Gewässer. Seine Ufer teilen sich die Bundesländer Baden-Württemberg und Bayern, Österreich mit dem Bundesland Vorarlberg und die Schweiz mit den Kantonen St. Gallen, Thurgau und Schaffhausen. Eine Hoheitsgrenze auf dem Wasser gibt es nicht, ausgenommen in der Konstanzer Bucht. Dort existiert eine Grenzregelung zwischen der Bundesrepublik und der Schweiz.

Grenzverkehr Er ist für Sportboote erfreulich unkompliziert. Sofern sie keine zollpflichtigen Waren an Bord transportieren, können sie, ohne Formalitäten, zwischen den Bodensee-Ufern verkehren. Jedoch muss man, für den Fall einer Kontrolle, Pass oder Ausweis dabei haben. Nur wer zu verzollende Waren mitführt, muss die vorgeschriebenen Zoll-Landungsplätze zum Klarieren anlaufen.

Der Bodensee ist in **Obersee** und **Untersee** unterteilt. Der Obersee schließt den **Überlinger See** und den **Konstanzer Trichter** ein. Der Untersee umfasst den **Zeller See** und den **Gnadensee** mit dem **Markelfinger Winkel**. Unter- und Obersee verbindet der **Seerhein**.

Der Obersee wartet mit einigen charakteristischen Untiefen auf. Am nordöstlichen Ufer, westlich von Lindau, sind es **Schachener Berg**, **Alwinder Berg**, **Oberer** und **Unterer Berg**, am Südufer des Überlinger Sees, nordwestlich von Wallhausen, der **Teufelstisch**.

Tempolimit Auf dem gesamten Bodensee und den mit ihm in Verbindung stehenden Rheinstrecken gibt es genau zu beachtende Geschwindigkeitsbeschränkungen.
– Ober- und Untersee 40 km/h,
– Alter Rhein 10 km/h,
– Seerhein 10 km/h,
– Hochrhein 20 km/h bei Talfahrt
        10 km/h bei Bergfahrt.

Fischer In die Fischerei auf dem See teilen sich Berufs- und Hobbyfischer. Die professionellen Fischer – am weißen Ball zu erkennen – stellen in tiefem Wasser so genannte Schwebnetze. Sie »schweben« mindestens 2 m unterhalb der Oberfläche, sodass man sie im Allgemeinen, zwischen den Schwimmern, gefahrlos überlaufen kann. In Ufernähe verankerte Bodennetze hingegen reichen bis dicht unter die Wasseroberfläche. Also aufmerksam umfahren. Hinter Fischern mit dem weißen Ball sind mindestens 200 m Abstand zu halten.

Sportfischer – kenntlich an einer weißen Flagge – benutzen häufig Schleppangeln. Ihr Fanggerät kann bis zu 100 m nachschleppen und bis zu 40 m seitlich ausscheren. Sie genießen zwar gegenüber der übrigen Schifffahrt keine Sonderrechte, doch empfiehlt es sich, schon aus Gründen der Fairness, ihrem Fanggerät aus dem Wege zu gehen.

Naturschutz

Rund um den Bodensee gibt es eine Reihe kleinerer und größerer Naturschutzgebiete. Meist sind sie mit einer dreieckigen, grünumrandeten weißen Tafel mit einem schwarzen Adler markiert. In diesen Uferregionen nisten zahlreiche – teilweise schon rar gewordene – Wasser- und Sumpfvögel, gedeihen seltene Pflanzen. Die größten Naturschutzgebiete sind:
– Wollmatinger Ried,
– Teile der Halbinsel Mettnau,
– Markelfinger Winkel,
– Seefelder Ach,
– Eriskircher Ried,
– Rheinspitz und Rohrspitz.

❏ Es ist verboten, diese Naturschutzgebiete anzulaufen und zu betreten.

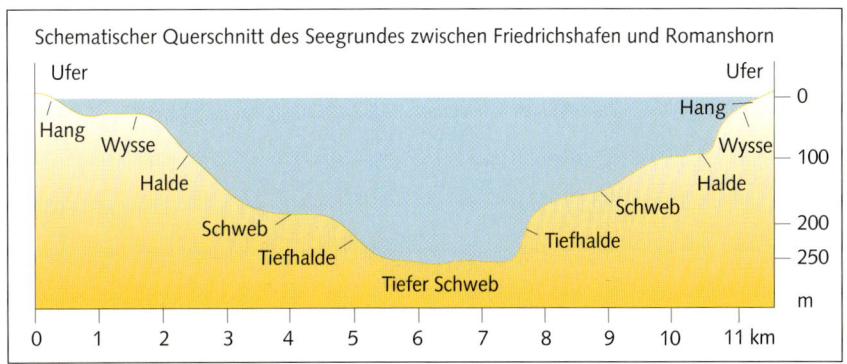

Die Formation des Seegrundes hat ihre eigenen spezifischen Bezeichnungen.

❏ Beim Ankern ist ein Mindestabstand von 25 m von der Schilfkante einzuhalten.

❏ Motorboote dürfen grundsätzlich nicht innerhalb einer Uferschutzzone von 300 m fahren. Beim Ab- und Anlegen haben sie senkrecht zum Ufer auf dem kürzesten Weg zu verkehren. Die Höchstgeschwindigkeit in dieser Zone beträgt 10 km/h.

Bodensee-Wetterkunde

Land- und Seewinde

Die tägliche Sonneneinstrahlung auf Land und Wasser verursacht ein rein lokales Windsystem: die **thermischen Winde.** Sie beruhen darauf, dass sich Land viel schneller erwärmt als Wasser, aber auch schneller wieder auskühlt. So bildet sich unter der Sonneneinstrahlung über Land ein kleines Tief, das durch einströmende kühlere Meeresluft aufgefüllt wird. Es entsteht

Seewind. Er weht von See aufs Land (auflandig) und erreicht am frühen Nachmittag seine größte Stärke. Mit Sonnenuntergang schläft er ein.

Am späten Abend, beziehungsweise nachts beginnt das umgekehrte Spiel. Über dem Wasser, das die Wärme länger speichert, bildet sich ein kleines Tief, das von kühlerer Landluft aufgefüllt wird, dem

Landwind. Er weht vom Land aufs Wasser (ablandig).

Diese thermischen Winde entstehen bei einer stabilen Hochdruckwetterlage. In der Regel sind sie nur schwach, bis höchstens 3 Beaufort (10 Knoten).

Im Allgemeinen kommen, auf Grund der Großwetterlage, westliche Winde am Bodensee am häufigsten vor. Bei Hochdrucklagen kann man im Obersee mit schwachen Süd- bis Westwinden, im Überlinger See mit Südostwinden rechnen.

Gewitter

Frontgewitter entstehen an einer Kaltfront innerhalb eines großräumigen Tiefs. Sie kündigen sich durch

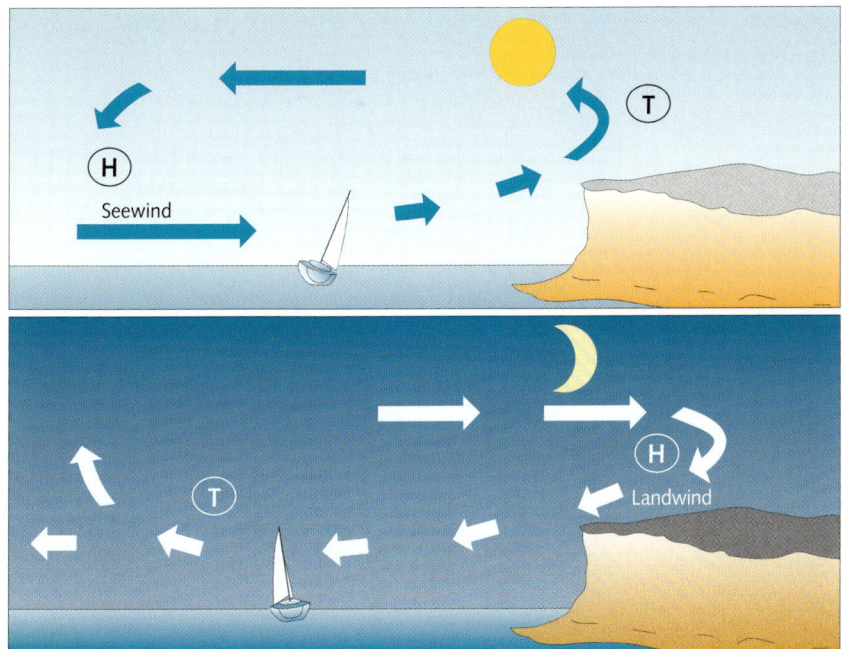

fallenden Luftdruck und eindrucksvolle Wolkentürme an. Sie ziehen am Bodensee, mit seiner vorherrschenden Westwindlage, überwiegend aus südwestlichen bis westnordwestlichen Richtungen auf. Sie sind – häufig begleitet von starken Regen- und Hagelschauern – besonders gefürchtet. Sie sind zwar meistens innerhalb von 20 Minuten durchgezogen, doch muss man mit gefährlichen Böen von 9–11 Beaufort (41–60 Knoten) rechnen.

Wärmegewitter bleiben örtlich beschränkt, können aber ebenfalls starke böige Winde mit sich bringen. Sie entstehen bei länger anhaltenden Hochdrucklagen mit ihren ausgeprägten thermischen Winden. Durch die starke Erwärmung des Landes wird vom Seewind viel Feuchtigkeit aufwärts transportiert. Es entsteht eine Gewitterwolke (Cumulonimbus) mit oft oben vereisten Türmen, aus der heftige Fallwinde niedergehen.

Solche Wärmegewitter können östlich, südlich oder nördlich des Sees stehen. Sie beeinträchtigen die vorherrschende Wetterlage kaum. Unmittelbar vor Ausbruch des Gewitters flaut der Wind häufig ab und springt dann jäh um 180° um. Er bläst also unvermittelt aus der Gegenrichtung. Wer beim Segeln nicht auf diesen Winddreher vorbereitet ist, kann größte Schwierigkeiten bekommen.

Der Föhn

Föhn entsteht, wenn sich nördlich der Alpen eine Zone tiefen Luftdrucks befindet, südlich der Alpen ein Hochdruckgebiet. Dadurch bildet sich eine gewaltige Luftströmung von Süden, über die Alpen hinweg, nach Norden. Die Luft wird angehoben, kühlt sich ab und die vom Mittelmeer mitgeführte Feuchtigkeit in ihr kondensiert. Es entstehen Wolken, die sich schließlich am Südhang der Alpen abregnen. Diesseits der Alpen gleitet die trockene Luftmasse wieder abwärts und erwärmt sich. Trockene Luft aber erwärmt sich viel schneller als sich feuchte abkühlt. Das bedeutet, dass sie viel wärmer diesseits der Alpen ankommt als sie einmal in gleicher Höhe in Italien war.

Wegen der geringen Luftfeuchtigkeit herrscht – bei südlichen bis südsüdöstlichen Winden – sehr klare Sicht. Die Alpen erscheinen scharf konturiert und viel näher als sonst. Der Himmel ist, bis auf schleierartige sogenannte Föhnfische (Altocumulus lenticularis) strahlend blau, während eine dicke eindrucksvolle Wolkenmauer über den Alpen steht.

Der Föhnsturm kann am Bodensee orkanartig hereinbrechen. Noch mit sehr leichtem Wind segelnd, sieht man von ferne plötzlich dunkles fliegendes Wasser auf sich zukommen. Kenterungen, Mastbrüche oder zerfetzte Segel sind nichts Ungewöhnliches, wenn man auf den Föhnsturm nicht vorbereitet ist. Vom Rheintal einfallend, dreht er leicht westlich, in Längsachse des Sees, und tobt sich im Allgemeinen im östlichen Obersee voll aus. Selten reicht er über die Höhe von Immenstaad-Güttingen hinaus. Wer hier im östlichen Teil des Sees auf dem Wasser ist, tut gut daran, bei sehr klarer Sicht die Wasseroberfläche in Richtung Rheintal aufmerksam zu beobachten, um den schlagartig einsetzenden Sturm rechtzeitig herannahen zu sehen. Ablaufen in Richtung Überlinger See kann dann die einzig richtige Maßnahme sein. Meist hält der Föhnsturm nur wenige Stunden an. Doch schnell baut sich eine äußerst ruppige kurze Welle auf.

Der Sturmwarndienst

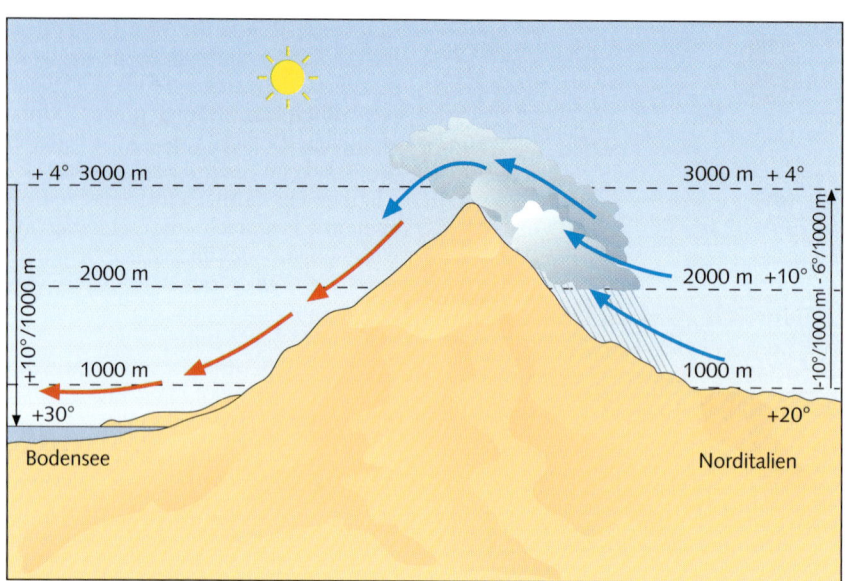

Trockene Luft kühlt sich ab oder erwärmt sich um 10° pro 1000 m. Feuchte Luft, ab Kondensationsbasis (unterer Wolkenrand), kühlt sich nur um 6° pro 1000 m ab. Durch diese unterschiedlichen Abkühlungsraten wird die Luft bei Föhn diesseits der Alpen wärmer als sie jenseits in Norditalien ist.

Zur Sturmwarnung sind rund um den Bodensee 43 orangefarbene Blinkscheinwerfer an markanten Uferstellen so postiert, dass mindestens 1 Feuer von jedem Punkt des Sees aus zu sehen ist. Es gibt 3 Warnbereiche, die getrennt geschaltet werden können:
West (Grenze: Ermatingen–Mainau–Uhldingen),
Mitte (Westliche Grenze: Konstanz–Eichhorn–Meersburg; östliche Grenze: Widenhorn–Eriskirch),
Ost (Grenze: Arbon–Langenargen Schloss Monfort).
Die Trennlinien des Bereichs Mitte überschneiden sich mit den angrenzenden Bereichen. Warnungen erfolgen, wenn Windgeschwindigkeiten um 25 Knoten (46,3 km/h) und mehr zu erwarten sind.
Eine **Starkwindwarnung** mit 40 Blitzen pro Minute wird gegeben, wenn mit Böen zwischen 25 und 33 Knoten (6 bis 7 Beaufort) zu rechnen ist. Eine Starkwindwarnung kann in eine Sturmwarnung erweitert und diese auch zurückgeschaltet werden. Unbedingt reffen, eine Rettungsweste anlegen und sich nach einem Hafen oder Uferschutz umsehen.
Eine **Sturmwarnung** mit 90 Blitzen signalisiert eine unmittelbare Gefahr mit Böen von 34 Knoten und mehr (ab 8 Beaufort). Das heißt: Auf dem schnellsten Wege den nächsten Hafen oder das windgeschützte Ufer aufsuchen oder aus einem Hafen nicht mehr auslaufen.
Wetterberichte und Sturmwarnungen werden täglich über die Radiosender Bayern 3 und Südwestfunk 3 ausgestrahlt. Außerdem kann man einen speziellen Bodenseewetterbericht per Telefon abrufen.

Eine typische Föhnstimmung über dem Bodensee.

Seenotrettung übernehmen Wasserschutz- und Seepolizei, üblicherweise kostenlos. Hat sich aber jemand leichtsinnig in Gefahr gebracht, etwa durch Missachtung einer Sturmwarnung, kassieren sie eine Bergegebühr.

Betriebszeiten des Sturmwarnsystems

Ganzjährig. Vom 1. April bis 31. Oktober von 6.00 bis 22.00 Uhr in der übrigen Zeit von 7.00 bis 20.00 Uhr.

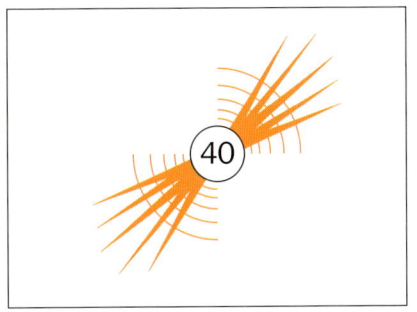

Starkwindwarnung

Aufleuchten von orangefarbenen Blinklichtern mit etwa 40 Blitzen pro Minute: Es sind Spitzenböen zwischen 6 und 7 Beaufort zu erwarten (39 bis 61 km/h).

Sturmwarnung

Aufleuchten von orangefarbenen Blinklichtern mit etwa 90 Blitzen pro Minute: Es sind Spitzenböen ab 8 Beaufort (62 km/h) zu erwarten.

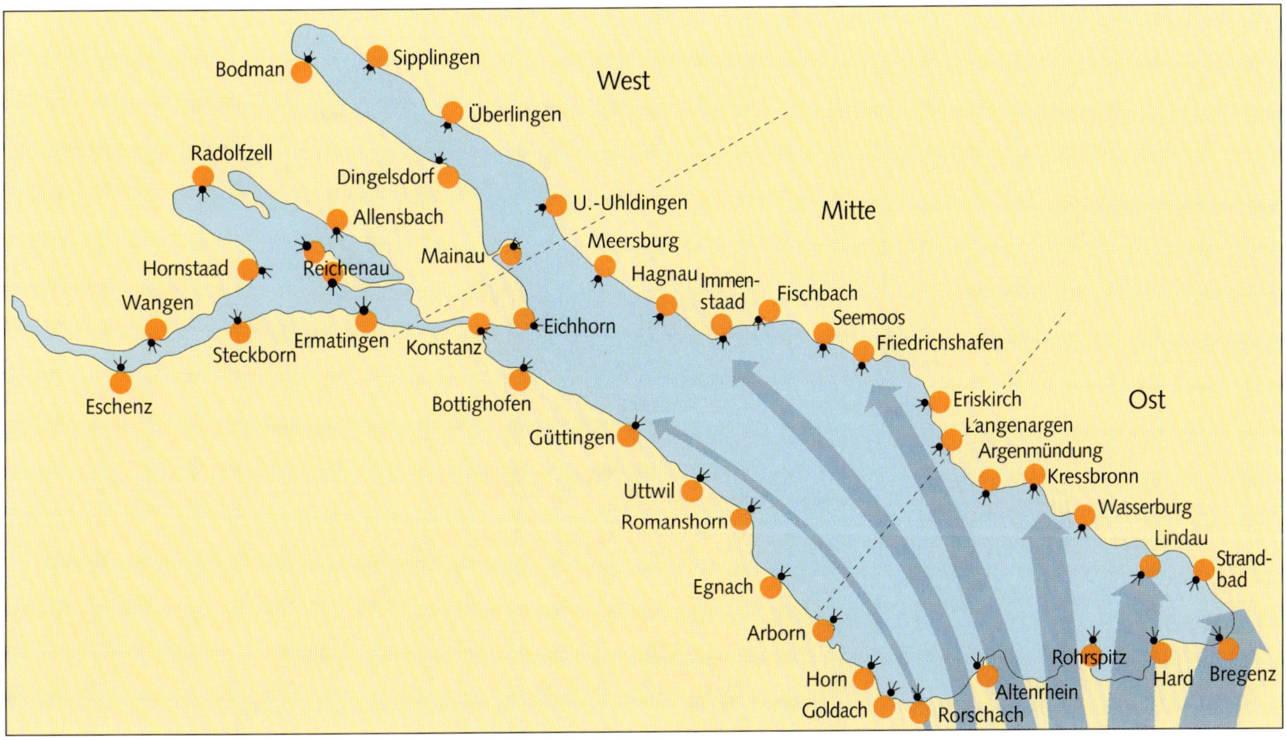

Die Standorte der Sturmwarnlichter, die Warnbereichsgrenzen und eine schematische Darstellung des Föhneinfalls und der Stärke seiner Ausbreitung.

Bodensee-Navigation

Karte und Kompass

Der Bodensee ist ein weitgehend überschaubares Binnengewässer. Üblicherweise orientiert man sich an Landmarken. Um aber auch das zuverlässig zu können, gehört eine **Bodensee-Navigationskarte** oder **Bodensee-Schifffahrtskarte** an Bord. Will man ein Ziel außerhalb seines Gesichtskreises direkt anlaufen, muss man seinen Kurs dorthin in der Seekarte »abstecken«, das heißt, der Karte entnehmen, und ihn nach dem **Kompass** steuern. Seekarte und Kompass sind also die unerlässlichsten Orientierungsmittel für die Navigation. Unerlässlich erst recht natürlich bei Nacht und auch bei unsichtigem Wetter, von dem jeder einmal überrascht werden kann. Um den Kurs aus der Karte entnehmen zu können, braucht man ein **Kursdreieck** und ein Anlegedreieck. Das Kursdreieck wird mit seiner Hypotenuse an die Kurslinie gelegt und dann parallel verschoben bis der Nullpunkt auf einem Meridian (Län-

Wie man in der Seekarte arbeitet

Mit einem Bleistift die Kurslinie ziehen, das Kursdreieck mit der Hypotenuse anlegen, den rechten Winkel des Dreiecks immer nach unten, mit dem Anlegedreieck das Kursdreieck parallel so weit verschieben, bis die Nullmarke auf einem Meridian liegt. Im Schnittpunkt des Meridians mit der Gradrose den Kurs ablesen, hier 219°. Der Gegenkurs Romanshorn – Friedrichshafen beträgt 039°.

> **Merke:** Alle vom Meridianschnittpunkt nach rechts führenden Kurse liegen zwischen 000° und 180°, alle nach links führenden zwischen 180° und 360°.

Dieser der Karte entnommene »rechtweisende« Kurs muss jetzt zum Magnetkompass-Kurs umgerechnet werden. Umgekehrt geht man vor, soll ein am Kompass angezeigter Kurs in die Karte eingetragen werden: Den Nullpunkt des Kursdreiecks auf den Meridian bringen, das Dreieck drehen, bis er auf der Gradrose die für den Kurs errechnete Gradzahl schneidet. Dann das Dreieck parallel verschieben, bis die Hypotenuse meinen Standort (Ausgangspunkt) schneidet, und die Kurslinie ziehen.

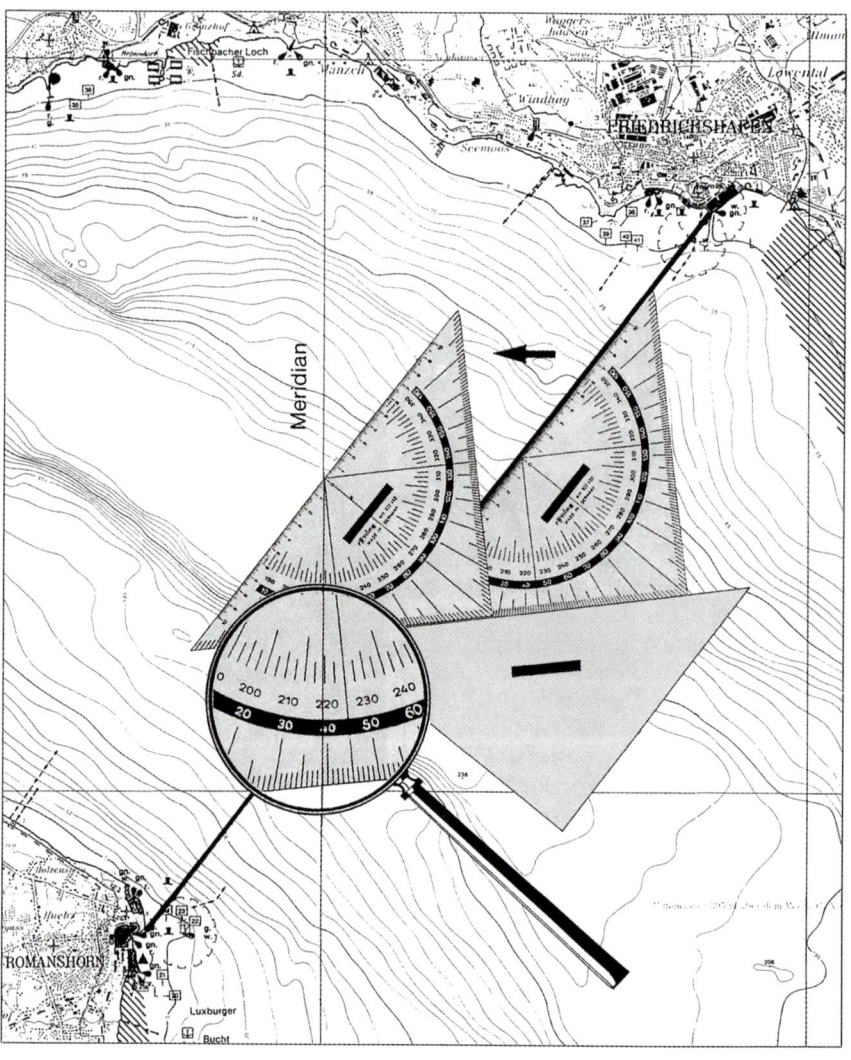

Der Kompass
Er sollte weit genug von elektromagnetischen Einflüssen entfernt so montiert sein, dass ihn der Steuermann von jeder Seite des Cockpits aus gut ablesen kann.

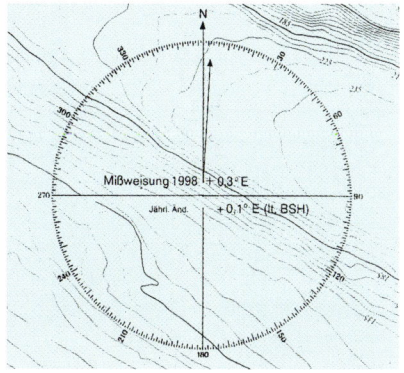

Missweisungsrose aus einer Bodenseekarte mit Angabe der jährlichen Änderungen.

gengrad) liegt. Der so gefundene Kurs in Grad ist der Kartenkurs oder – nautisch korrekt –
rechtweisende Kurs (rwK).
Ihn kann man jedoch nicht am Kompass steuern, denn der weist nicht in die geographische Nordrichtung der Karte, sondern er richtet sich nach dem magnetischen Nordpol aus, der aber deckt sich nicht mit dem geographischen. Um diese Differenz zwischen geographischem und magnetischem Pol zeigt der Kompass »falsch« an. Diese Abweichung ist überall auf der Erde anders. Sie wird als
Missweisung (Mw)
in Grad angegeben und auf der Seekarte in einer Kompassrose dargestellt. Sie ändert sich jährlich.
Wird die Kompassrose durch den Erdmagnetismus nach Osten (rechts) abgelenkt, bekommt die Missweisung ein » + «. Bei einer Ablenkung nach Westen ein » – «. Am Bodensee hat man eine » + «-Missweisung.
Der Kompass macht aber noch einen weiteren »Fehler«: Er wird auch durch Eisenteile und Elektrik an Bord abgelenkt, entsprechend heißt die Abweichung auch

Ablenkung (Abl).
Sie ist auf den verschiedenen Kursen unterschiedlich groß und in einer Ablenkungstabelle oder Steuertafel erfasst. Die östliche Ablenkung erhält ebenfalls ein » + «, die westliche ein » – «.
❑ Merkregel: Die Karte zeigt die (»richtige«) geographische Nordrichtung. Der Kompass zeigt die (»falsche«) magnetische Nordrichtung.

1. Beispiel: Wir wollen den Kurs Friedrichshafen – Romanshorn nach Kompass steuern. Der rechtweisende Kurs (rwK), also der Kartenkurs, beträgt 219°, die Missweisung 2003 +0,8°, (aufgerundet) +1°, die Ablenkung, laut unserer Ablenkungstabelle, –3°. Welchen Kurs müssen wir steuern?

Magnetkompasskurs	MgK	221°
Ablenkung	Abl +(–)	03°
Missweisender Kurs	mwK	218°
Missweisung	Mw –(+)	01°
Rechtweisender Kurs	rwK	219°

Nach der Regel: vom »richtigen« zum »falschen« Kurs mit dem »falschen« (umgekehrten) Vorzeichen. In diesem Fall rechnet man von unten nach oben.

2. Beispiel: Wir befinden uns auf dem Bodensee und lesen am Kompass 221° ab. Die Missweisung beträgt (aufgerundet) +1°, die Ablenkung –3°. Mit welchem Kurs müssen wir in die Karte eingehen?

Magnetkompasskurs	MgK	221°
Ablenkung	Abl	– 03°
Missweisender Kurs	mwK	218°
Missweisung	Mw	+ 01°
Rechtweisender Kurs	rwK	219°

Nach der Regel: vom »falschen« zum »richtigen« Kurs mit richtigem Vorzeichen. Hier wird von oben nach unten gerechnet.

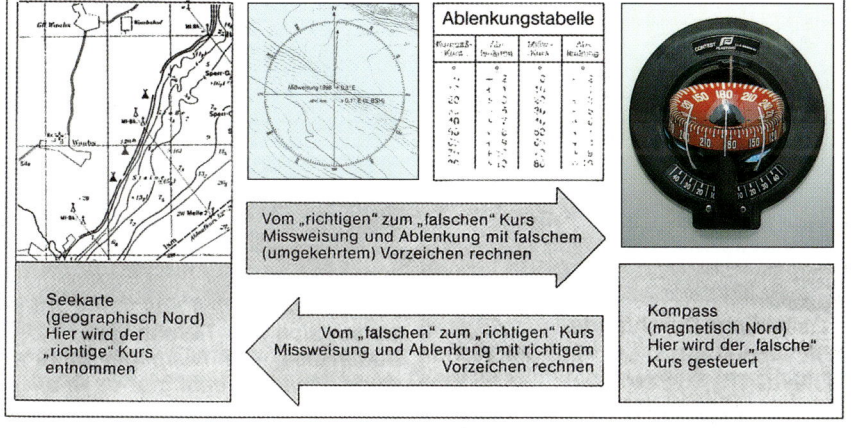

Entfernung, Geschwindigkeit und Tiefenmessung

Die Entfernung – seemännisch Distanz – wird in der Binnenschifffahrt in km, die Geschwindigkeit (Fahrt) in km/h gerechnet. In der Seefahrt hingegen in Seemeilen (sm) = 1,852 km, und die Fahrt in Knoten (kn) = sm/h. Um die Geschwindigkeit (Fahrt) oder die zurückgelegten Entfernungen (Distanzen) zu messen – oder beides – dient das **Log**. Ein Messinstrument, das nach verschiedenen Verfahren – mechanisch, elektrisch oder vollelektronisch – arbeitet.

Zur Tiefenmessung hat das **Echolot** das früher gebräuchliche Handlot, an einer entsprechend langen Leine, nahezu vollständig verdrängt. Es misst die Laufzeit eines Ultraschallsignals vom Schiffsboden zum Grund und wieder zurück und errechnet daraus die Wassertiefe.

Pegelberechnungen

Der Bodensee hat, jahreszeitlich bedingt, schwankende Wasserstände. Sie können bis zu 2,00 m differieren. Um in allen Seebereichen sicher navigieren zu können, kommt man nicht ohne Wasserstandsberechnungen aus. Nicht einmal alle Häfen können zu jeder Jahreszeit angelaufen werden. Alle Angaben in den Bodenseekarten und Hafenhandbüchern beziehen sich auf den amtlichen Pegel für den Bodensee in Konstanz. Die Seekarten haben ihren Nullpunkt – die Grenze zwischen Wasser und Land – bei einem Konstanzer Pegel von 2,50 m.

Er wird deshalb auch als **Null**- oder **Normalpegel** bezeichnet. Der jeweilige Tagespegel kann morgens über Rundfunk abgehört werden.

»Der Bodensee bei Konstanz drei-neun-acht . . .« beispielsweise bedeutet, dass morgens 3,98 m abgelesen wurden, der Pegel also 1,48 m über dem Nullpegel von 2,50 m liegt. Allen Tiefenangaben müssen 1,48 m hinzugerechnet werden, um die tatsächliche Wassertiefe dieses Tages am gewünschten Ort zu ermitteln.

1. Beispiel:
Ausgewählter Liegeplatz,
Tiefenangabe im
Hafenhandbuch   0,90 m
Tagespegel   3,98 m
Tiefgang des Bootes   1,30 m

Frage: Reicht die Wassertiefe aus?

Tagespegel   3,98 m
Nullpegel   – 2,50 m
Wasserstand über Kartennull   1,48 m
Wassertiefe auf Kartennull + 0,90 m
Gesamttiefe   2,38 m
Tiefgang des Bootes   – 1,30 m
Wasser unterm Kiel   1,08 m

2. Beispiel:
Alte Brückendurchfahrt Konstanz (mittlerer Bogen) bei einem Pegel von 4,50 m, Höhe der Motoryacht über Wasser 3,95 m

Frage: Reicht die Durchfahrtshöhe?

Tagespegel   4,50 m
Nullpegel   – 2,50 m
Wasserstand über Kartennull   2,00 m
Höhe mittlerer Brücken-
bogen bei Nullpegel   6,15 m
Wasserstand über Kartennull   – 2,00 m
Tatsächliche Durchfahrtshöhe   4,15 m
Höhe des Bootes   – 3,95 m
Verbleibender Zwischenraum   0,20 m

Von ihm geht alles aus, auf ihn beziehen sich alle Tiefenangaben des Bodensees: der Nullpegel in Konstanz. Weitere Pegel gibt es in allen öffentlichen Bodenseehäfen.

Brücken

Die alte Rheinbrücke von Konstanz (Bahn- und Straßenbrücke) vom Obersee aus gesehen. Die Durchfahrtshöhen unter den drei Bögen sind unterschiedlich. Der mittlere und rechte Bogen tragen auf beiden Seiten gelbe Rhomben (empfohlene Durchfahrt, Gegenverkehr).

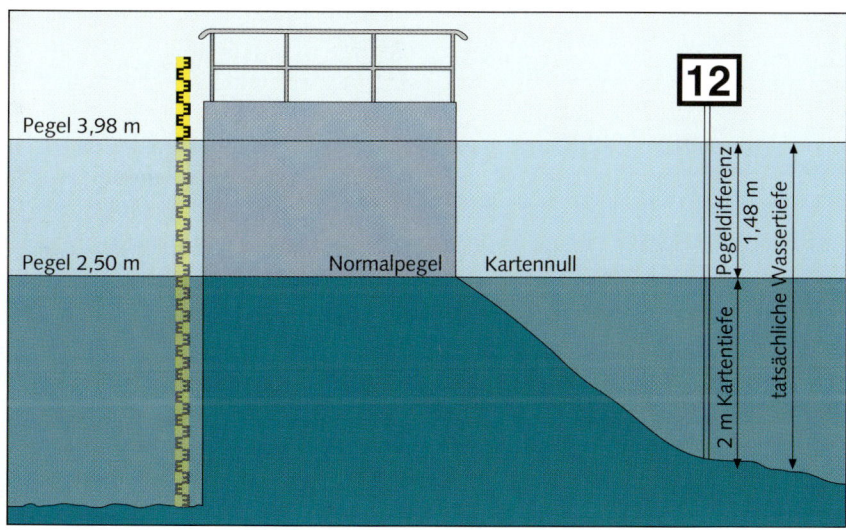

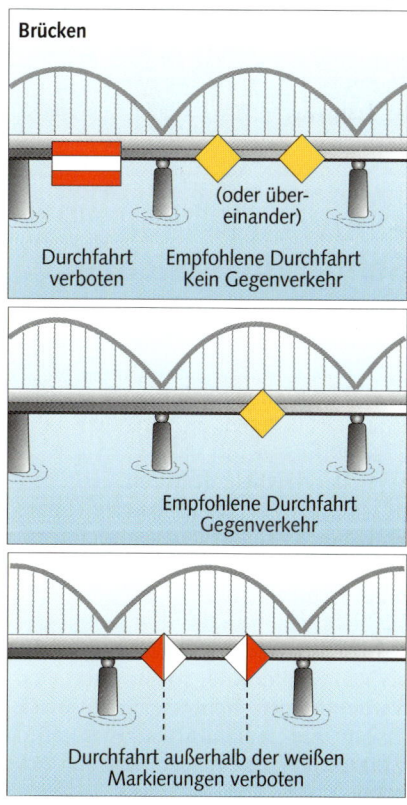

Pegeldarstellung
Er zeigt einen Stand von 1,48 m über Kartennull. Tafel mit Ordnungsnummer aus der Bodensee-Schifffahrtskarte. Diese Tafeln stehen jeweils an der 2-m-Tiefenlinie, bezogen auf Kartennull (2,50 m am Konstanzer Pegel).

20 Fahrwasser- und Schifffahrtszeichen A+D

Achtung! Dieses rote Dreieck bezeichnet Untiefen und Schifffahrtshindernisse.

2-m-Mindestwassertiefe-Tafel mit der 1. von insgesamt 99 Ordnungsnummern und Ankerverbot im Umkreis von 210 m.

Fahrwassermarkierung (grüne Seite) am Beginn des Seerheins mit Achtungszeichen und Geschwindigkeitsbeschränkung (10 km/h) auf 8,5 km Länge.

Fahrwasser- und Schifffahrtszeichen

❏ Verboten ist es, Schifffahrtszeichen zu beschädigen, zu verändern oder zu entfernen.
Wer dergleichen feststellt, ist verpflichtet, sofort die nächsterreichbare Polizeidienststelle zu benachrichtigen. Auch darf man an Schifffahrtszeichen nicht festmachen.
Im Übrigen ist die Symbolik der Schifffahrtszeichen leicht zu verstehen. Schilder mit rotem Rand sind Verbots- oder Gebotsschilder, blaue Tafeln mit weißen Symbolen Hinweiszeichen zur Erleichterung des Verkehrs.

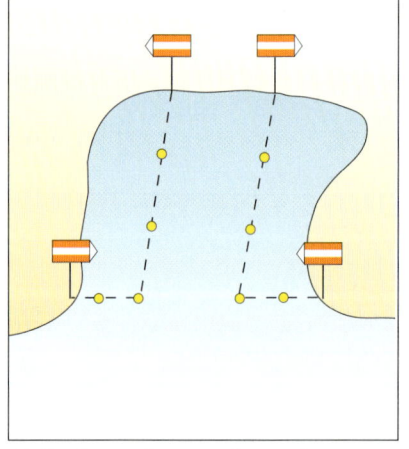

Gelbe Bojen kennzeichnen Grenzen von Wasserflächen, für die besondere Anordnungen bestehen. Hier: Für jeden Schiffsverkehr gesperrte Wasserflächen.

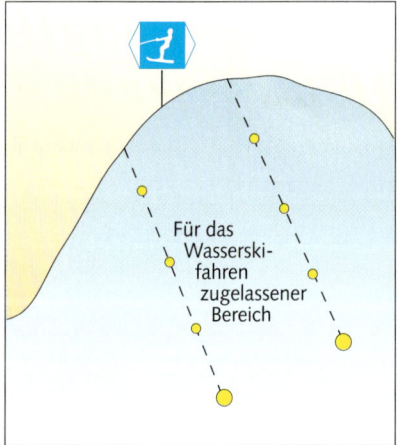

Für Wasserskilaufen ausgewiesene Wasserfläche. Die äußeren Bojen müssen einen um 20 cm größeren Durchmesser aufweisen als die übrigen gelben Schwimmkörper.

Lichterführung

Die Lichter eines Schiffes dienen nicht dazu, in der Dunkelheit zu sehen, sondern um gesehen zu werden. Aus Art und Anordnung soll man erkennen können, wen oder was man auf welchem Kurs vor sich hat. Also die Position des anderen Schiffes, deshalb auch die Bezeichnung Positionslichter.

❏ Alle Lichter müssen in der Zeit zwischen Sonnenuntergang und Sonnenaufgang und bei unsichtigem Wetter geführt werden.

❏ Das **Rundumlicht** strahlt über einen Vollkreis von 360°.

❏ Das **Topplicht** scheint über einen Horizontbogen von 225°. Nach jeder Seite von recht voraus bis 22,5° achterlicher als querab.

❏ Das **Hecklicht** bestrahlt den restlichen Sektor nach achteraus, einen Winkel von 135°. Gegebenenfalls müssen 2 Hecklichter geführt werden, um über den gesamten Horizontbogen sichtbar zu sein.

❏ Die **Seitenlichter** (Backbord rot, Steuerbord grün) bescheinen je einen Horizontbogen von 112,5°, und zwar von recht voraus bis 22,5° achterlicher als querab. Gemeinsam erfassen sie den gleichen Horizontbogen wie das Topplicht.

❏ Das **Funkellicht** ist meistens ein Rundumlicht mit 40 bis 60 »Blitzen« pro Minute.

Andere Lampen oder Scheinwerfer an Bord dürfen nicht so verwendet werden, dass man sie mit diesen Lichtern verwechseln kann oder dass sie andere Verkehrsteilnehmer blenden.

Die Bodensee-Schifffahrts-Ordnung unterscheidet zwischen **hellen** und **gewöhnlichen Lichtern**. Gewerbliche

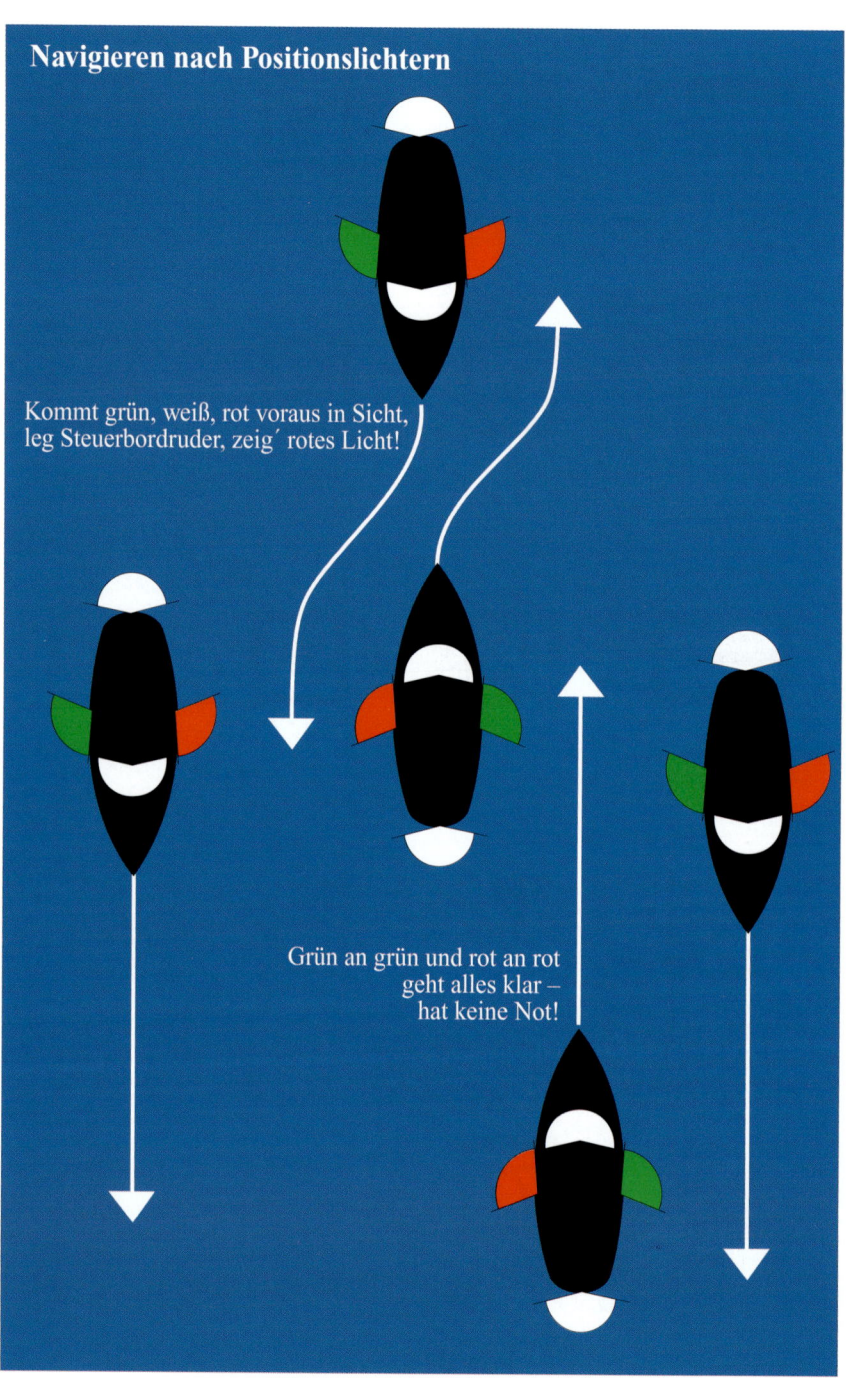

A+D   *Lichterführung* 23

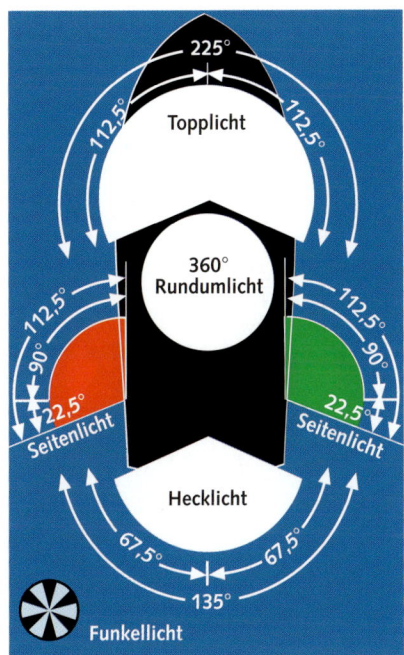

Schiffe müssen »helle« Lichter, Sportboote können »gewöhnliche« Lichter führen.
Die Sichtweite muss in dunkler Nacht, bei klarer Luft, etwa betragen:

Licht	weiß	rot oder grün
Hell	4 km	3 km
Gewöhnlich	2 km	1,5 km

Ruder-, Paddel-, Tretboote
Rundumlicht
(weiß – gewöhnlich)

Segelboote unter Segeln
Rundumlicht (weiß – gewöhnlich)
oder **Dreifarbenlaterne**
(rot/grün/weiß) im Topp

Motorboot unter 4,4 kW (6 PS)
Rundumlicht
(weiß – gewöhnlich)
Gleiche Lichterführung wie:
Berufsfischer unter 4,4 kW
und **Berufsfischer am Netz**

Motorboot über 4,4 kW (6 PS)
Topp/Buglicht (weiß – hell
oder gewöhnlich)
Seitenlichter (rot, grün –
hell oder gewöhnlich) in
einer **Zweifarbenlaterne** am
Bug zusammengefasst
Hecklicht (weiß – hell oder
gewöhnlich)

Segelboot unter Motor
Topp-/Buglicht (weiß – hell oder
gewöhnlich) **Seitenlichter** rot/grün
– hell oder gewöhnlich
Hecklicht (weiß – hell oder gewöhnlich) Seitenlichter und Hecklicht können in einer **Dreifarbenlaterne** (rot/grün/weiß) im Topp
zusammengefasst sein

Motorboot über 4,4 kW (6 PS)
Topp/Buglicht
(weiß – hell oder gewöhnlich)
Seitenlichter (rot, grün – hell oder
gewöhnlich) **Hecklicht** (weiß – hell
oder gewöhnlich)
Topp- und Hecklicht können in
einem **Rundumlicht,** auch auf dem
hinteren Bootsteil, zusammengefasst sein

Gewerbeschiff
Topp/Buglicht (weiß – hell)
Seitenlichter (rot, grün – hell)
tiefer als das Topplicht
Hecklicht
(weiß – gewöhnlich oder hell)

24 Lichterführung

Schleppverband
Der Schlepper:
Topp-/Buglicht (weiß – hell)
Seitenlichter (rot/grün – hell)
Hecklicht (weiß – gewöhnlich oder hell)
Geschlepptes Fahrzeug
(auch geschleppte Flöße)
Rundumlicht (weiß – gewöhnlich)

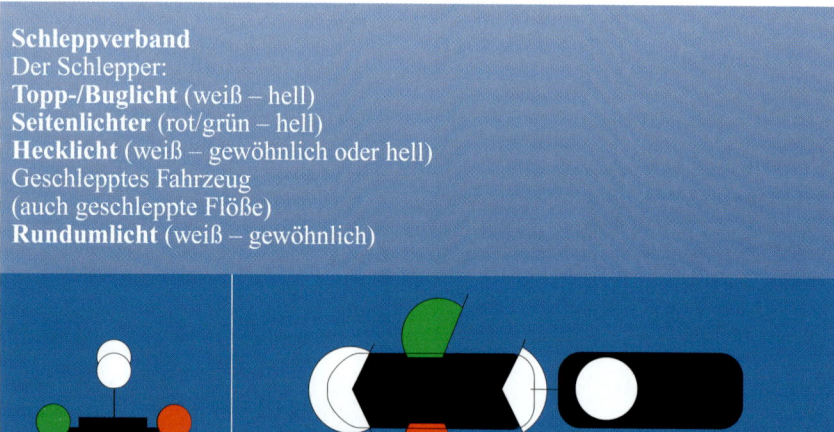

Gekuppelter Verband
Die gleiche Lichterführung wie der Schleppverband

Polizei, Feuerwehr und **Rettungsdienste im Einsatz**
Topp-/Buglicht (weiß – hell)
Seitenlichter (rot/grün – hell)
Hecklicht (weiß – gewöhnlich)
Funkellicht (blau) kann auch tags im Einsatz geführt werden

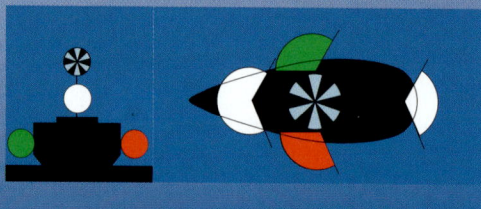

Vorrangschiff
Topp-/Buglicht (weiß – hell)
Seitenlichter (rot/grün – hell)
Hecklicht (weiß – gewöhnlich)
Rundumlicht (grün – hell) mindestens 1 m über dem Topp-/Buglicht
Bei Tage: **Grüner Ball**
(Mindestdurchmesser 50 cm, von allen Seiten gut sichtbar)

Berufsfischer am Netz
Rundumlicht (weiß – gewöhnlich)
Bei Tage: **Weißer Ball** (Mindestdurchmesser 30 cm, 1 m über dem Schiffskörper). Die Netze müssen, wenn sie die Schifffahrt behindern, mit **weißen Bojen** gekennzeichnet sein

Fischer mit Schleppangel
Weiße Flagge
(mindestens 60 × 60 cm)

Schwimmende Anlagen, Geräte und Ankerlieger

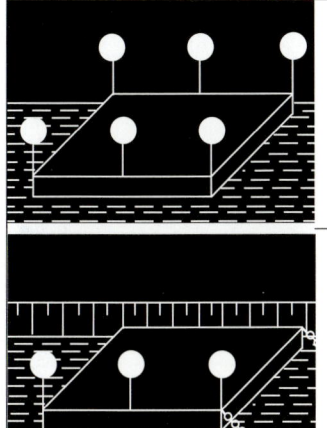

1 weißes gewöhnliches Rundumlicht
Wenn es die Sicherheit der Schifffahrt erfordert, müssen schwimmende Anlagen und Geräte so beleuchtet sein, dass ihre Umrisse zu erkennen sind.

Sind sie an Land festgemacht, Beleuchtung nur zur Seite des Fahrwassers erforderlich.

Schwimmendes Gerät, Fahrzeuge bei der Arbeit, gesunkene und festgefahrene Schiffe auf den Rheinstrecken

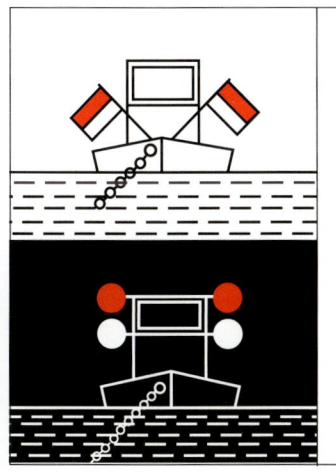

Vorbeifahrt an beiden Seiten möglich.
Tags: 2 rot/weiße Flaggen.
Nachts: 2 rote Rundumlichter (gewöhnlich) 1 m über **2 weißen Rumdumlichtern** (gewöhnlich).

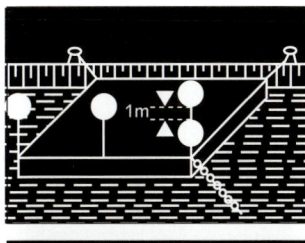

1 weißes gewöhnliches Rundumlicht
1 m unter dem ersten, sofern die Verankerung schwimmender Anlagen oder von Fahrzeugen die Schifffahrt gefährdet.

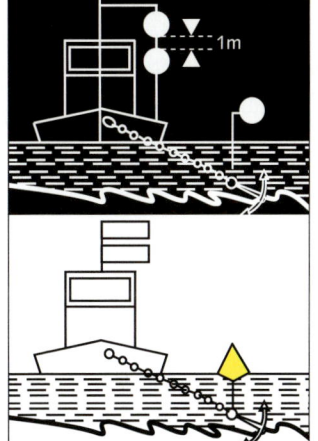

Schwimmende Anlagen oder ankernde Schiffe, deren Verankerung die Schifffahrt gefährden könnte, zeigen in Richtung ihres Ankergeschirrs:
Nachts: 2 weiße Rundumlichter, 1 m übereinander, außerdem sind die Verankerungen einzeln mit weißen Lichtern zu kennzeichnen.
Tags: 2 übereinandergesetzte, von allen Seiten sichtbare **weiße Flaggen**; die Verankerungen sind einzeln mit **gelben Bojen** (Döppern) zu markieren.

Schifffahrtshindernisse und Absperrungen können auch mit 1 weißen Blitz- oder Blinklicht versehen sein.

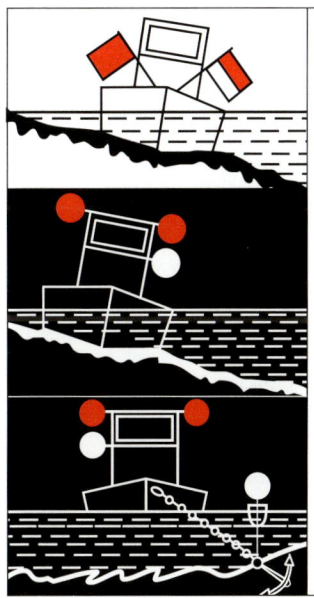

Vorbeifahrt nur an der Seite mit der **rot/weißen Flagge** bzw. dem **rot/weißen Rundumlicht** möglich. Ausgebrachte Anker, die die Schifffahrt gefährden, müssen nachts durch weiße Lichter, tags durch gelbe Bojen markiert sein.

Notzeichen

Jeder ist verpflichtet, Menschen oder Booten, die in Seenot geraten sind, zu helfen. Ist dies mit der eigenen Sicherheit nicht zu vereinbaren, muss er unverzüglich fremde Hilfe herbeiholen. Beispielsweise die Wasserschutz- oder Seepolizei, DLRG oder Wasserwacht. Auch bei Unfällen (Havarien, Kollisionen) muss jeder Beteiligte zunächst Hilfe leisten. Danach gilt es, den Unfallhergang genau zu ermitteln, sich wenn irgend möglich Zeugen zu sichern und die Personalien feststellen zu lassen.

Um unnötige und kostspielige Such- und Rettungsaktionen zu vermeiden, sollte jeder, der sich auf dem Wasser unvorhergesehen verspätet hat, bei der ersten Gelegenheit seine Angehörigen oder seinen Heimathafen verständigen.

Notsignale
Kreisförmiges Schwenken einer roten Flagge, eines Lichtes oder eines sonstigen Aufmerksamkeit erregenden Gegenstandes.
Rote Fallschirmleuchtrakete oder rote Handfackel.

Ein Rauchsignal mit orangefarbenem Rauch.
Kanonenschüsse oder andere Knallsignale in Zwischenräumen von 1 Minute.
Eine Folge langer Töne.

Schallsignale

Damit Schiffe sich untereinander unmissverständlich über ihre Absichten verständigen können, gibt es Schallsignale. Sie bestehen aus kurzen (●) und langen (▬) Tönen.
 ● = etwa 1 Sekunde Dauer,
 ▬ = etwa 4 Sekunden Dauer.
Die Pause zwischen zwei aufeinander folgenden Tönen beträgt etwa 1 Sekunde.
Das **Hafenausfahrtsignal** kann entfallen, wenn andere Schiffe nicht gefährdet sind.
Nebelsignale müssen laufend, mindestens jedoch jede Minute wiederholt werden.

Allgemeine Schallzeichen

Signal	Bedeutung
●	Ich richte meinen Kurs nach Steuerbord
● ●	Ich richte meinen Kurs nach Backbord
● ● ●	Meine Maschine geht rückwärts
● ● ● ●	Ich bin manövrierunfähig
▬	Achtung oder ich halte meinen Kurs bei Hafenausfahrtsignal Nebelsignal, ausgenommen Vorrangschiffe Brückendurchfahrtsignal

Signal	Bedeutung
▬ ▬	Nebelsignal der Vorrangschiffe
▬ ▬ ▬	Hafeneinfahrtsignal der Vorrangschiffe, Schleppverbände und Schiffe in Not
▬ ▬ ▬ ▬ ▬	Notsignal (Folge langer Töne)
● ● (3x in der Minute) 🔔 (oder anhaltendes Läuten mit einer Glocke)	Nebelsignal der Häfen, Landestellen und Nebelwarnanlagen

Befeuerung der Häfen und Landestellen

Markierungslichter nennt die Seefahrt »Feuer«. Besonders wer fremd am Bodensee ist, tut gut daran, bei Einbruch der Dunkelheit an seinem Liegeplatz zu sein. Dennoch kann jeder mal in die Dunkelheit geraten und muss dann auch seine Hafeneinfahrt finden.

Alle öffentlichen Häfen haben 1 grünes Licht, vom See kommend, auf dem rechten Molenkopf und ein rotes auf dem linken. Zusätzlich kann es ein gelbes Ansteuerungslicht geben. Alle Lichter dürfen auch Blink- oder Blitzlichter sein, die nicht mit Sturmwarnleuchten verwechselt werden können.

Die markante Hafeneinfahrt von Lindau, stellvertretend für viele Hafeneinfahrten. Doch nachts sieht alles anders und oft verwirrend aus. Die Ansteuerungslichter können von der übrigen Lichterflut nahezu aufgesogen werden.
Landestellen (links unten): Rot über Grün Sichtweite 6 km. Eventuell gelbes Ansteuerungslicht.
Hafeneinfahrt: Links rot, rechts grün, Sichtweite 6 km. Eventuell gelbes Ansteuerungslicht, Sichtweite 1,5 km.

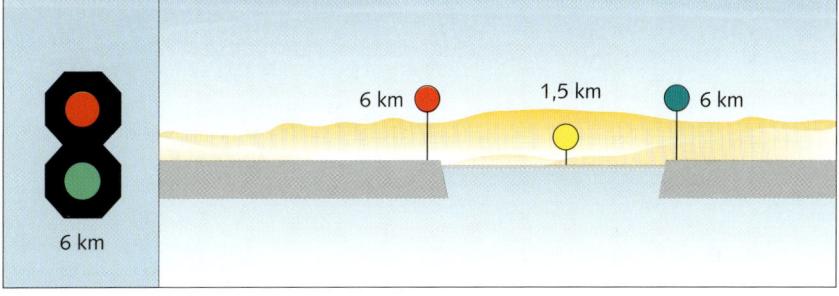

Rund ums Segelboot

Der Rumpf

Jollen, Kiel- und Mehrrumpfboote

Vielfältig wie der Verwendungszweck – Fahrtenboot für See, Küste oder Binnengewässer oder Rennyacht – sind die Formen und Typen der Boote. Ihre Klassifizierung und Bezeichnung erfolgt nach gewissen charakteristischen Merkmalen.

Zunächst lassen sich nach der Bauart des Bootskörpers – des Rumpfes – zwei Grundtypen unterscheiden: das Kielboot und das Schwertboot – die Jolle.

Jollen sind offene flachgehende Boote mit einer aufholbaren senkrechten Platte im Boden, die als Schwert bezeichnet wird. Es verhindert beim Segeln die seitliche Abdrift. Mit Jollen kann man bequem Ufer und Strände anlaufen. Da sie jedoch mehr oder minder leicht kentern, das heißt umkippen können, gehören sie nicht auf die See. Allerdings müssen Jollen genügend Auftriebskörper oder Lufttanks besitzen, die das voll Wasser geschlagene Boot samt seiner Besatzung über Wasser halten.

Jollenkreuzer sind größere Schwertboote mit Kajüte. Da auch sie kentern können, gehören sie ebenfalls nicht auf ein offenes Seerevier.

Kielboote sind meistens Kajütboote. Sie haben ein fest angebrachtes Ballastgewicht aus Blei, Eisen oder auch Beton. Wenn sie leck schlagen und voll Wasser laufen, werden sie von ihrem Ballastgewicht unweigerlich in die Tiefe gezogen. Aber sie sind kentersicher. Selbst wenn sie von einer starken

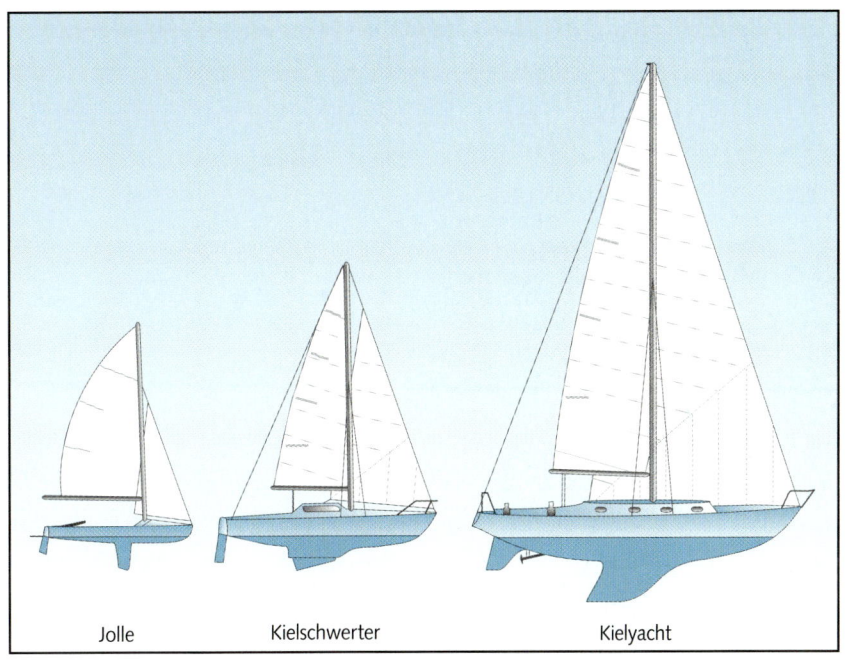

Jolle — Kielschwerter — Kielyacht

Bö, um 90° gekrängt, aufs Wasser gedrückt oder gar in einem Sturm kieloben gedreht werden – durch den Ballast im Kiel richten sie sich wie ein Stehaufmännchen immer wieder in die Horizontale empor.

Kielschwerter verbinden den Vorteil eines geringeren Tiefgangs – durch das aufholbare Schwert in einem verhältnismäßig flachgehenden Kiel – mit einer der Schwertjolle weit überlegenen Stabilität. Sie können sinken, sollten aber kentersicher sein. Der geringere Tiefgang gegenüber einer Kielyacht ermöglicht, flachere Gewässer anzulaufen und erleichtert den Landtransport.

Beim **Hubkieler** kann der Kiel, bis auf die Ballastbombe am Kielende, in den Rumpf eingefahren werden. Er ist ebenfalls kentersicher und kann mit aufgeholtem Kiel noch besser verladen werden als der Kielschwerter.

Kimmkieler oder auch Doppelkieler wurden speziell für die Tidengewässer entwickelt. Zwei seitlich angesetzte Kiele ermöglichen, das Boot in aufrechter Lage trockenfallen zu lassen.

Mehrrumpfboote werden oft auch bei uns englisch als **Multihulls** bezeichnet. Zu ihnen gehören **Katamarane** oder **Kats,** die gleich lange Doppelrümpfe haben, und **Trimarane** mit drei Rümpfen. Die meistens kürzeren beiden Seitenrümpfe dienen nur als stützende Ausleger. Die Rümpfe beider Bootstypen sind jeweils durch eine Brückenkonstruktion miteinander verbunden. Sie beziehen ihre hohe Stabilität aus ihrer ausladenden Breite. In extremen Situationen können sie aber – genau wie Jollen – kentern. Katamarane gibt es als Fahrtenboote mit Kajütaufbauten und als kleinere Strandkats nur mit einem Trampolindeck zwischen den Rümpfen.

Rumpfformen

Diese verschiedenen Bootstypen können entweder eine runde Querschnittsform haben, ein **Rundspant,** oder eine mehr oder minder, einmal oder mehrfach geknickte Querschnittsform, ein **Knickspant.**
Eine Yacht mit einer schlanken Spantform ist rank. Sie hat eine geringe Anfangsstabilität und legt sich bereits bei leichterem Winddruck stärker über. Eine vollspantige Yacht ist dagegen steif. Sie kann dem Winddruck länger und besser widerstehen. Sie hat eine hohe Anfangsstabilität.
Einfluss auf die See- und Segeleigenschaften hat auch der **Lateralplan.** Das ist die Fläche des Unterwasserschiffes, die der seitlichen Abdrift entgegenwirkt. Ein langer Lateralplan verspricht gute Kursstabilität, erzeugt aber auch – durch die große Fläche – einen höheren Reibungswiderstand im Wasser. Ein

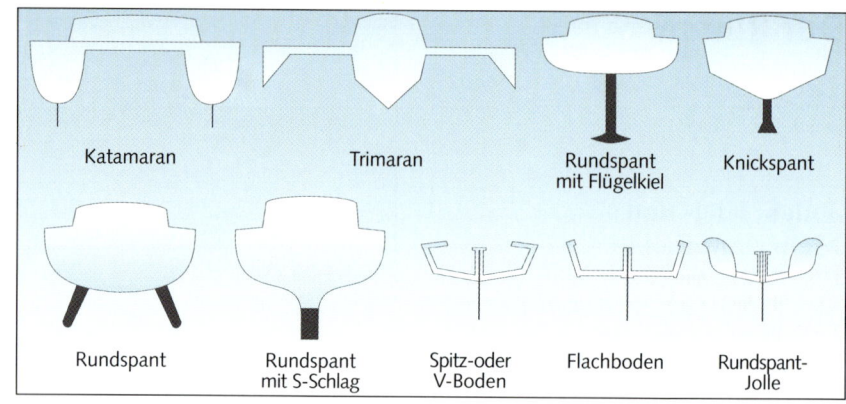

Katamaran (Doppelrumpfboot) mit Rundspantrümpfen. Bei Sportkatamaranen sind die Rümpfe nur durch Traversen und ein Trampolindeck verbunden. Auf Kreuzerkatamaranen befindet sich auf der Brückenkonstruktion die Kajüte.
Trimaran (Dreirumpfboot) mit V-Spantrümpfen. Die Kajüte befindet sich im Mittelrumpf.
Rundspanter, extrem flach mit angesetztem Flügelkiel, Typ der modernen schnellen Yacht.
Knickspantrumpf mit angesetztem Wulst- oder Bulbkiel. Typisch für kleinere Stahlyachten.
Rundspanter mit stumpf angesetzten Doppelkielen.
Rundspanter mit so genanntem S-Schlag und gebautem Kiel. Typ der konventionellen Fahrtenyacht.
Knickspant-Jolle mit Spitz- oder V-Boden.
Knickspant-Jolle mit Flach- oder Plattboden.
Rundspant-Jolle, U-förmig, mit eingeformten Lufttanks.

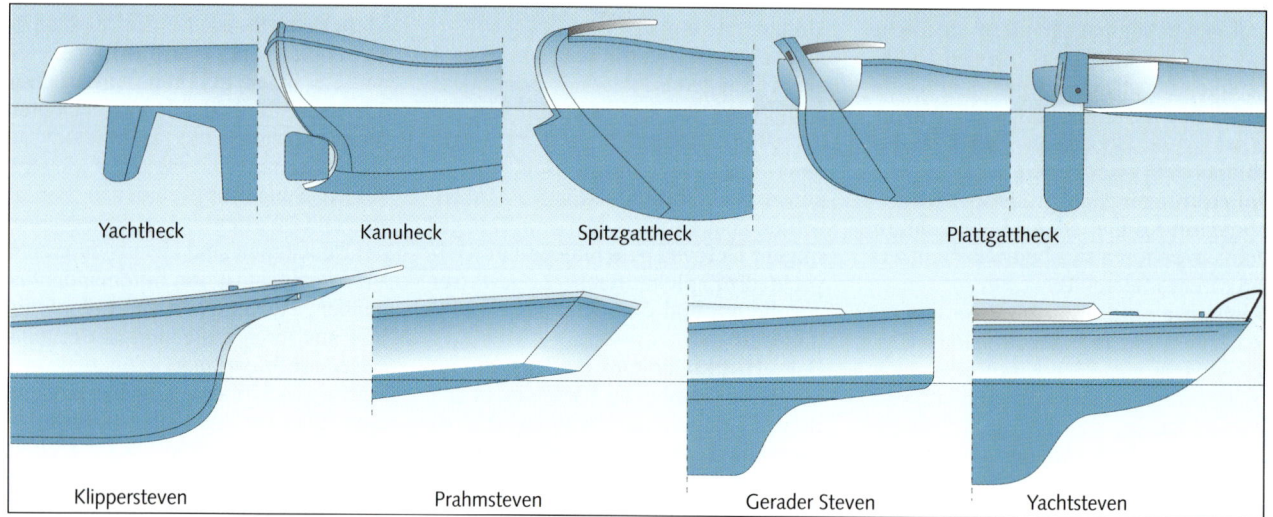

solches Boot wird relativ langsam sein, aber kursstabil. Je kürzer oder »beschnittener« der Lateralplan ist, um so geringer der Reibungswiderstand. Entsprechend wird die Yacht schneller segeln, aber auch schwieriger zu steuern sein.

Bug- und Heckformen

Die Schiffsenden bezeichnet man als **Bug** (vorne) und **Heck** (hinten). Sie sind von beträchtlichem Einfluss auf das Seeverhalten einer Yacht. Mäßige Überhänge an Bug und Heck bedeuten zusätzliche Auftriebsreserve, die verhindert, dass die Yacht in rauher See unterschneidet.
Zu lange runde Überhänge führen dagegen zu heftigen Stampfbewegungen im Seegang, die Material und Mannschaft ermüden. Ein Boot mit einem schmalen scharfen Bug neigt zum Unterschneiden und segelt ziemlich nass. Für kurze steile Wellen, wie auf Binnenseen, ist der gerade Steven am günstigsten.

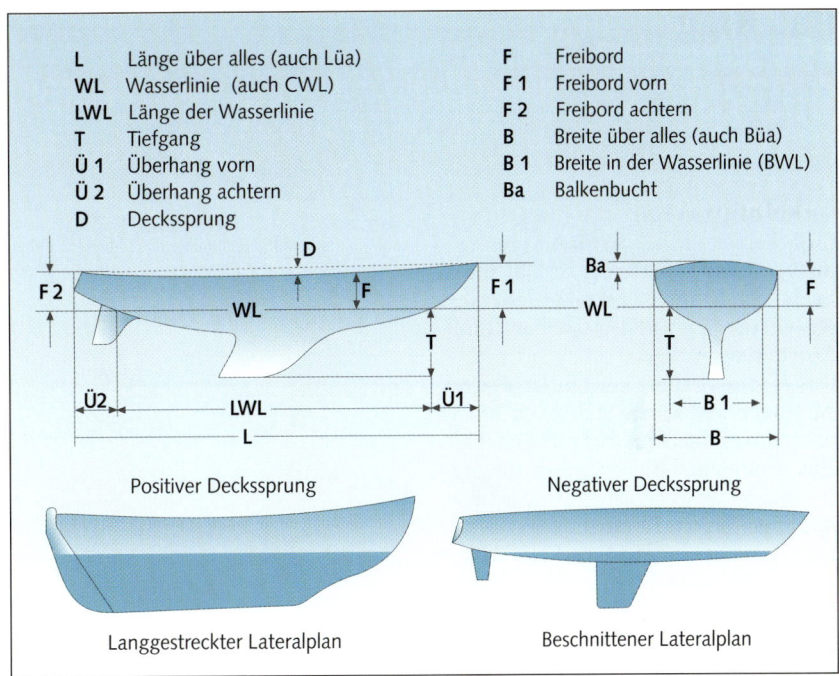

Yachtheck mit einfallendem Spiegel. Ist er auswärtsgeneigt, spricht man von ausfallendem Spiegel.
Kanuheck. Eine ältere Heckform. Da der Bug meist ähnlich geformt ist, spricht man auch von einem Doppelender.
Spitzgattheck, nach dem solche Boote auch Spitzgatter genannt werden. Der Vorteil gegenüber dem Kanuheck: Das außen angebrachte Ruder ist bei Schäden leichter zugänglich.
Plattgatt- oder *Spiegelheck*, wie es die meisten Jollen haben. Auf Kielyachten nur noch selten.

Als **Steven** wird vorne der Abschluss des Bugs bezeichnet, hinten das Bauteil, das den Kiel mit dem Spiegel verbindet. Entsprechend gibt es einen Vor- und Achtersteven. Der Begriff dient ferner zur Bezeichnung der verschiedenen Bugformen. Alle Steven laufen vorne spitz zu. Einzige Ausnahme: der **Prahmsteven**. Er hat auch vorne einen Spiegel.

Begriffe rund um den Rumpf

Ein Boot schwimmt auf seiner **Wasserlinie** (WL). Sie weicht meistens geringfügig von der vom Konstrukteur errechneten **Konstruktionswasserlinie** (CWL) ab, weil sie von der unterschiedlichen Beladung einer Yacht abhängig ist. Die Wasserlinie trennt **Über-** und **Unterwasserschiff**. Die **Länge Wasserlinie** (LWL) ist maßgeblich für die Geschwindigkeit, die ein Schiff erreichen kann. Die **Breite über alles** (Büa) entspricht jeweils der breitesten Stelle des Rumpfes.
Ist der **Freibord** in der Mitte am geringsten, steigen also die Bootsenden leicht an, spricht man von einem **positiven Decksprung**. Er ist im Allgemeinen üblich. Manche Boote haben jedoch auch einen **negativen Sprung**: Der Freibord ist mittschiffs höher und fällt zu den Schiffsenden leicht ab.
Die Wölbung des Decks in der Querschiffsrichtung bezeichnet man als **Decksbalkenbucht**.
Eine Yacht ohne Aufbauten heißt **Glatt-** oder **Flushdecker**.

Das Rigg

Takelungsarten

Ihre Typenbezeichnung erhält eine Yacht nach ihrer Takelungsart, der Anzahl der Segel und Masten und ihrer Aufstellung.

Das **Katboot** führt nur ein Großsegel an einem weit vorne stehenden Mast. Es ist am einfachsten zu bedienen. Fast alle Einmann-Jollen sind Katboote. (Nicht zu verwechseln mit dem auch Kat abgekürzten Katamaran.)

Die **Slup** hat ein Groß- und ein Vorsegel, die Fock oder Genua. Diese Takelungsart ist am meisten verbreitet und gilt als die effektvollste.

Der **Schoner** ist ein echter Zweimaster. Vor dem Großmast steht ein meistens etwas kürzerer Vor- oder Fockmast. Auf modernen Schonern sind die Masten häufiger aber auch gleich lang.

Der **Kutter** ist, wie die Slup, ein Einmaster, fährt neben dem Groß- aber zwei Vorsegel: die Fock und davor den Klüver.

Die **Ketsch** unterscheidet sich von der Yawl durch eine größere Segelfläche am Besan, der innerhalb der Konstruktionswasserlinie an Deck steht. Da die Segel in mehrere annähernd gleichwertige Flächen unterteilt sind, gilt die Ketschtakelung als geeignet für größere, schwach bemannte Hochseeyachten. Auch wenn eine Ketsch (oder Yawl) zwei Vorsegel führt, wie hier, gilt sie deshalb nicht als Kutter.

Die **Yawl** ist ein Eineinhalbmaster mit einem Groß- und einem kleinen Besanmast, auch Treiber genannt, der außerhalb der Konstruktionswasserlinie steht.

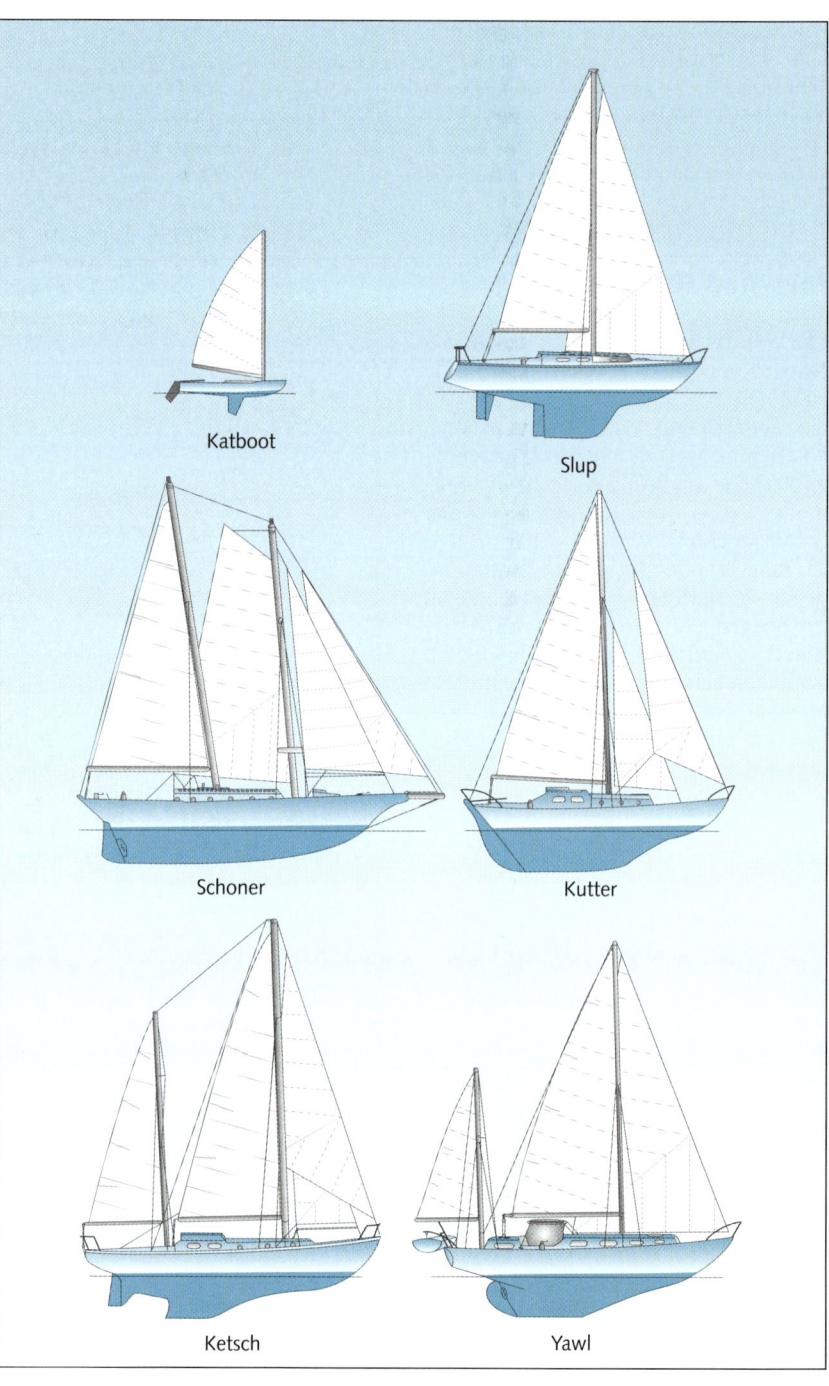

Katboot

Slup

Schoner

Kutter

Ketsch

Yawl

Mast und Spieren

Wie eine Yacht mit ein oder zwei Masten bestückt ist, das bezeichnet man als **Takelung**. Das gesamte Drum und Dran, ausschließlich der Segel, als **Takelage** oder **Rigg**. Entsprechend wird eine Yacht aufgetakelt oder gerigt.

Der **Mast,** früher aus Holz, ist heute meistens aus eloxiertem Aluminium. Er steht an oder unter Deck in einer Mastspur. Meist hat er eine leichte Neigung nach achtern, die als **Fall** bezeichnet wird. (Nicht zu verwechseln mit dem Fall zum Setzen der Segel.)

Spieren sind alle so genannten »Rundhölzer«, heute meistens aus Aluminium: Großbaum, Besanbaum, Fockbaum und Spinnakerbaum, aber auch die Salinge am Mast.

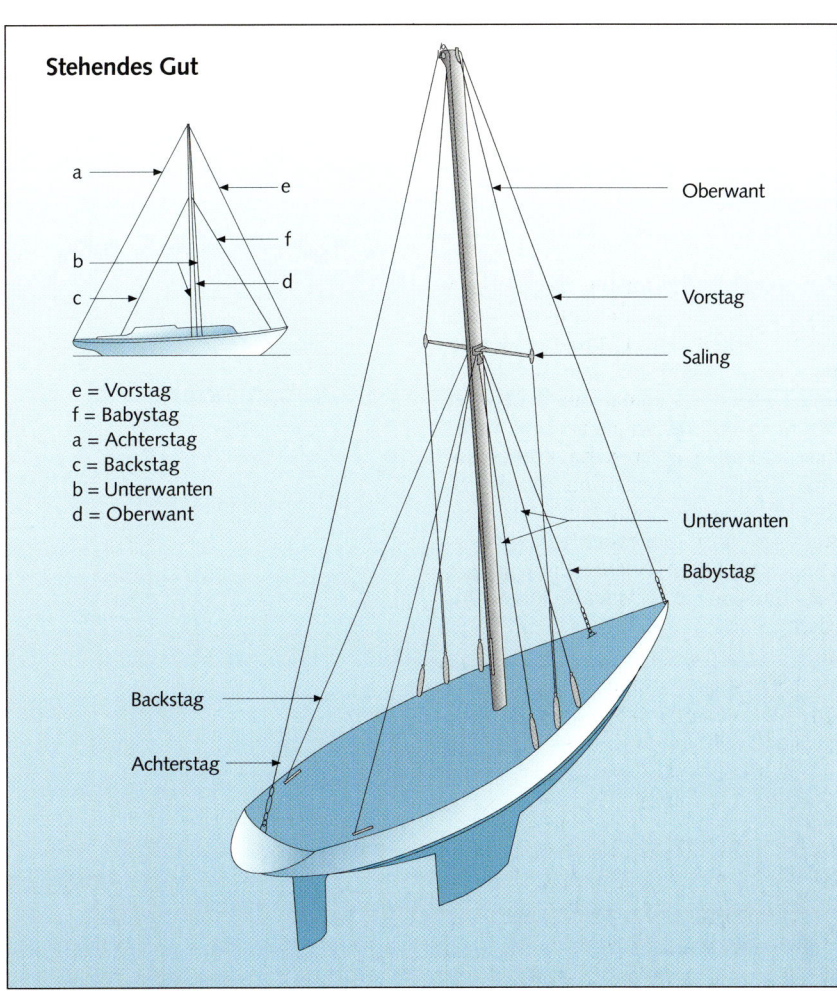

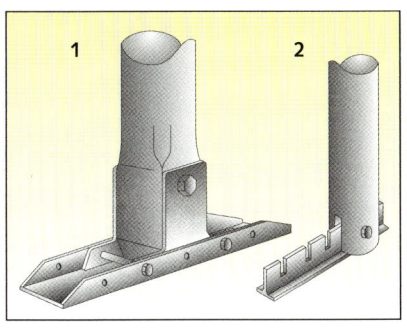

1 *An Deck stehender Klappmast. Der Mastfuß, von zwei Mastbacken umschlossen, ist um einen Mastbolzen in der Längsrichtung drehbar. Die Mastbacken gehören zur Mastspur, einem Schlitten, der sich zum Trimmen des Mastes in der Längsrichtung verstellen lässt.*

2 *Jollenmast. Als »Mastspur« dient eine Kerbschiene, auf der sich der Mast zum Trimmen mehrere Zentimeter nach vorne oder hinten versetzen lässt.*

Stehendes Gut

Das stehende Gut besteht aus Stahldraht und hält den Mast. Als **Stage** bezeichnet man die Absteifungen in der Längsschiffsrichtung: Vorstag, Baby- oder Trimmstag, Jumpstag und Achterstag, als **Want** die in der Querschiffsrichtung: Topp-, Ober-, Mittel- und Unterwanten. Auch das Backstag gehört zu den Wanten, das jeweils auf der Seite losgeworfen werden muss, auf der der Baum gefahren wird.

Die **Saling** spreizt die Wanten im oberen Bereich des Mastes ab, um einen günstigeren Zugwinkel zu erreichen. Am Mast wird das stehende Gut mit Wanthängern befestigt, am Rumpf mit

Püttings oder **Rüsteisen:** Die Spannung wird mit Wanten-, Vor- und Achterstagspannern reguliert.

Laufendes Gut

Das laufende Gut umfasst alle Leinen und Drähte, mit denen etwas bewegt wird:
Die **Fallen** (Einzahl: das Fall) zum Heißen (Hochziehen) der Segel, aber auch zum Heißen von Ruderblatt und Schwert.
Die **Schoten**, mit denen die Stellung der Segel zum Wind reguliert wird. Ferner **Auf-, Nieder-** und **Achterholer**, **Streckertaljen**, **Bullenstander** und **Dirken** – Leinen, mit denen der Baum in der Horizontalen und Vertikalen fixiert werden kann. Außerdem alles übrige Tauwerk, das beweglich über Rollen oder durch so genannte Leitösen läuft. Die Fallen haben meistens einen Drahtvorläufer, auf großen Yachten sind sie vollständig aus Stahldraht.

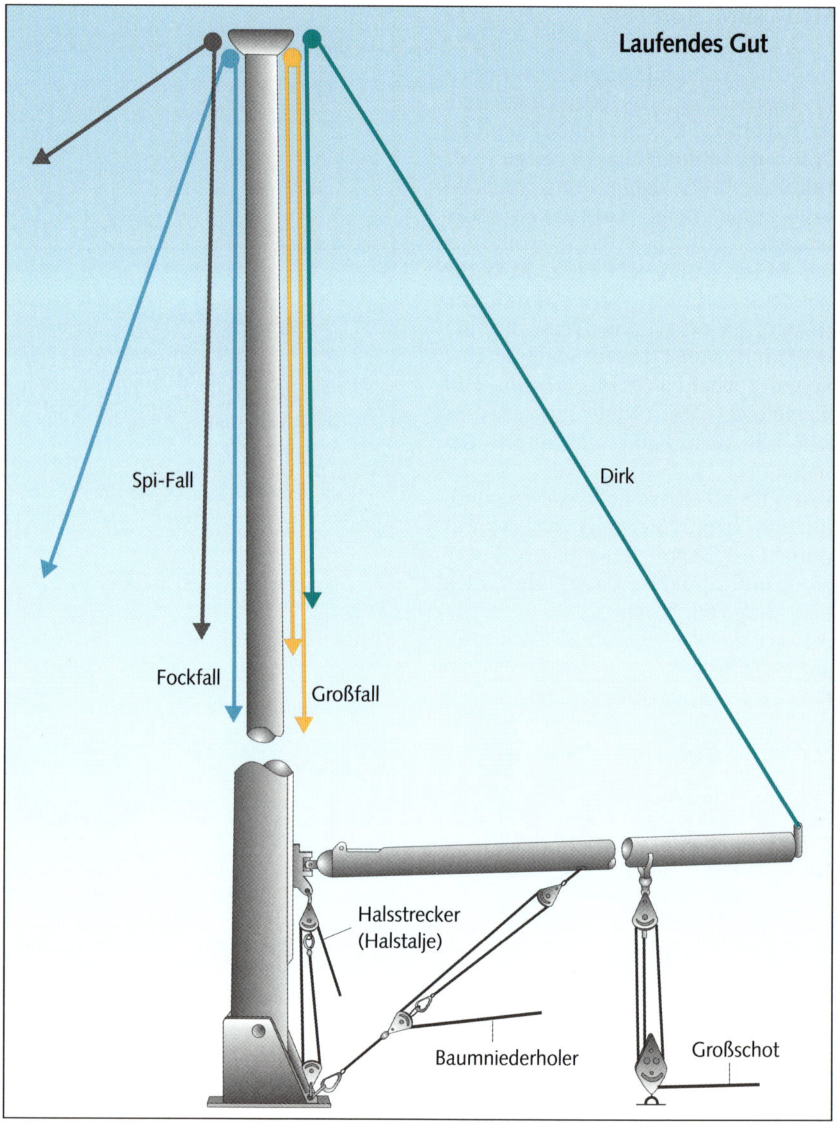

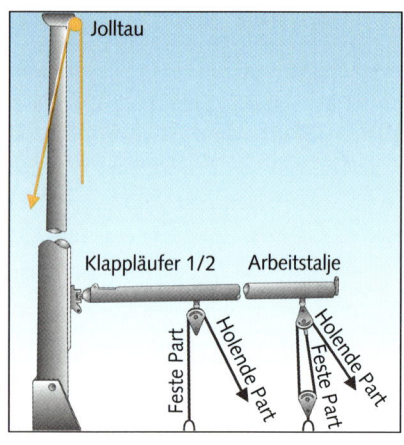

Taljen

Taljen – eine Kombination von Blöcken und Tauwerk – dienen der Arbeitserleichterung. Sie finden an Bord als Großschot, Halsstrecker, Baumniederholer, an Traveller, Schwert und Ruderblatt Verwendung. Das durch den Block laufende Ende bezeichnet man als **Läufer,** den Teil des Läufers, an dem geholt (gezogen) wird, als **holende Part**, das andere Ende, das an einem festen Punkt oder an der Last angreift, als **feste Part**.
Das **Jolltau** lenkt nur die Zugrichtung um, erspart aber keine Kraft. Der **Klappläufer** verringert die aufzuwendende Kraft um die Hälfte, die **Arbeitstalje**, je nach Anbringung der festen Part, um die Hälfte oder zwei Drittel, jeweils abzüglich eines Reibungsverlustes.

Das Segel

Bis vor einigen Jahren wurde für Yachtsegel ausschließlich das aus Polyester entwickelte Dacron verwendet. Nylon oder Perlon gab es nur als leichtes Spinnakertuch, weil sich die Faser stark reckt. Polyestertuche leiden unter UV-Strahlung und sind empfindlich gegen Abrieb und Knicken. Ende der 1970er-Jahre kam der Polyesterfilm Mylar auf. Das verhältnismäßig schwache Polyestertuch wurde auf eine Mylar-Folie geklebt und dadurch stark wie ein Tuch von doppeltem Gewicht. Es folgte die Aramidfaser Kevlar. Diese gelblich schimmernde Faser ist zugfest wie Stahl und extrem leicht, bricht jedoch leicht und verliert unter UV-Einwirkung schnell an Festigkeit.

Die Kunst des Segelmachers liegt im richtigen Zuschnitt der einzelnen Bahnen mit leicht kurvenförmigem Verlauf zu den Segelecken. Beim Zusammennähen erhält man dann die gewünschte Wölbung, den so genannten Bauch.

Liek heißen die Ränder eines Segels. Vor- und Unterliek sind meistens durch ein Liektau verstärkt. Das Vorliek des Großsegels wird auch als Mastliek bezeichnet, das Unterliek als Baumliek; das Unterliek des Vorsegels dagegen als Fußliek.

Am Vorliek des Vorsegels – es ist meistens durch ein Liektau aus Draht verstärkt – sitzen die **Stagreiter,** mit denen das Vorsegel am Vorstag angeschlagen wird.

Die Liektaue an Vor- und Unterliek des Großsegels werden in die Keep, Nut oder Hohlkehle von Mast und Baum eingeführt. Am Vorliek können aber auch Rutscher angenäht sein, die auf einer Schiene im oder am Mast laufen.

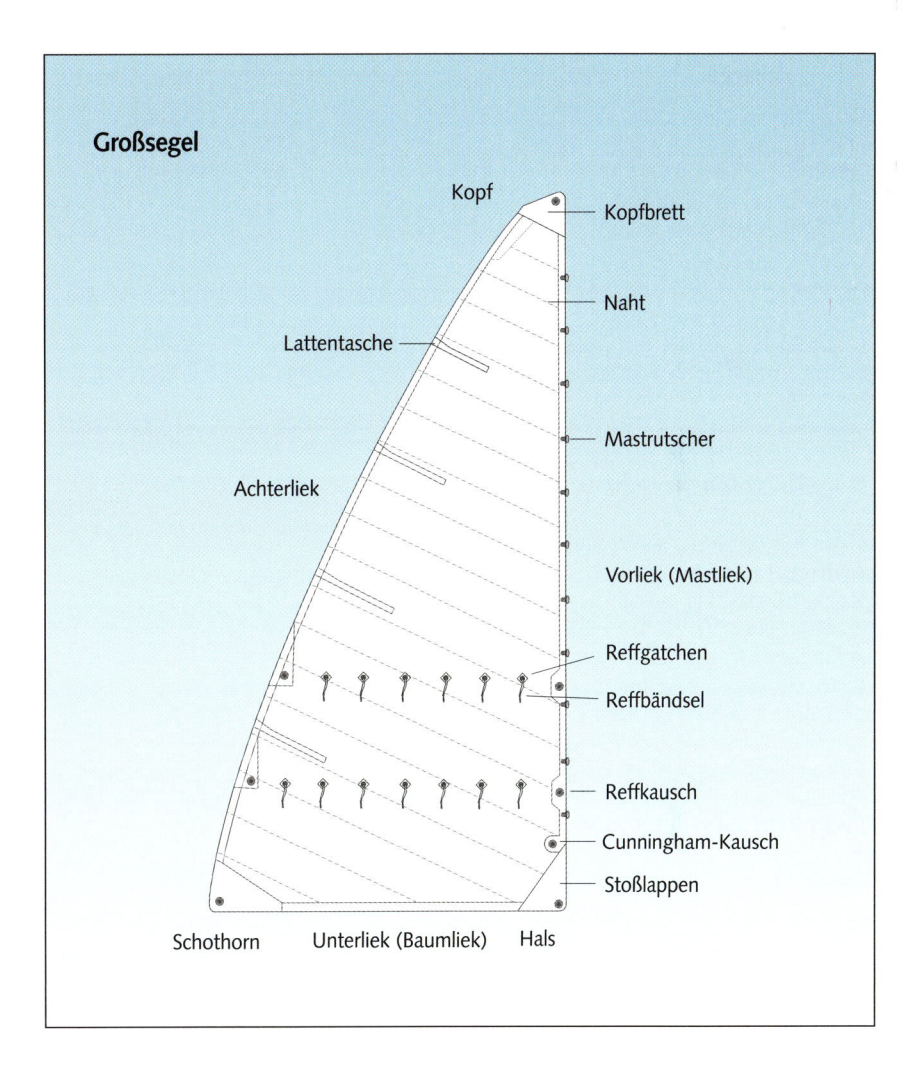

Kopf ist die obere Ecke des Segels, beim Großsegel durch ein Kopfbrett aus Holz, Alu oder Kunststoff verstärkt,

Hals die vordere untere Ecke, an der auf größeren Booten ein Halsstrecker angreift,

Schothorn die hintere untere Ecke, an der bei der Fock die Fockschot angreift.

Segellatten aus Holz oder Kunststoff in den Lattentaschen am Achterliek dienen der Formgebung des Segels und sollen ein Flattern (Killen) des Achterlieks verhindern.

Reffkausch, Reffgatchen und **Reffbändsel** braucht man zum Reffen, das heißt Verkleinern der Segelfläche bei viel Wind, die

Cunningham-Kausch (oder -Hole) zum Segeltrimmen. Zieht man es auf den Hals herunter, wandert der Bauch nach vorne.

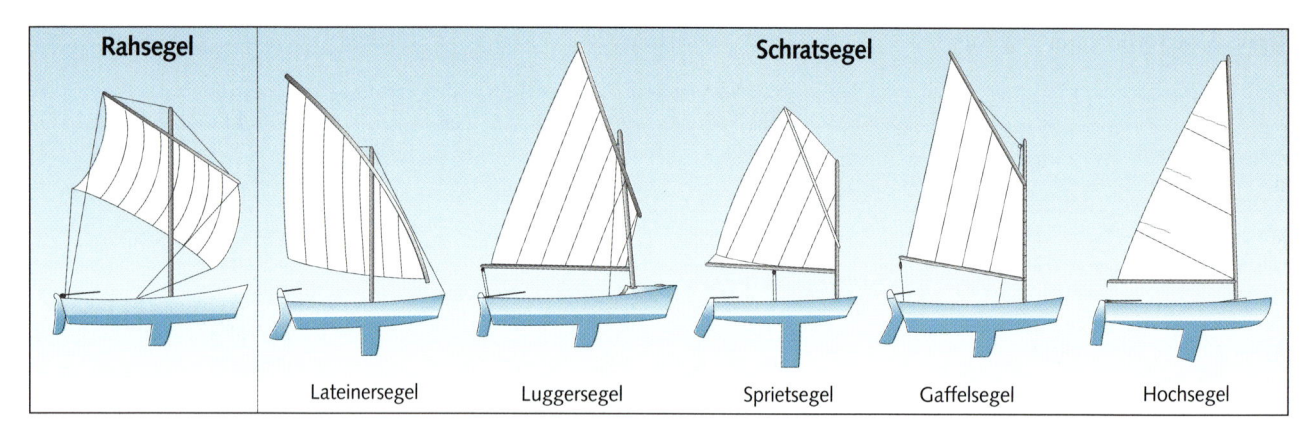

Rahsegel | Schratsegel

Lateinersegel | Luggersegel | Sprietsegel | Gaffelsegel | Hochsegel

Segelbezeichnungen

Grundsätzlich zu unterscheiden sind **Rahsegel** und **Schratsegel**.
Rahsegel sind viereckige Segel, die an einer rechtwinklig am Mast angeschlagenen Rah gefahren werden. Man sieht sie heute fast nur noch auf so genannten Windjammern, wie beispielsweise der »Gorch Fock«.
Schratsegel werden in Längsschiffsrichtung gesetzt.
Das **Lateinersegel** hat zwar eine Rah, doch ragt sie weit über den Masttopp hinaus und sie wird in Längsschiffsrichtung gefahren.
Beim **Luggersegel** ist die Rah zur Gaffel verkürzt, die allerdings noch etwas nach vorne über den Mast hinausragt.
Das **Sprietsegel** ist ein viereckiges Segel und wird durch eine diagonale Spreize, Spriet genannt, ausgespreizt.
Beim **Gaffelsegel** sitzt die Gaffel mit einer Klau schwenkbar am Mast. Gelegentlich auch englisch als Gunther-Rigg bezeichnet.
Das **Hochsegel,** auch Bermudasegel genannt, weil es ursprünglich auf Fischerbooten der Bermudas gefahren wurde. Ob ein Boot Lugger-, Gaffel- oder Hochsegel fährt, hat keinen Einfluss auf die Typenbezeichnung wie Kat, Slup oder Ketsch. Die hier gezeigten

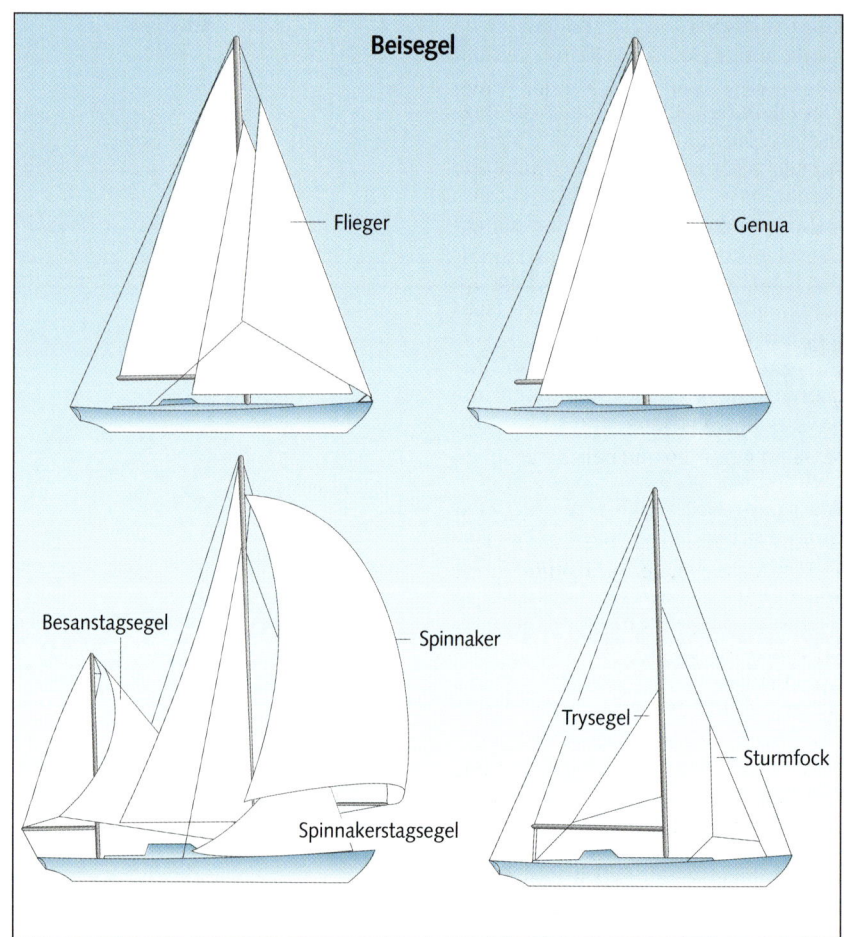

Beisegel

Flieger | Genua

Besanstagsegel | Spinnaker
Spinnakerstagsegel | Trysegel | Sturmfock

Boote wären von ihrer Takelungsart her alle Katboote (ohne Vorsegel). Eine weitere Unterteilung der Schratsegel führt zu den **Stagsegeln.** So bezeichnet man alle Segel, die nicht am Mast, sondern an einem Stag gesetzt werden, wie beispielsweise alle Vorsegel.

Haupt- und Beisegel

Unter Haupt- oder Arbeitssegel versteht man die Grundausstattung des betreffenden Yachttyps, also Fock und Großsegel einer Slup; Fock, Groß- und Besansegel einer Ketsch oder Yawl; Klüver, Fock und Großsegel eines Kutters. Hinzu kommen die Beisegel, zusätzliche Leicht- oder Schwerwettersegel.

Wohl das wichtigste Beisegel ist die **Genua**, eine übergroße Fock aus leichterem Tuch. Sind mehrere an Bord, werden sie von der größeren zur kleineren mit I, II usw. bezeichnet.

Der **Spinnaker** ist ein großes bauchiges Vorsegel aus sehr leichtem Tuch, das mit losem Unterliek am Spinnakerbaum gefahren und bei achterlichen Winden gesetzt wird.

Der **Blister** ist eine Art verkleinerter asymmetrisch geschnittener Spinnaker für Fahrtensegler, der »fliegend«, ohne Baum gefahren wird. Ähnlich geschnitten ist der **Gennaker,** an einer Art Bugspriet gefahren.

Der **Flieger** oder **Yankee** ist ein Leichtwetter-Klüver für Kutter.

Das **Spinnakerstagsegel** ist eine extrem niedrig und breit geschnittene Fock, die den freien Raum unter dem Spinnaker ausnutzt.

Das **Trysegel** ist ein dreieckiges Segel, wie die Sturmfock aus derbem Tuch, das statt des Großsegels mit losem Fußliek gefahren wird.

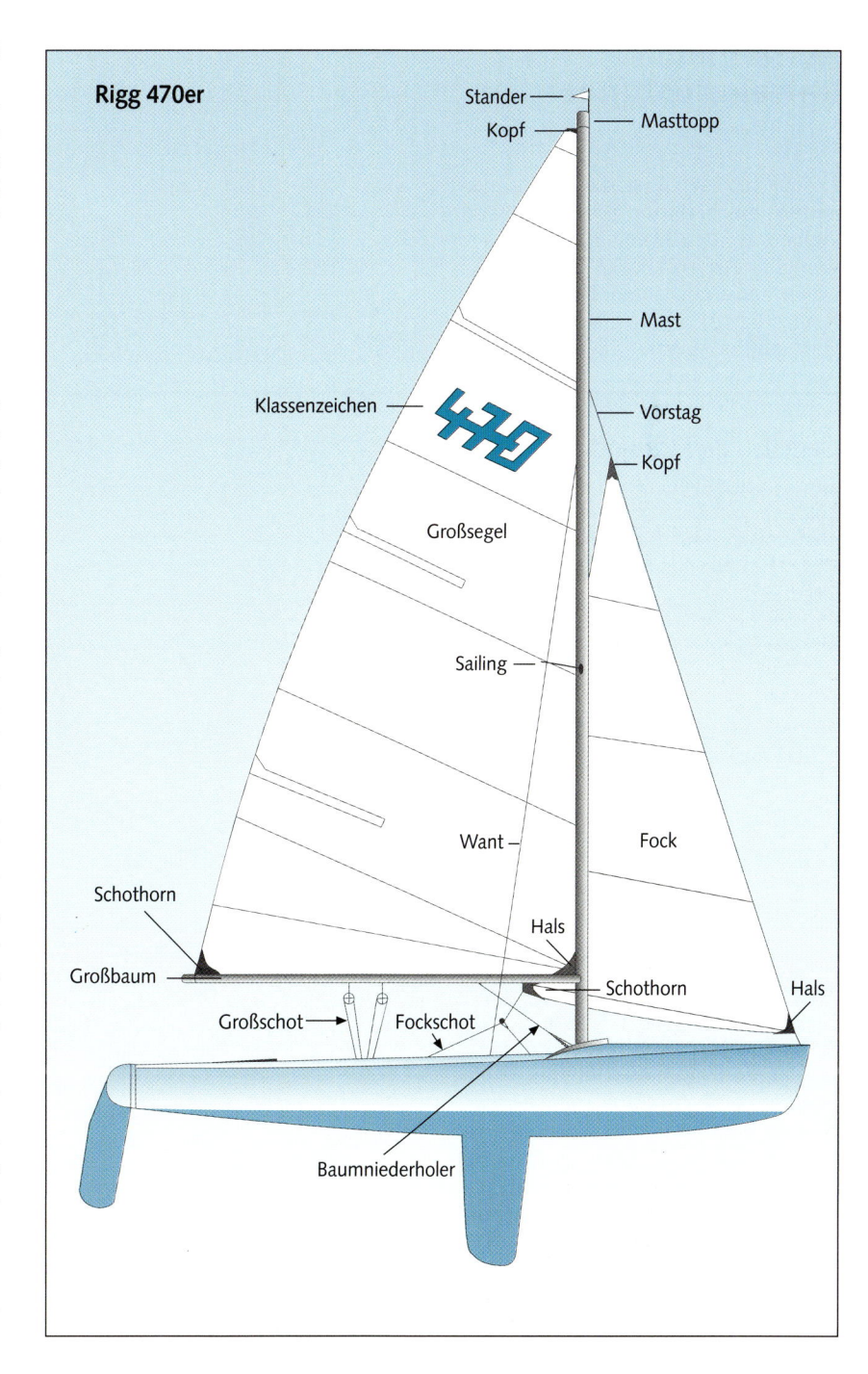

Reffen und Reffeinrichtungen

Frischt der Wind stärker auf, muss gerefft, das heißt die Segelfläche verkleinert werden, damit sie dem Wind weniger Angriffsfläche bietet. Sie würde sonst eine starke Krängung des Bootes bewirken, die die Fahrt verringert und die Abdrift erhöht. Außerdem werden Kielboote mit zunehmender Krängung manchmal so luvgierig, dass der Rudergänger kaum noch gegensteuern kann. Schließlich kann es bei zu viel Segelfläche Bruch geben. Jollen unter zu viel Tuch sind womöglich nur noch mit killenden Segeln aufrecht zu halten, und das bedeutet ständige Kentergefahr.

Um das Großsegel zu verkleinern, gibt es verschiedene Systeme.

1. Das so genannte **Dreh-, Roll-** oder **Patentreff.**
   Man dreht den Baum mit einem Hebel oder einer Kurbel und wickelt dadurch das Segel von unten auf den Baum. Dieses Prinzip findet man nur noch auf älteren Yachten, denn es hat erhebliche Nachteile: Das Segel steht nicht mehr gut, das Tuch wird stark verzogen und der Baumniederholer kann nicht mehr gefahren werden.

2. Das moderne **Rollreff.**
   Das Großsegel wird mit einer Reffleine auf ein Hohlkammerprofil gerollt und mit einer Ausholerleine wieder abgerollt. Die Hohlkammer befindet sich im oder am Mast – vertikales System – oder aber im Baum (horizontales System). Die Nachteile des alten Drehreffs entfallen, es sind jedoch speziell geschnittene Segel erforderlich.

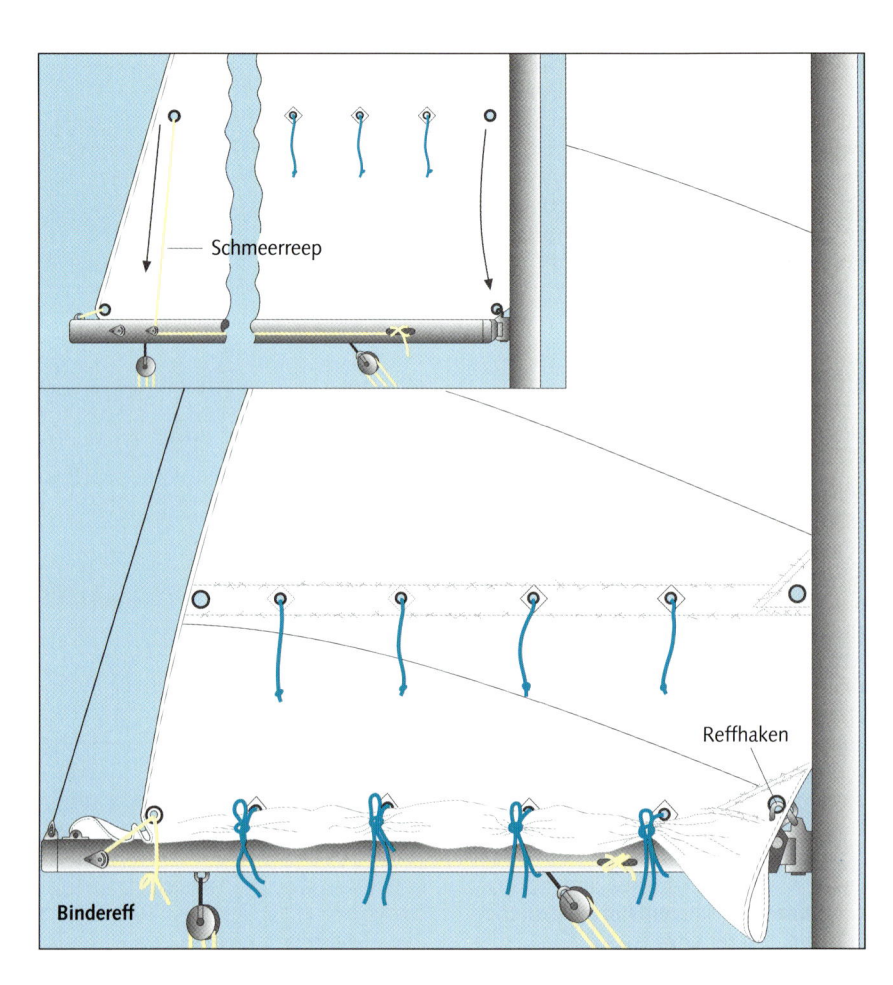

   Vorteile: Niemand braucht bei rauer See das sichere Cockpit zum Reffen zu verlassen. Das Segel kann stufenlos verkleinert und den Windverhältnissen genau angepasst werden.
   Nachteile: Eine wartungsintensive und mitunter störanfällige Mechanik.

3. Das **Binde-** oder **Bändselreff.**
   Es gibt im Großsegel meistens zwei, seltener auch drei Reihen Reffbändsel, mit denen das weggereffte Tuch am Baum beigebändselt wird.
   Eine Variante ist das Hakenreff.

Reffen mit Bindereff
Das Großfall so weit fieren, dass die Reffbändsel bis auf den Baum herunterkommen, und gleich wieder belegen. Vor- und Achterliek an ihren Reffkauschen steif durchsetzen. Sie müssen den gesamten Druck aufs Segel aufnehmen. Häufig kann die Reffkausch des Vorlieks in einen Reffhaken am Baum gehakt, das Achterliek mit einem so genannten Schmeerreep – einer kleinen Talje – auf den Baum heruntergeholt werden. Das durchhängende Segeltuch an einer Seite auf den Baum rollen, mit den Reffbändseln festbinden.

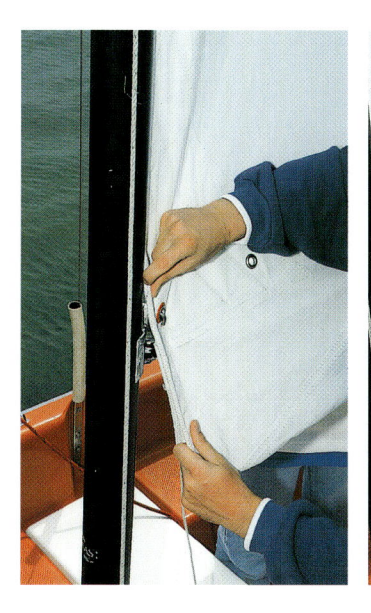

Die Vorliekkausch herunterziehen und über den Reffhaken – sofern vorhanden – hängen.

Das weggereffte Tuch, am besten zu zweit, auf den Baum rollen...

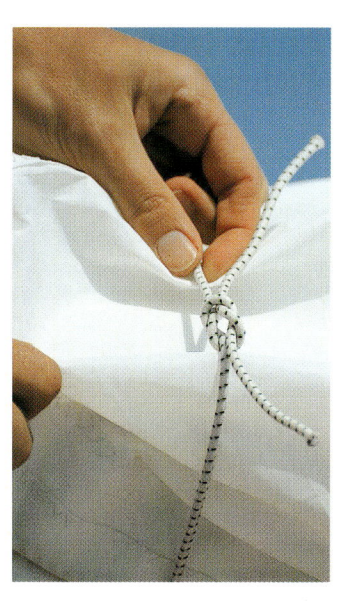

...und die Bändsel mit einem Kreuzknoten um Tuch und Baum binden.

Es hat statt der Reffbändsel eine durchgehende Reffleine, deren Buchten über Reffhaken am Baum gehakt werden.
Vorteile: Das gereffte Segel steht einwandfrei. Das Tuch wird nicht vertrimmt. Ein speziell gearbeitetes Segel ist nicht erforderlich.
Nachteile: Mehr Arbeitsaufwand beim Reffen, weil das Achterliek extra auf den Baum heruntergeholt und jedes einzelne Bändsel gebunden werden muss.
Unsicheres Arbeiten, am Mast am Fall und auf dem Kajütdach oder der Cockpitbank stehend, falls Fall und Schmeerreep nicht ins Cockpit umgeleitet sind.
Meist nur zwei genau fixierte Reffmöglichkeiten, von Bändselreihe zu Bändselreihe, die oft zu weit auseinanderliegen.

Auf Jollen ohne Reffeinrichtung nimmt man zum Reffen des Großsegels einfach den Baum aus seinem Lager, dem Lümmelbeschlag, und rollt das Segel von Hand auf. Möglich ist das allerdings nur, wenn die Großschot an einem Schotring angreift oder an der Baumnock, wo sie ab- und nach dem Reffen wieder angeschäkelt werden muss.
Die Schotführung vieler Trapez-Jollen erlaubt überhaupt nicht, das Großsegel zu reffen. Wenn das Boot im Trapez nicht mehr auszureiten ist, muss entweder die Fock oder das Großsegel geborgen werden.

Reffen des Vorsegels

Auf Kielbooten wird bei zunehmender Brise meist die größere Genua gegen die kleinere Fock ausgetauscht. Das ist ein einfacher Segelwechsel – noch kein Reffen. Mehr und mehr Fahrtenyachten sind jedoch mit Vorsegel-Rollreffanlagen ausgerüstet. Sie kommen mit einem Vorsegel aus, das auf ein Vorstagprofil aufgerollt wird. So besteht auch hier die Möglichkeit, das Vorsegel stufenlos zu verkleinern und somit regelrecht zu reffen. Die Bedienung erfolgt ebenfalls aus dem Cockpit heraus.
Zum Reffen muss das Boot nahezu im Wind liegen, bei Großsegel-Rollreffanlagen sogar möglichst direkt im Wind.
Flaut der Wind wieder ab, wird in der umgekehrten Reihenfolge ausgerefft: Bändsel, achtere Reffkausch (Schmeerreep), vordere Reffkausch lösen und Fall durchsetzen. Man spricht auch vom Reff »ausschütten«.

Ausrüstung und Beschläge

Zur Ausrüstung eines Bootes gehört eine Vielzahl von Beschlägen. Beschlag ist ein Sammelbegriff für nahezu alle Einrichtungen an Bord, die irgendetwas verbinden, befestigen, festhalten oder auch nur der Arbeitserleichterung dienen.

Kausch: Metall- oder Kunststofföse als Einlage oder zur Verstärkung, beispielsweise in einem Tauwerkauge zum Schutz gegen Scheuern.

Stagreiter am Vorliek der Vorsegel werden beim Segelsetzen aufs Vorstag gesetzt oder gehakt.

Schäkel sind kleine Bügel, meistens aus nichtrostendem Stahl, um alles Erdenkliche miteinander zu verbinden.

Püttings oder **Rüsteisen** sind sehr verschiedenartige Beschläge, die das stehende Gut mit dem Rumpf verbinden.

Klampen und **Poller** dienen zum Belegen von Tauwerk. Kleinere Klampen sind aus Kunststoff oder Holz, stärkere meistens aus Metall.

Klemmen bekneifen Leinen. Die Curryklemme hat zwei bewegliche Backen, die sich bei Gegenzug öffnen, die Kammklemme (Clamcleat) bekneift in einem geriffelten Spalt, häufig verwendet am Schwert- oder Ruderfall.

Fockschotholepunkte sind meistens auf einer Leitschiene – einem Lochband mit Federstift – verstellbar. Sie ermöglichen den Trimm in ihrer Größe unterschiedlicher Vorsegel. Zur einfachen Fockschotführung dienen feste Leitaugen oder -ösen.

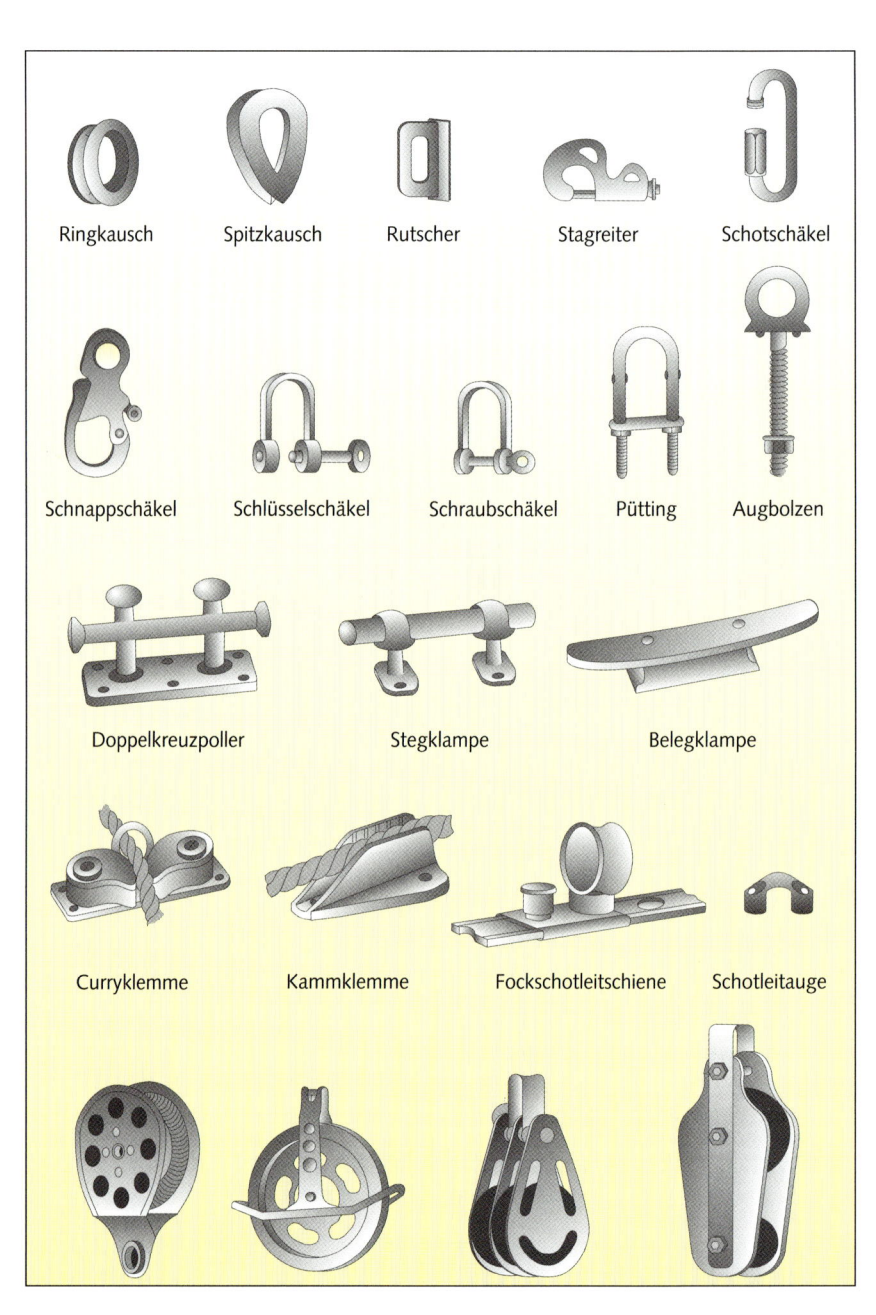

Blöcke sind Gehäuse mit gekehlten Rollen (Scheiben), über die eine Leine läuft. Ein Block kann nur eine Scheibe

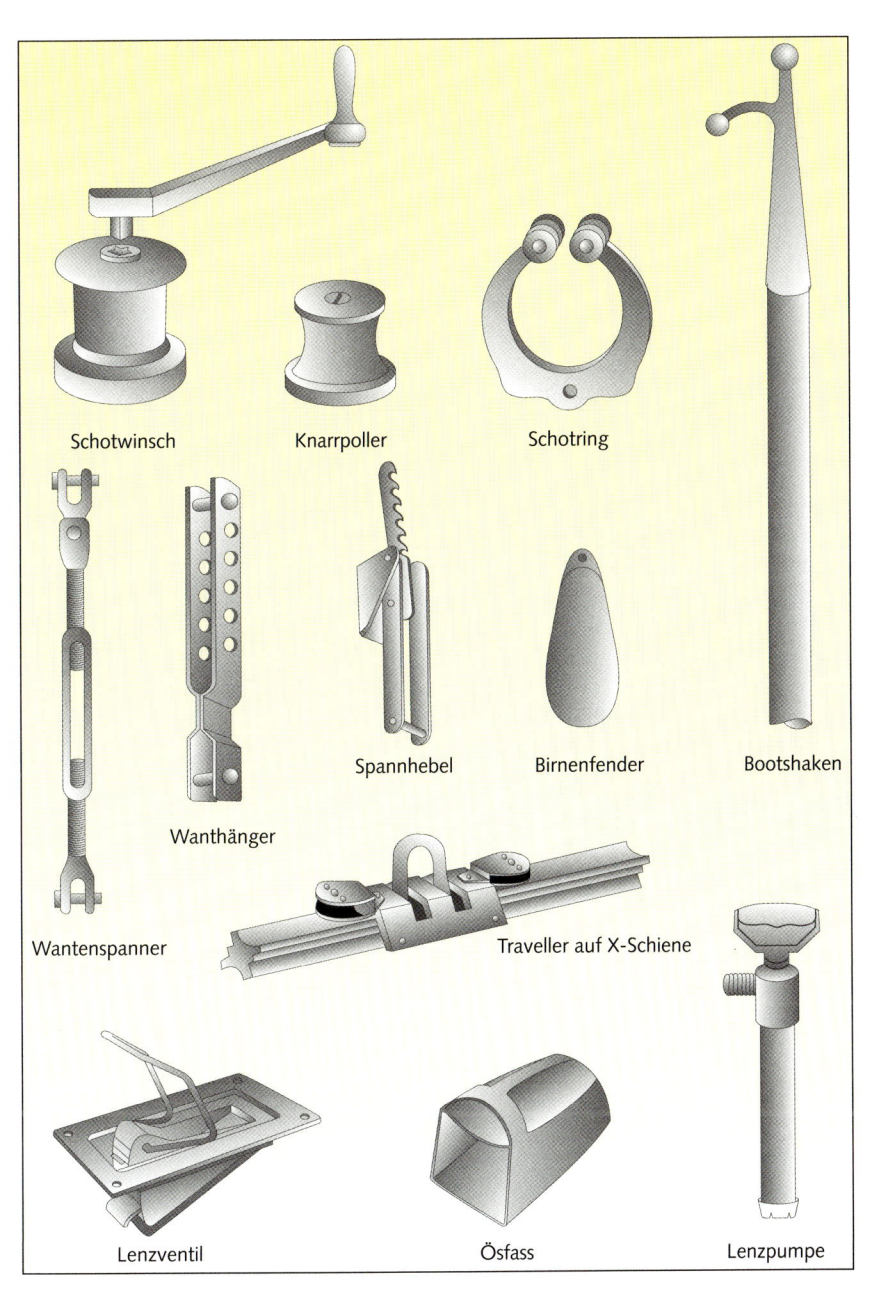

Ausrüstung und Beschläge **41**

Schotwinsch   Knarrpoller   Schotring

Wanthänger

Wantenspanner   Spannhebel   Birnenfender   Bootshaken

Traveller auf X-Schiene

Lenzventil   Ösfass   Lenzpumpe

willigen Rücklauf und nimmt durch Reibung den Zug auf. Meist für die Jollen-Großschot verwendet.

Schotwinsch: Je nach Größe mit oder ohne Hebel, ohne oder mit Untersetzung, auf größeren Schiffen auch als 2- oder gar 3-Gang-Winsch. Die Trommel, um die Vorschot oder auch Fall gelegt wird, ist jeweils nur in einer Richtung drehbar und sperrt in der anderen.

Schotring: Er wird über den Großbaum gestreift und daran der obere Block der Großschot angeschäkelt.
Er ist unerlässlich, wenn man bei einer Mittelschotführung, zum Verkleinern der Segelfläche, das Segel auf den Baum rollen will.

Wantenspanner sind Spannschrauben, die das stehende Gut mit den Püttings oder Rüsteisen verbinden.

Wanthänger oder **Wantlaschen** (Lochbänder) ersetzen auf Jollen häufig die Wantenspanner.

Spannhebel oder **Hebelstrecker** dienen zum Durchsetzen von Backstagen, Fallen und Ähnlichem.

Fender sind Schutzpolster aus Gummi oder Kunststoff für das Boot. Es gibt zylindrische, kugel- und birnenförmige, massive, aufpumpbare.

Bootshaken, zuweilen mit einem Paddel kombiniert, dienen auf Jollen auch zum Ausbaumen der Fock.

Traveller: Eine quer übers Cockpit laufende Leitschiene, auf der der Travellerschlitten rutscht oder rollt, auf dem der Fußblock der Großschot sitzt. Er dient dem Großsegeltrimm.

Lenzer sollen Wasser aus dem Boot befördern. Die einfachste Form besteht aus zwei Klappen im Spiegel. Hand- oder auch elektrisch betriebene **Lenzpumpen** sind für die Sicherheitsausrüstung eines größeren Bootes unerlässlich. Es können Kolben- oder Membranpumpen sein.

Ösfass oder **Pütz,** ein Schöpfgerät.

haben oder aus einer Kombination von Scheiben bestehen. Entsprechend der Art ihrer Verwendung haben Blöcke am Fuß oder Kopf die unterschiedlichsten Beschläge. Der Winsch-, Knarr- oder Ratschblock hemmt den unfrei-

42 Rund ums Segelboot

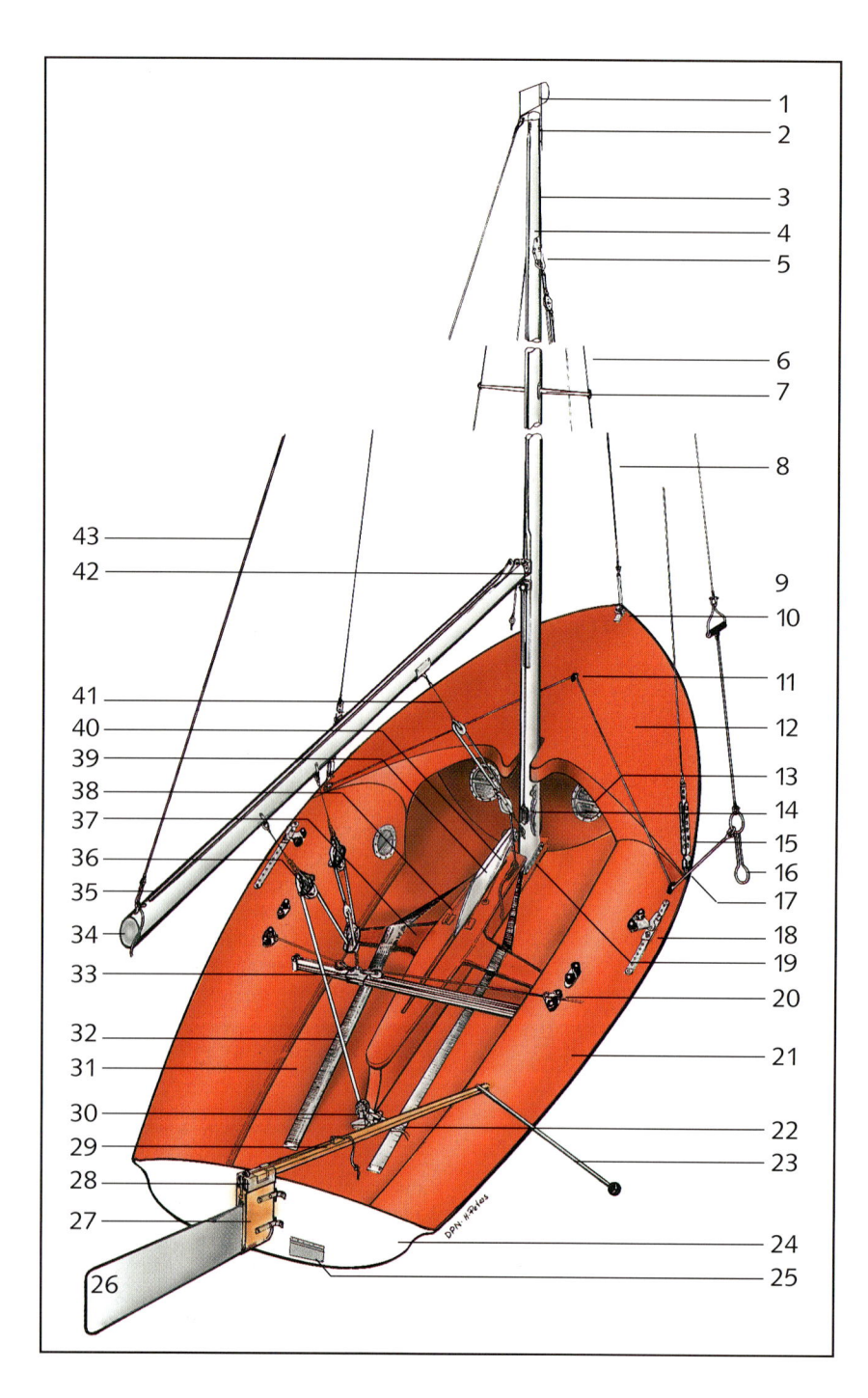

Wie heißt was auf einer Jolle?

1. Verklicker, Drehvorrichtung einer Windfahne auf dem Masttopp.
2. Großfall-Umlenkrolle, sitzt im (hohlen) Mast.
3. Mast, durchweg aus Aluminium.
4. Keep, Hohlkehle im Mast, in die das Vorliek des Großsegels eingezogen wird.
5. Wanthänger, ein Blechbeschlag, an dem die Wanten befestigt sind.
6. Wanten.
7. Saling, Spreize für die Wanten, damit sich ein günstigerer Zugwinkel zum Mast ergibt.
8. Vorstag.
9. Vorstagspanner, um das Vorstag steif durchsetzen zu können (fehlt häufig auf Jollen).
10. Stevenbeschlag, an ihm ist das Vorstag befestigt.
11. Trapezleitlöse für den umlaufenden Gummistropp, der den Trapezdraht unter Spannung hält (haben nicht alle Jollen).
12. Vordeck.
13. Inspektionsluken für die eingeformten Lufttanks im Vorschiff und unter den Seitendecks.
14. Umlenkrollen für das im Mast verlaufende Groß- und Fockfall.
15. Wantenspanner, Lochbänder mit Bolzenverbindung, durch Splinte gesichert.
16. Trapezgeschirr, ein am Mast befestigter Draht mit Handgriff und Ring zum Einhaken des Trapezgurtes, an dem sich der Vorschoter weit über die Bordkante hinausschwingt, um das Boot besser auszubalancieren (haben nicht alle Jollen).
17. Pütting, Wantbefestigung im Deck.
18. Fockschot-Leitschiene mit Schlitten, Umlenkrolle und Curryklemme.
19. Mastspur mit Mastfußbolzen zum Verstellen des Mastes.

20 *Curryklemme mit Leitöse für den Traveller-Stopper.*
21 *Seitendeck, gleichzeitig Lufttank.*
22 *Ruderpinne.*
23 *Pinnenausleger, meistens um 360° schwenkbar und hochklappbar.*
24 *Spiegel, hinterer Abschluss des Cockpits.*
25 *Lenzklappe, durch die Wasser aus dem Cockpit abfließen kann.*
26 *Senkruderblatt, hier aufgeholt.*
27 *Ruderschaft, bestehend aus zwei Ruderbacken, befestigt an Ruderzapfen.*
28 *Ruderkopf.*
29 *Ruderfall zum Absenken und Aufholen des Ruderblattes.*
30 *Großschot-Ratschblock mit Wirbel, der in einer Richtung blockiert.*
31 *Cockpit (seltener auch Plicht), auf Jollen der gesamte nicht eingedeckte Innenraum.*
32 *Ausreitgurte, hinter die die Füße gehakt werden.*
33 *Traveller mit Großschotschlitten, er reguliert den Zugwinkel der Großschot in der Waagerechten.*
34 *Baumnock.*
35 *Baum mit Keep (Nut), in die das Unterliek des Großsegels eingezogen wird.*
36 *Großschot mit Blöcken (Umlenkrollen).*
37 *Schwertkasten-Absteifung.*
38 *Schwertkasten.*
39 *Senkschwert.*
40 *Schwertfall zum Aufholen und Fieren des Schwertes.*
41 *Baumniederholer, der das unerwünschte Steigen des Baumes auf Raumschots- und Vorm-Wind-Kursen verhindert.*
42 *Lümmel(beschlag), die Verbindung zwischen Baum und Mast.*
43 *Dirk, eine zum Masttopp führende Leine, in der der Baum ohne Segel hängt, sofern er nicht in einer Baumstütze oder -schere ruht.*

Wirtschafts- und Sanitäreinrichtungen

Fast jedes Fahrtenboot besitzt eine Pantry, eine kleine Kücheneinrichtung mit ein- oder zweiflammigem Kocher und einer Spüle.

Kocher werden mit Spiritus, Petroleum oder Flüssiggas (Butan, Propan) betrieben. Da diese Gase höchst explosiv sind, hat der Einbau grundsätzlich nach den »Richtlinien für Einbau und Prüfung von Flüssiggasanlagen auf Wassersportfahrzeugen« des Germanischen Lloyd zu erfolgen.

❑ Die Kocher müssen eine automatische Zündsicherung haben, die Leitungen stets auf Dichtigkeit überprüft werden. Die Gasflasche muss in einem abgeschotteten Raum mit Entlüftung nach außenbords stehen.

Aber auch Petroleum und Spiritus erfordern etwas Umsicht. Bei heißen oder gar brennenden Kochern darf niemals Brennstoff nachgefüllt werden. Kocher sollten mindestens halbkardanisch aufgehängt sein, das heißt, um ihre Längsachse schwingen können.

Spülen – aus Kunststoff oder Nirosta – müssen Abflüsse mit Absperrhähnen, so genannten Seeventilen haben, damit bei starker Krängung kein Wasser über die Abflussleitung ins Boot steigen kann. Das Gleiche gilt für die Ab- und Zuleitungen von

Yacht-Toiletten. Zwar haben die Leitungen Rückschlagventile, doch sie können leicht sperren oder undicht werden. Es gibt genügend Beispiele, dass eine Yacht über die Toilette vollgelaufen und gesunken ist. Deshalb sind die Seeventile nur jeweils bei Gebrauch zu öffnen.

❑ Es ist grundsätzlich verboten, Abwässer oder Fäkalien in den See einzuleiten.

Deshalb müssen alle Boote mit Wohn-, Koch- und/oder Sanitäreinrichtungen am Bodensee mit ausreichend großen Fäkalien- und Abwassertanks ausgerüstet sein, die man nur an Land abpumpen kann. Möglich sind auch tragbare, an Land zu entsorgende Chemietoiletten und Abwasserkanister.

Umgang mit Leinen

Tauwerk

Ein Tau nennt der Seemann Ende oder Leine. Anfang und Ende heißen Tampen. Aber auch kurze Stücke Tauwerk werden als Tamp(en) bezeichnet. Schwere Leinen sind Trossen, sehr dünne Bändselgut.

Das Material

Für Tauwerk verarbeitet werden: **Kunstfasern** (Polyester, Polyamid, Polypropylen, Polyäthylen, Aramid) und **Stahldraht.**
Kunstfasertauwerk ist verrottungsfest und altert wenig. Es hat eine hohe Reißfestigkeit, ein geringes spezifisches Gewicht und nimmt nur wenig Wasser auf.
❏ Die Nachteile: Es verliert an Festigkeit durch Wärme, Reibung und UV-Strahlung und ist empfindlich gegen Scheuern, seemännisch als Schamfilen bezeichnet.
Polyester (PES) – Markennamen Dacron, Trevira, Terylene und Diolen – hat nur einen sehr geringen Reck und eignet sich deshalb besonders gut für Fallen und Schoten.
Polyamid (PA) – Markenbezeichnung Perlon, Nylon – verbindet eine extrem hohe Bruchfestigkeit mit großer Elastizität. Deshalb eignet es sich besonders gut für Anker- und Schleppleinen.
Polypropylen (PP) – Markennamen Polyprop, Hostalen PP, Ulstron – ist ein sehr leichtes schwimmfähiges Tauwerk mit einer mittleren Reißfestigkeit. Geeignet als Festmacher und Leichtwetterschoten.
Polyäthylen (PE) – Markenname Dyneema – weist von allen Kunstfasern die besten Eigenschaften auf.

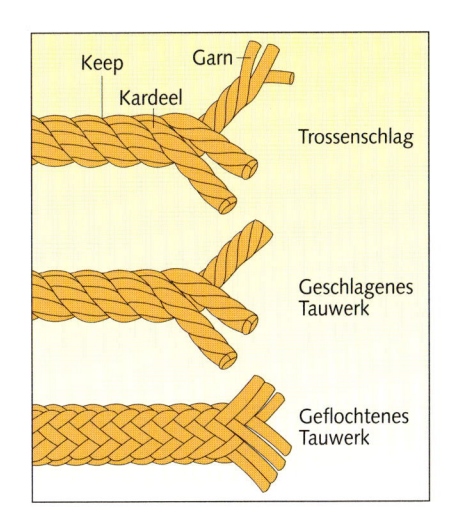

Aramid – Markenname Kevlar – ist bedeutend reißfester als Polyester, hat aber nur geringe Biegefestigkeit, beispielsweise wenn es über eine Fallrolle mit kleinem Durchmesser läuft.
Drahttauwerk für die Verstagung und als Vorläufer für Fallen wird heute fast nur noch aus nichtrostendem Stahl hergestellt, aus Legierungen auf Chrom-Nickel-Basis, bekannt unter den Markenbezeichnungen V2A und V4A.

Die Herstellung

Fasern werden zu **Kabelgarnen** gesponnen, die Garne zu **Kardeelen** verdrillt und die Kardeele zu Enden geschlagen oder geflochten. Geschlagenes dreischäftiges Tauwerk – es besteht aus drei Kardeelen – nennt man **Trossenschlag,** vierschäftiges **Wantschlag.**
Das Tauwerk ist vorwiegend rechtsherum geschlagen. Der Rechtsschlag heißt Z-Schlag, der Linksschlag S-Schlag. Sind also die Fasern rechtsherum zum Garn gesponnen, die Garne linksherum zum Kardeel gedreht und die einzelnen Kardeele rechtsherum zum Ende geschlagen, hat man einen ZSZ-Schlag.
❏ Geschlagenes Tauwerk hat weniger Reck und ist bruchfester als vergleichbares geflochtenes. Man verwendet speziell vorgerecktes für Fallen.
❏ Geflochtenes Tauwerk ist lehniger und griffiger und wird hauptsächlich für Schoten genommen. Für Fallen hat es zu viel Reck.

Spleiß und Takling

Mit Spleißen bezeichnet man die dauerhafte Verbindung von Tauwerk durch Verflechten der einzelnen Kardeele.
Häufigste Verwendung ergibt sich für den **Augspleiß** am Tampen einer Leine. Wie er gemacht wird, lässt sich nur in der praktischen Anschauung erlernen. Jeder Tampen muss vor dem Aufdrüseln gesichert werden. Kunststofftauwerk lässt sich über einer Flamme sehr einfach verschweißen. Eleganter ist es jedoch, einem Tampen mit Takelgarn einen **Takling** aufzusetzen. Auch der erlernt sich am besten bei der praktischen Vorführung.

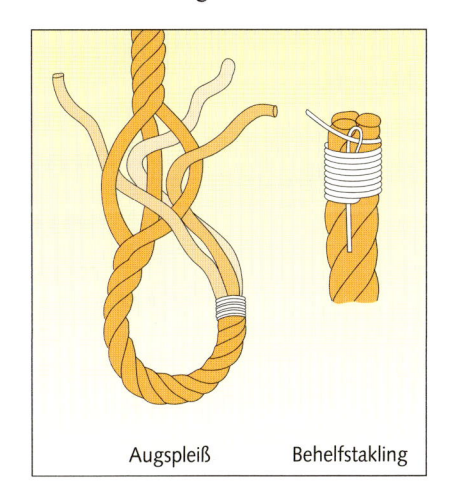

Bucht   Auge   Achtknoten   Kreuzknoten   Palstek

einfacher Schotstek   doppelter Schotstek

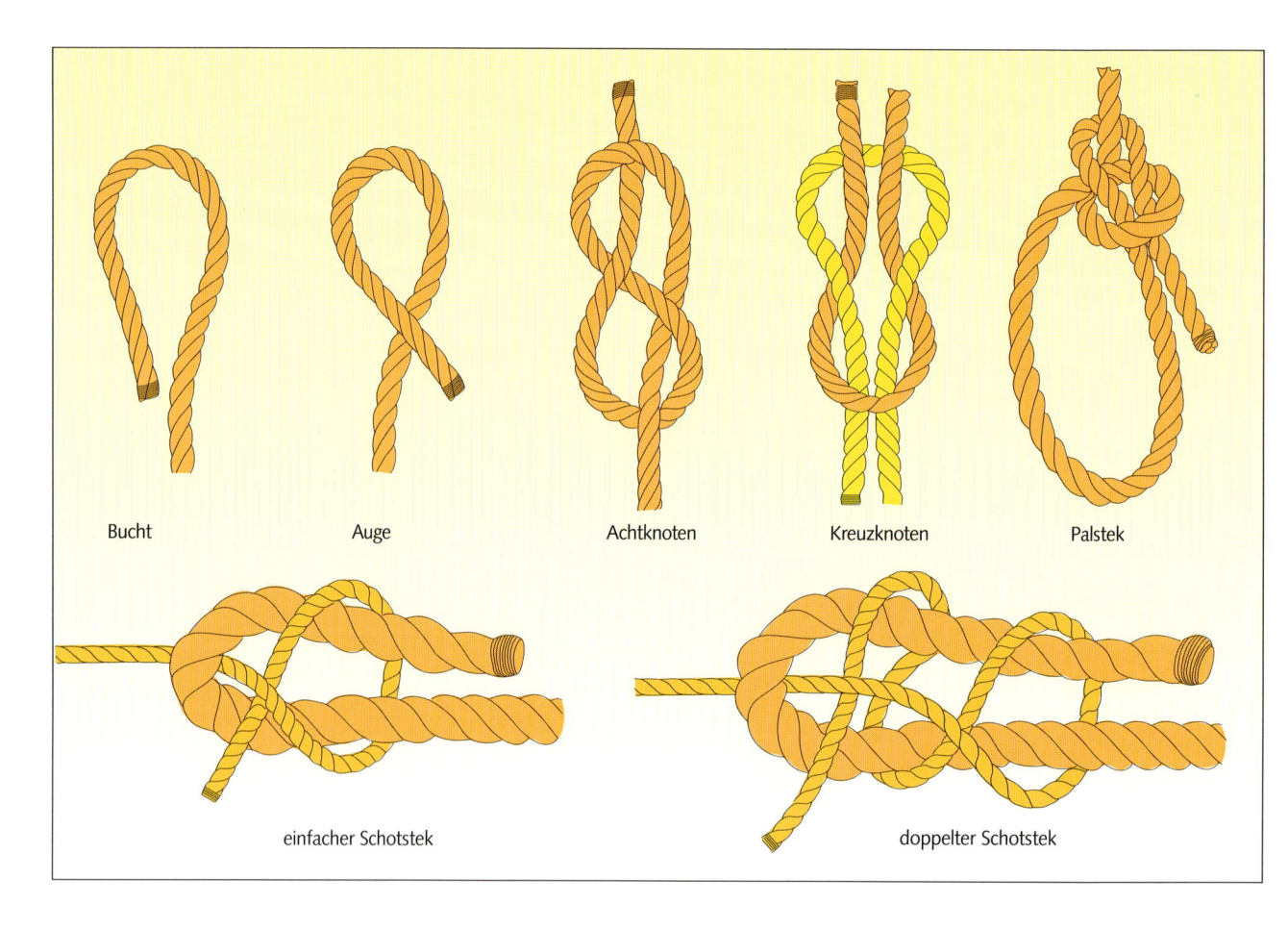

Knoten

Alles, was zum Sichern oder Festmachen einer Leine an irgendetwas oder zum Verbinden von Leinen dient, heißt Knoten oder Stek. Seemännische Knoten müssen
- einfach und schnell herzustellen sein,
- sich zuverlässig bekneifen und halten und
- leicht wieder zu lösen sein, auch in nassem Tauwerk.

Immerhin kann von der Haltbarkeit eines solchen Knotens die Sicherheit von Schiff und Besatzung abhängen.

Bucht ist ein in Haarnadelform gelegtes Ende.

Auge ist die seemännische Bezeichnung für alle Arten von Schlingen. Es kann ein lose gelegtes Auge sein (wie hier) oder auch ein festes, wie beim Augspleiß.

Achtknoten: Er kommt stets in den Tampen von Schoten, damit sie nicht aus ihren Blöcken oder Leitösen rauschen.

Kreuzknoten: Er dient zum Verbinden zweier gleich starker Enden aus gleichem Material. Wichtig: Er muss symmetrisch sein, die Tampen müssen auf derselben Seite aus der Bucht des anderen Tampens kommen. Vorsicht, auch wenn er richtig gemacht worden ist, kann er sich in sehr glattem Kunstfaser-Tauwerk aufziehen.

Einfacher und **doppelter Schotstek:** Beide verbinden zwei ungleich starke Enden oder Enden aus ungleichem Material. Die Tampen müssen sich gegenüberliegen. Bei steifem Kunstfaser-Tauwerk ist unbedingt der doppelte Schotstek zu empfehlen. Auch bei glatten gleich starken Enden sollte

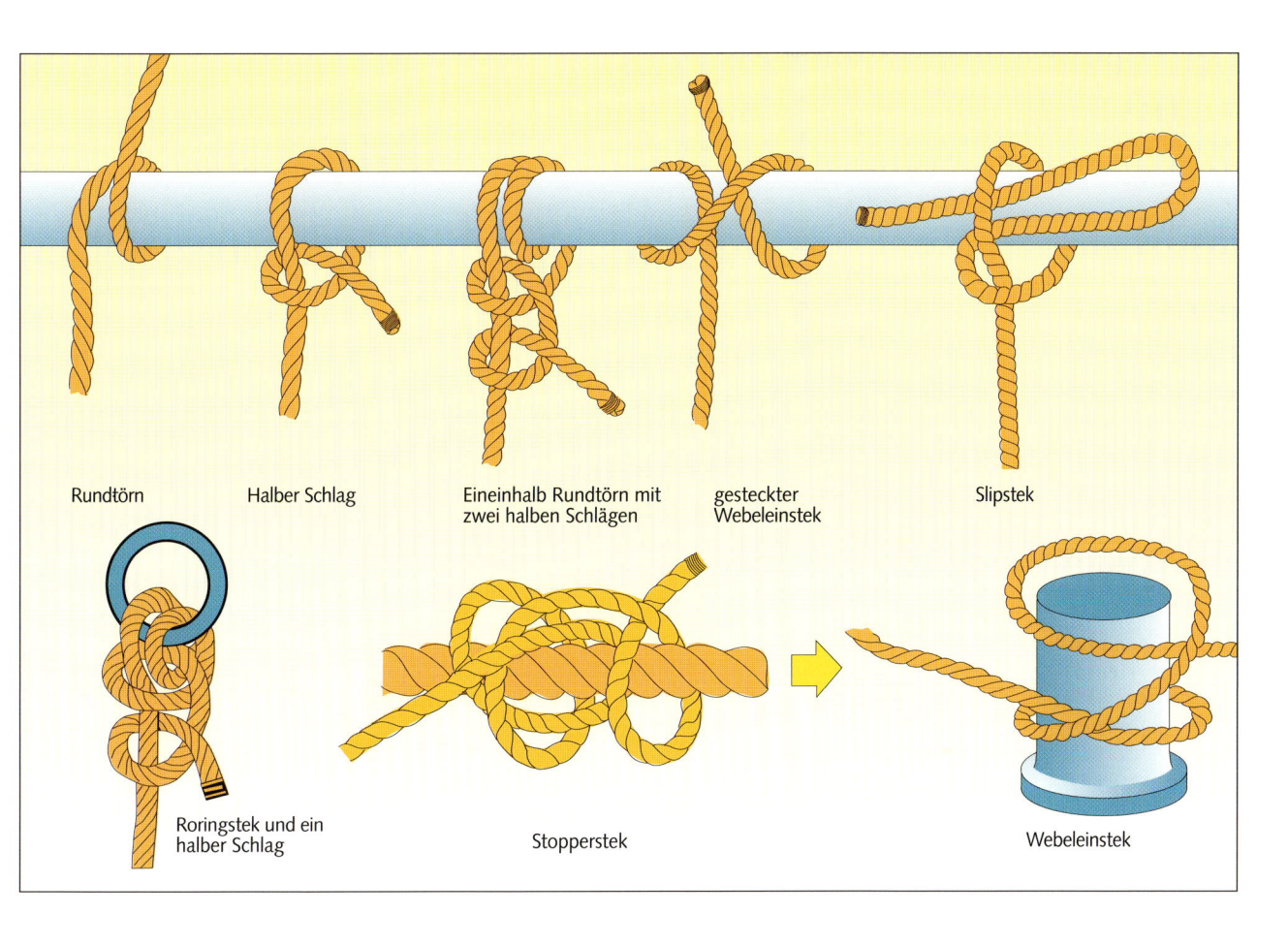

Rundtörn — **Halber Schlag** — **Eineinhalb Rundtörn mit zwei halben Schlägen** — **gesteckter Webeleinstek** — **Slipstek**

Roringstek und ein halber Schlag — **Stopperstek** — **Webeleinstek**

man den doppelten Schotstek dem Kreuzknoten vorziehen.

Palstek: Er ist der wichtigste Knoten an Bord. Mit ihm lässt sich ein beliebig großes Auge herstellen, das sich nicht zusammenziehen kann. Er dient zum Festmachen an Pfählen, Pollern oder auch Ringen oder im Notfall, um jemand, der über Bord gefallen ist, im Wasser zu sichern. Auch Leinen kann man mit zwei Palsteks zuverlässig verbinden. Der Tampen soll außerhalb des Auges liegen.

Rundtörn und **halber Schlag** sind Ausgangsbasis für weitere Knoten.

1½ Rundtörn und **2 halbe Schläge** sind eine Knotenverbindung zum vorübergehenden Festmachen an Rohr, Ring, Spieren oder Stangen.

Slipstek: Überall dort wichtig, wo man ein belegtes Ende, auf dem Kraft steht, schnell loswerfen will oder muss. Ein Ruck am Tampen, und der Knoten ist gelöst.

Webeleinstek: Er dient zum Festmachen an Pollern oder Ähnlichem, sofern Poller oder Festmacheleine nicht zu dick sind. Dann bekneift er sich nicht genügend. Zusätzlich sollte er unbedingt durch zwei halbe Schläge gesichert werden. Man kann ihn über einen Poller werfen, indem man einfach zwei Augen legt, oder ihn auch stecken, beispielsweise um Fender an der Seereling oder Ähnlichem festzubändseln.

Stopperstek: Mit ihm kann ein Tampen an ein laufendes Ende gesteckt werden, beispielsweise die Vorleine an eine Schlepptrosse. Er hält nur, solange Kraft in Zugrichtung darauf steht.

Roringstek: Ihn verwendet man zum Festmachen an Ringen. Zusätzlich sollte er stets mit ein oder zwei halben Schlägen gesichert werden.

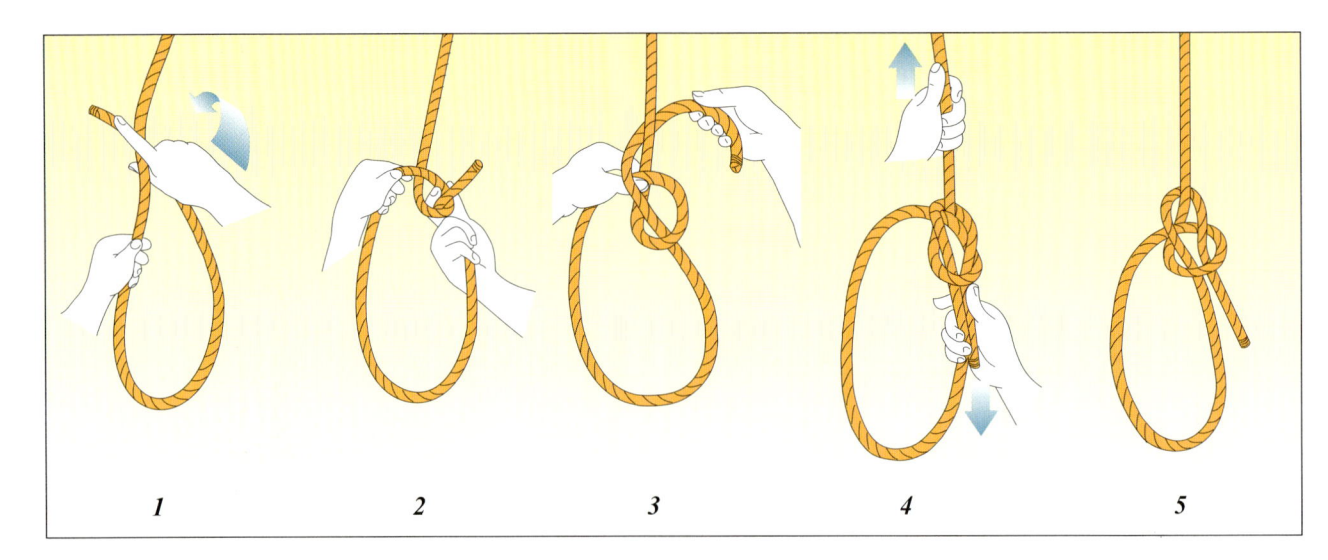

Palstek mit Trick

1 Das Ende der Leine mit der Linken etwa in der Höhe abgreifen, an der der Knoten sitzen soll. Den Tampen in die Rechte nehmen, parallel zum Zeigefinger legen und mit Daumen und Tampen um das Ende greifen. Dann die Rechte mit dem Tampen nach rechts drehen (Handrücken nach unten), und schon ist ein Auge in der Leine, aus dem der Zeigefinger mit dem Tampen heraussieht **2**. Jetzt mit dem Daumen der Linken das Auge festhalten, damit es nicht »herausfällt«, mit der Rechten den Tampen greifen und damit von links hinten um die Leine rumgehen **3** und wieder ins Auge rein, aus dem er kommt **4**. Den so entstandenen Palstek fest zusammenziehen – fertig.
5 In glattem synthetischem Tauwerk sollte der Tampen gut eine Handspanne aus dem Auge heraushängen. Hinten von links nach rechts herumzugehen ist wichtig, damit der Tampen außerhalb des Auges liegt.

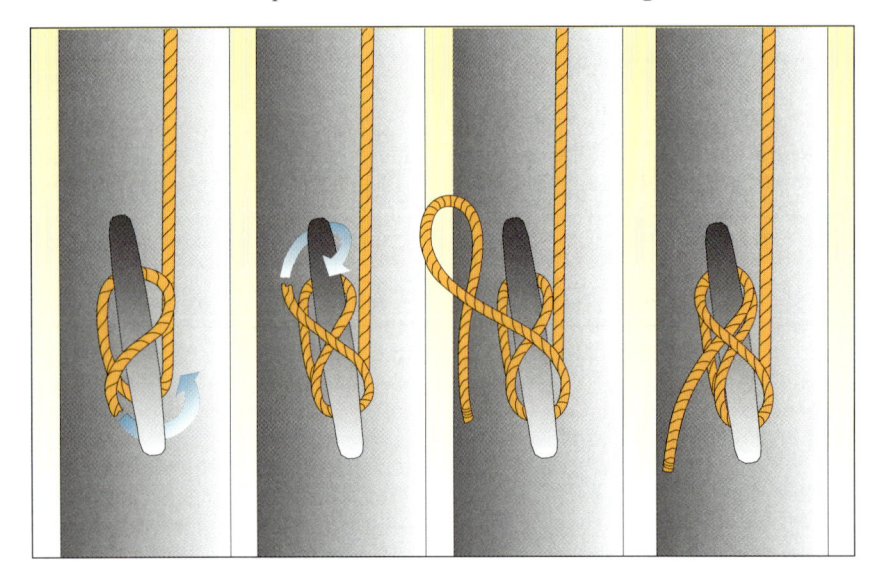

Belegen auf einer Klampe

Zunächst einen Rundtörn um den Fuß der Klampe legen, aber so, dass sich die Leine nicht selbst bekneift. Dann Kreuzschläge in Achtform um die Klampe legen. Zwei genügen im Allgemeinen. Wenn man beim Festmachen sichergehen will, kommt zum Abschluss ein Kopfschlag drauf – der durchgesteckte Tampen wird bekniffen. Achtung: Der sich durch den Kopfschlag bekneifende Tampen muss immer die Klampe kreuzen. Fallen auf Jollen sollten nie mit Kopfschlag belegt werden. Er lässt sich notfalls nicht schnell genug lösen.

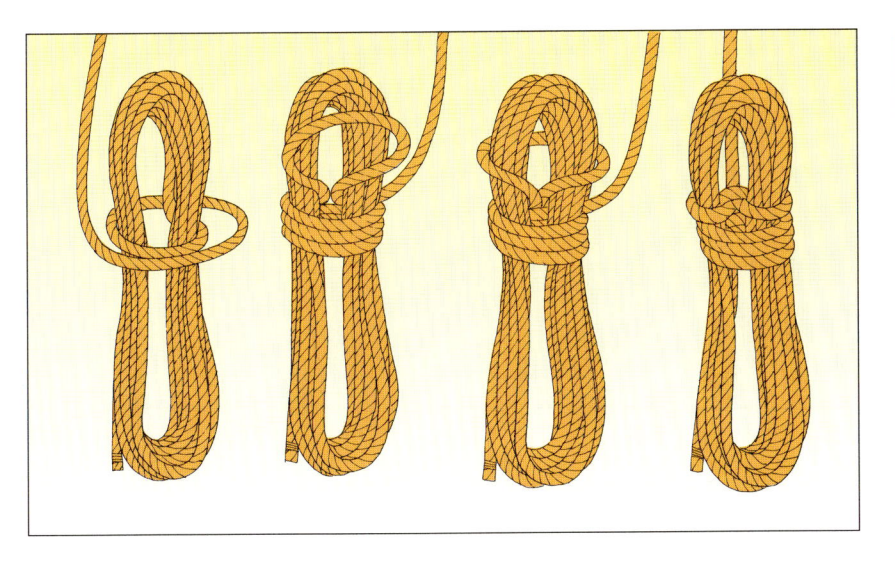

Leine aufschießen
Da die meisten Leinen rechtsherum geschlagen sind, müssen sie auch rechtsherum aufgeschossen werden. Die gleichlangen Buchten werden durch einige rechtwinklig herumgelegte Törns »zusammengeschnürt«. Dann den letzten Törn als Bucht oben durchziehen, über den Kopf rüber- und zusammenziehen.

Fall aufschießen
Zunächst das Fall auf der Klampe am Mast belegen, dann das Ende aufschießen. Nun kann man es einfach hinter das Fall klemmen, eleganter aber ist es, wenn es über das obere Horn der Klampe gehängt wird. Die letzte Bucht von hinten durchholen, über Kreuz »verdrillen« und das so gewonnene Auge rüberhängen.

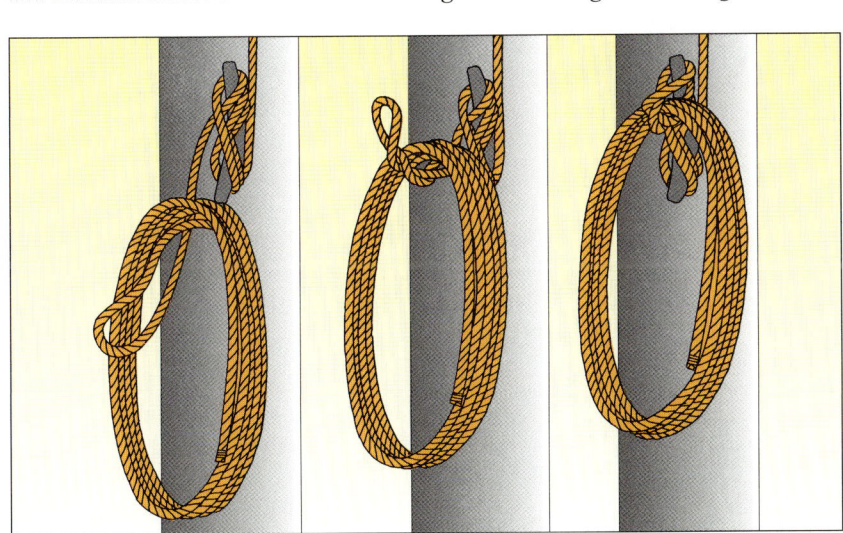

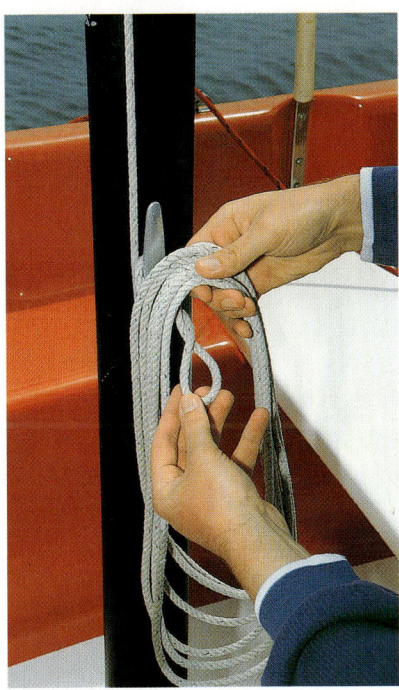

Theorie des Segelns

Der Yachthafen von Immenstaad

Richtungs- und Kursbezeichnungen

Steuerbord (Stb.) ist die rechte Seite eines Schiffes in Fahrtrichtung gesehen;
Backbord (Bb.) die linke Seite.
Querab und **dwars** bedeutet im Winkel von 90° zur Mittschiffslinie. Achteraus ist alles, was dahinter liegt.
Recht – nicht zu verwechseln mit rechts – heißt genau oder richtig. Entsprechend ist recht voraus oder recht achteraus etwas, das sich genau in Kiellinie voraus oder achteraus befindet.
Steuerbord-Bug oder **Backbord-Bug** besagt, dass der Baum des Großsegels auf der Steuerbordseite, beziehungsweise auf der Backbordseite gefahren wird.
Luv ist die dem Wind zugekehrte Seite eines Schiffes oder auch einer Küste.
Lee ist die dem Wind abgewandte Seite, auf der normalerweise die Segel stehen.
Kommt der Wind genau von achtern, kann das Großsegel beliebig an Steuerbord oder Backbord gefahren werden – das Boot über Steuerbord-Bug oder Backbord-Bug segeln. Entsprechend wechseln auch die Lee- und Luvseite. Lee bleibt aber stets die Seite, auf der der Großbaum geführt wird. Die Seite, auf der der Baum vor dem Wind gerade gefahren wird, kann bei Begegnungen sehr entscheidend sein, denn Steuerbord-Bug ist Backbord-Bug gegenüber ausweichpflichtig.
Anluven heißt mit dem Bug näher an den Wind gehen.
Abfallen, mit dem Bug vom Wind abdrehen.
Kurs ist die Richtung, in die ein Boot fährt. Anluven und abfallen sind Kursänderungen. Sie erfordern auch eine Änderung der Segelstellung.

Beim Anluven müssen die Schoten dichter geholt, beim Abfallen müssen sie gefiert werden.

Merke: Ran an den Wind – Segel ran. Weg vom Wind – Segel weg.

Das **Ruder** ist das Steuer eines Bootes. Seine Wirkung beruht auf dem Staudruck, der vor dem Ruderblatt entsteht, wenn es gegen die Strömung angestellt wird. Wird beispielsweise das Ruderblatt nach Steuerbord eingeschlagen, drückt er das Heck zur gegenüberliegenden Seite. Der Bug dreht nach Steuerbord.
❑ Ein Boot dreht stets nach der Seite, auf der das Ruderblatt liegt. Nach der Stellung des Ruderblattes wird auch die Ruderlage bezeichnet:
Steuerbord-Ruder dreht das Boot nach Steuerbord.
Backbord-Ruder dreht das Boot nach Backbord.
Entsprechend lässt das Luv-Ruder das Boot anluven und Lee-Ruder (nach Lee) abfallen.
❑ Die Richtung, in die die Ruderpinne weist, hat nichts mit der Bezeichnung der Ruderlage zu tun. Die Pinne zeigt stets in die entgegengesetzte Richtung. Bei Steuerbord-Ruder also nach Backbord oder bei Luv-Ruder nach Lee.

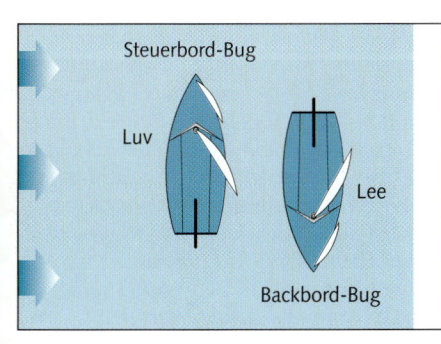

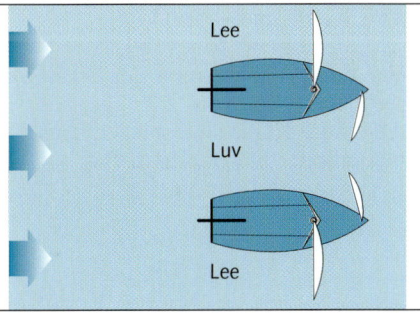

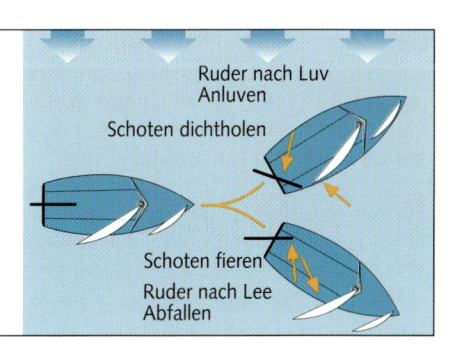

Kurse zum Wind

Für jedes Segelboot gibt es einen etwas unterschiedlich großen Sektor zum Wind, in dem es nicht mehr voraus segelt, sondern mit killenden (schlagenden) Segeln stehen bleibt. Liegt es genau im Wind, treibt es sogar achteraus.

Fahrtenyachten können kaum höher als bis zu 45° an den wahren Wind herangehen. Ausgefeilte Rennyachten schaffen es bis zu etwa 38° Höhe. Es gibt also einen toten Sektor von ungefähr 90° – jeweils 45° rechts und links der Windrichtung –, den ein Boot unter Segeln nicht direkt befahren kann.

Zwischen diesem Sektor und dem Segeln »platt vorm Laken«, das heißt mit Wind genau von hinten, liegen mehrere Kurse, die jeweils eine andere Segelstellung erfordern.

Gesegelt wird nur mit dem scheinbaren Wind, der sich aus wahrem Wind und Fahrtwind zusammensetzt.

Am Wind bedeutet die maximale Höhe, die ein Boot laufen kann. Der Winkel zwischen Kurs und einfallendem Wind ist am kleinsten, die Fahrt, die das Boot macht, aber auch nur gering.

Voll und bei ist ein Am-Wind-Kurs, auf dem das Boot nicht mehr größtmögliche Höhe schindet, aber schneller segelt und somit die **optimale Höhe** läuft oder, anders ausgedrückt, den besten Weg nach Luv macht.

Halber Wind ist dementsprechend der von querab einfallende scheinbare Wind und bedeutet nicht etwa, in einem Winkel von 90° zum wahren Wind zu segeln.

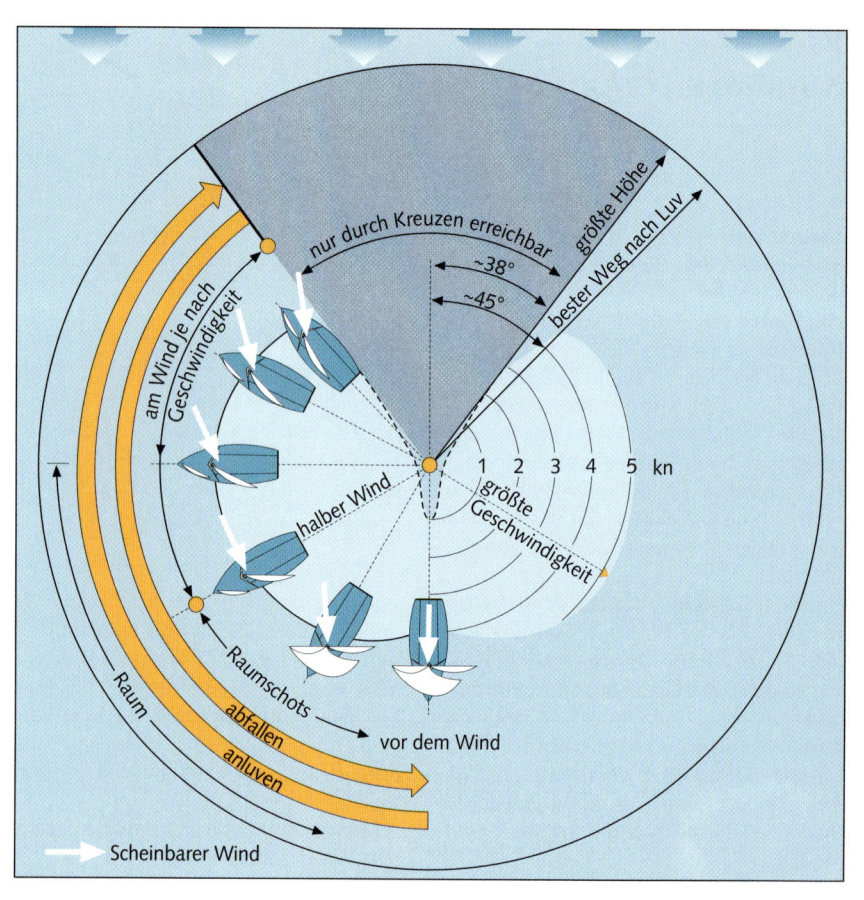

Raumer Wind weht in dem Sektor zwischen halbem und genau achterlichem Wind. Das Segeln in diesem Bereich wird als **Raumschots-Kurs** bezeichnet. **Raum** nennt man jedoch verallgemeinernd auch alle Kurse zwischen »am Wind« und »vorm Wind«.

Vor dem Wind kommt der Wind von recht achteraus.
Alle diese Kurse sind spiegelgleich für Steuerbord- und Backbord-Bug.

Die verschiedenen Kurse zum Wind
Die herzförmig geschwungene Linie ist die typische Geschwindigkeitskurve einer kleinen Rennyacht. Bei etwa 45° segelt sie ihre optimale Höhe. Man kann sie zwar noch bis etwa 38° an den Wind knüppeln, doch macht sie dann nur noch wenig Fahrt. Mit ungefähr halbem (scheinbarem) Wind erreichen alle Segelboote ihre maximale Geschwindigkeit. Diese hier beispielsweise 5,5 Knoten (kn = Seemeilen in der Stunde). Auf Raumschots- Kurs wird das Boot wieder langsamer, und auf Vorm-Wind-Kurs kommt es nur noch auf etwa 75 % bis 80 % seiner maximalen Geschwindigkeit.

Wahrer und scheinbarer Wind

Der tatsächlich wehende Wind ist der **wahre Wind.** Seine Richtung und Stärke (Geschwindigkeit) kann man nur an einem festen Punkt feststellen oder messen. Auf einem Boot, solange es am Steg oder vor Anker liegt. Sobald es jedoch Fahrt aufnimmt, werden Richtung und Stärke des wahren Windes durch den Fahrtwind beeinflusst. Der wahre Wind wandelt sich zum **scheinbaren Wind.** Nur dieser ist an Bord spürbar und maßgeblich für die Kurse. Nur die Richtung des scheinbaren Windes zeigt der Verklicker auf dem Masttopp an.

Je schneller ein Boot segelt, umso stärker wird der Fahrtwind und umso mehr weicht die Richtung des scheinbaren Windes von der des wahren Windes ab.

❑ Der scheinbare Wind fällt stets vorlicher ein als der wahre, ausgenommen auf Vorm-Wind-Kurs. Man segelt scheinbar höher am Wind als »wirklich«.

❑ Je mehr ein Boot anluvt, umso stärker wird der scheinbare Wind, je mehr es abfällt, umso mehr nimmt er ab.

Auswirkungen des Fahrtwindes
Am Wind fällt der scheinbare Wind am vorlichsten ein und weht wesentlich stärker als der wahre Wind.
Halber Wind: Der scheinbare Wind ist merklich schwächer geworden. Er fällt zwar immer noch vorlicher als der wahre Wind ein, erreicht aber nicht mehr dessen Stärke.
Vor dem Wind fallen wahrer und scheinbarer Wind zusammen.

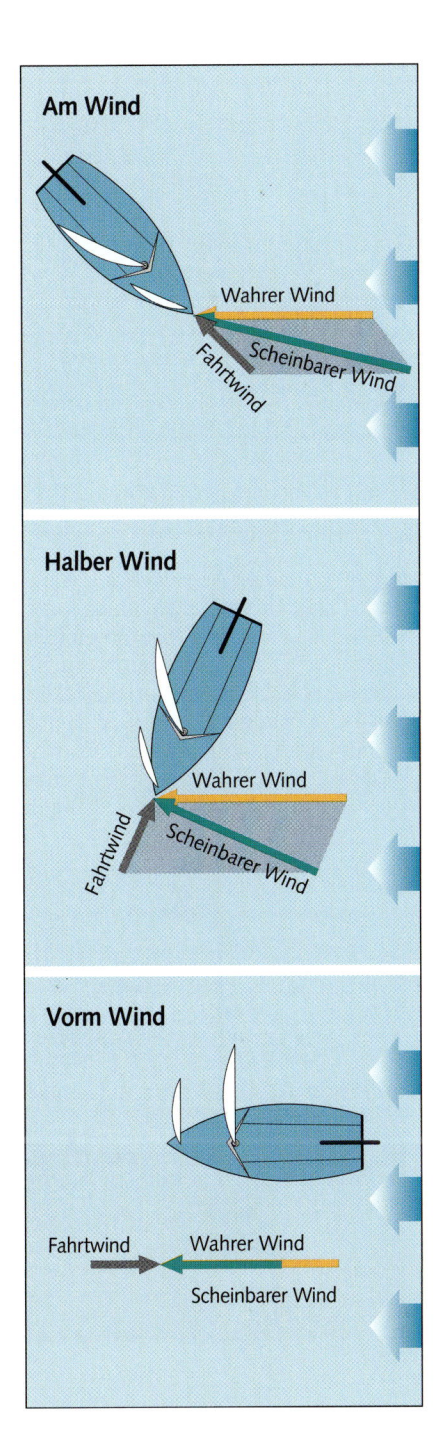

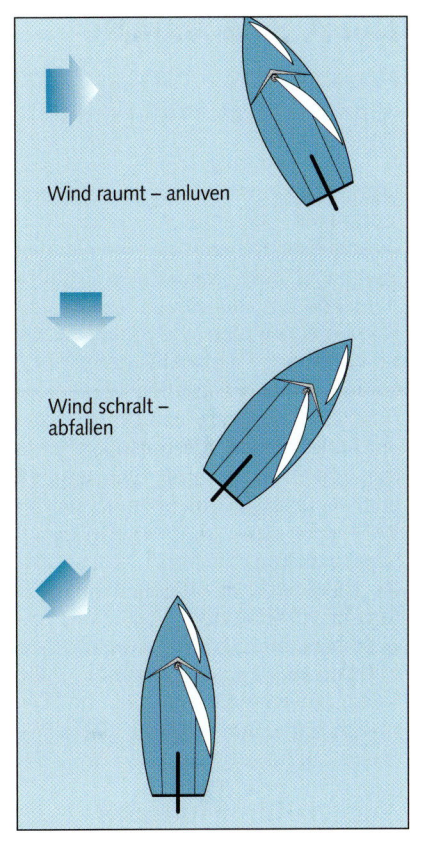

Raumen und Schralen

Raumen bedeutet, dass der Wind nach einer Richtungsänderung weiter von achtern und somit günstiger einfällt, **schralen,** dass er vorlicher, also ungünstiger einfällt. Wer am Wind segelt, muss bei schralendem Wind von seinem Kurs abfallen, bei raumendem kann er Höhe heraussegeln. Die Ursachen für diese Erscheinung sind unterschiedlich. Einmal schwankt der wahre Wind in seiner Richtung. Zum anderen kann die Geschwindigkeit des Bootes zunehmen, sodass der scheinbare Wind vorlicher einfällt, also schralt.

Die Antriebskräfte

Antrieb durch Widerstand

Dass Rückenwind schiebt, ist eine jedermann bekannte Tatsache. Nach diesem Prinzip segelt ein Boot vor dem Wind und auch teilweise auf Raumschots-Kurs. Die Segel setzen dem Wind einen Widerstand entgegen. Die Luftströmung wird abgebremst und unterbrochen. Je größer die Widerstandsfläche ist, umso mehr Luftmasse wird abgebremst und umso größer ist der Schub. Am meisten Schub, der gleichbedeutend mit Vortrieb ist, bewirkt eine hohle Halbkugel. Deshalb sind auch spezielle Vorm-Wind-Segel, die Spinnaker, annähernd halbkugelförmig geschnitten.

❑ Je bauchiger die Segel geschnitten, beziehungsweise getrimmt sind, umso wirksamer sind sie auf Kursen, auf denen Vortrieb durch Widerstand erzeugt wird.

Antrieb durch Auftrieb

Auf andere Art entsteht der Vortrieb beim Segeln im Am-Wind-Bereich. Nicht mehr ein bauchiges Segel erzeugt Widerstand, sondern ein flaches, als aerodynamisches Profil geschnittenes Segel bewirkt eine störungsfreie Ablenkung des Windes. Die Luftströmung wird dabei gleichzeitig in Luv verzögert und in Lee beschleunigt. Dabei entsteht ein Überdruck in Luv und durch die Beschleunigung der Luftströmung ein erheblich größerer Unterdruck in Lee. Beide Kräfte wirken als Gesamtkraft in die gleiche Richtung, fast senkrecht zur Richtung des einfallenden Windes.

Das Segel arbeitet nach demselben Prinzip wie die Tragfläche eines Flugzeuges. Aus der Aerodynamik stammt denn auch die Bezeichnung »Auftrieb«, der nicht mit Vortrieb gleichzusetzen ist. Der Wind liefert dem Boot überhaupt keinen nach vorn gerichteten Vortrieb, sondern nur einen quer zur Windrichtung orientierten Auftrieb. Erst das Boot selbst, sein aus Schwert oder Kiel und Unterwasserschiff gebildeter Lateralwiderstand verwandeln ein Teil der quergerichteten Gesamtkraft des Auftriebs in Vortrieb. Das heißt, in Fahrt voraus.

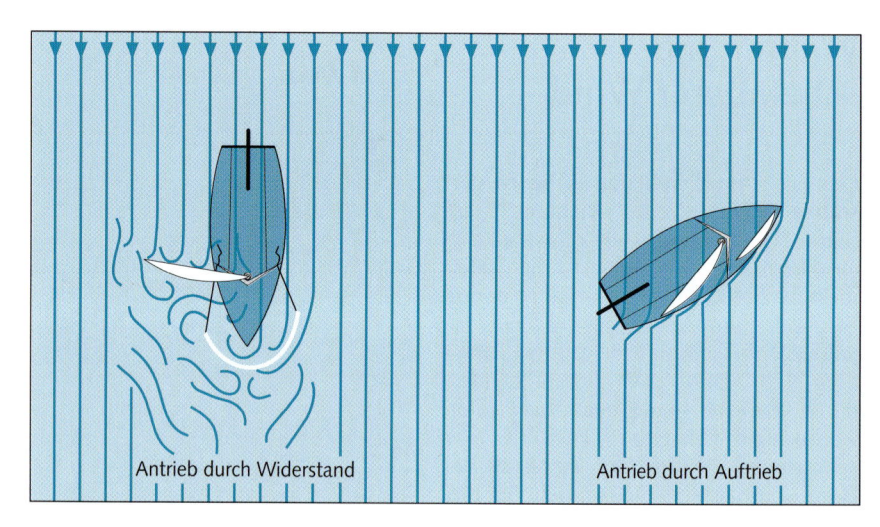

Die Querkraft

Zerlegt man die vom Wind auf das Boot gerichtete Gesamtkraft mit einem

Segeln vorm Wind – Antrieb durch Widerstand.

Antrieb durch Auftrieb – Segeln am Wind.

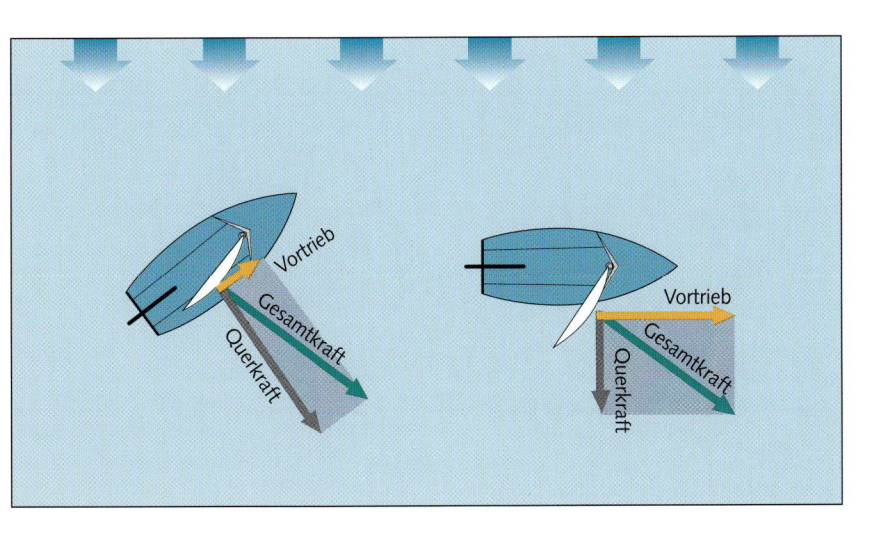

Kräfteparallelogramm in Querkraft und Vortrieb, wird deutlich, wie gering der gewonnene Vortrieb ist. Dass es ihn überhaupt gibt, bewirkt der Lateralplan. Er stellt sich mit seinem großen seitlichen Widerstand im Wasser der Querkomponente der Gesamtkraft entgegen, nützt aber die voraus gerichtete Komponente umso besser aus. Denn in Vorausrichtung ist der Widerstand minimal. Die Querkraft bewirkt die Krängung des Bootes und die seitliche Abdrift.

❑ Am Wind ist das Verhältnis von Vortrieb zu Querkraft am ungünstigsten. Die meiste Windenergie wird in Krängung und Abdrift umgesetzt.

❑ Auf raumeren Kursen nimmt der Anteil der Querkraft und damit Krängung und Abdrift ab, während der Vortrieb entsprechend wächst. Deshalb segelt man raumschots am schnellsten.

Der Anstellwinkel des Segels

Denkt man an die Flugzeugtragfläche, wird deutlich, wie wichtig der richtige Anstellwinkel des Segels auf Am-Wind-Kursen ist. Der optimale Anstellwinkel ist erreicht, wenn das Segel im unteren Drittel am Vorliek gerade noch nicht killt, das heißt, zu flattern beginnt.

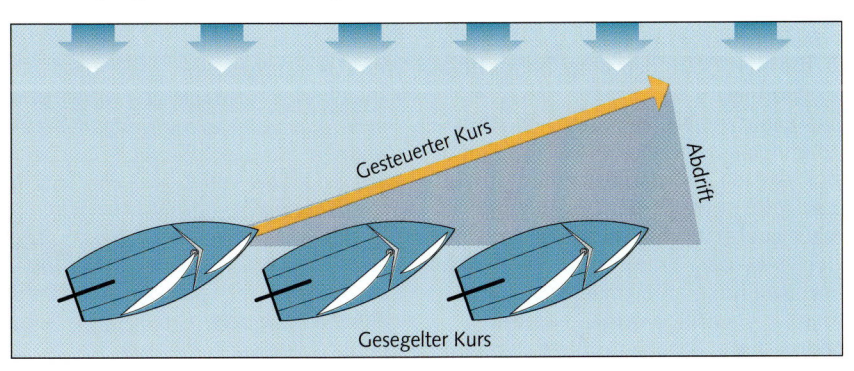

❑ Großsegel zu dicht geholt: Die Luftströmung in Lee reißt ab. Es kommt zu Verwirbelungen, das Druckgefälle zwischen Luv- und Leeseite baut sich ab, das Boot läuft nicht mehr.

❑ Großsegel zu weit gefiert: Es steht weitgehend parallel zur Luftströmung. Es entsteht kaum oder gar kein Druckgefälle zwischen Luv und Lee und somit kein Auftrieb, der in Vortrieb umgesetzt werden kann. Der Wind streicht wirkungslos an der Segelfläche vorbei.

Ähnlich liegen die Dinge auch beim Zusammenspiel von Vor- und Großsegel. Kann die Luft zwischen beiden Segeln ungestört hindurchstreichen, wird sie durch den so genannten Düseneffekt beschleunigt. Der Unterdruck in Lee des Großsegels wird dadurch erhöht und der Auftrieb und damit Vortrieb verstärkt.

❑ Vorsegel zu dicht: Die Luftströmung reißt ab, der Abwind des Vorsegels wird gegen das Großsegel gelenkt und wirkt bremsend.

Die Abdrift

Der Querkraft wirkt der Lateralwiderstand unter Wasser entgegen. Je länger und tiefer diese Lateralfläche ist, umso wirksamer. Doch sie kann auf Am-Wind-Kursen nicht verhindern, dass das Boot unter dem Winddruck auf das Segel stets etwas in Querrichtung ausweicht. Dieser Winkel zwischen dem gesteuerten und dem tatsächlich gesegelten Kurs ist die Abdrift.

❑ Auf Am-Wind-Kursen muss mehr nach Luv gehalten werden als der direkte Kurs zum Ziel erfordern würde.

Auf Vorm-Wind-Kurs kann eine schwache Abdrift durch ungleiche Verteilung der Vortriebskräfte rechts und links vom Mast entstehen.

Die Stabilität

Unter der Stabilität eines Bootes versteht man die Fähigkeit, sich aus einer gekrängten Lage wieder aufzurichten. In ihren Stabilitätsverhältnissen unterscheiden sich Jollen erheblich von Kielbooten.

Die Formstabilität

Jollen besitzen ausschließlich Formstabilität, die sich aus der mehr oder minder breiten Form des Rumpfes ergibt. Sie allein ist nur gering. Die zusätzlich erforderliche Stabilität beim Segeln erbringt der »lebende Ballast«, das Gewicht der Mannschaft.
Die Stabilität einer ballastlosen Jolle hängt wesentlich vom Körpergewicht der Mannschaft ab. Je weiter das Mannschaftsgewicht nach Luv gebracht wird, umso länger wird der aufrichtende Hebelarm, umso höher ist die **Anfangsstabilität**.
Über einen gewissen Krängungswinkel hinaus jedoch wirkt der lebende Ballast in die entgegengesetzte Richtung: Das Boot kentert.
❏ Eine Jolle hat eine geringe **Endstabilität**.

Formstabilität einer Jolle

Gewichtsstabilität einer Kielyacht

Die Gewichtsstabilität

Kielboote beziehen ihre Stabilität im Wesentlichen aus dem tief sitzenden Kielballast, auch als toter Ballast bezeichnet. Der aufrichtende Hebelarm liegt also nicht über Wasser, wie bei der Jolle, sondern unterhalb der Wasserlinie. Das heißt, je mehr eine Kielyacht krängt, umso größer wird die aufrichtende Kraft.

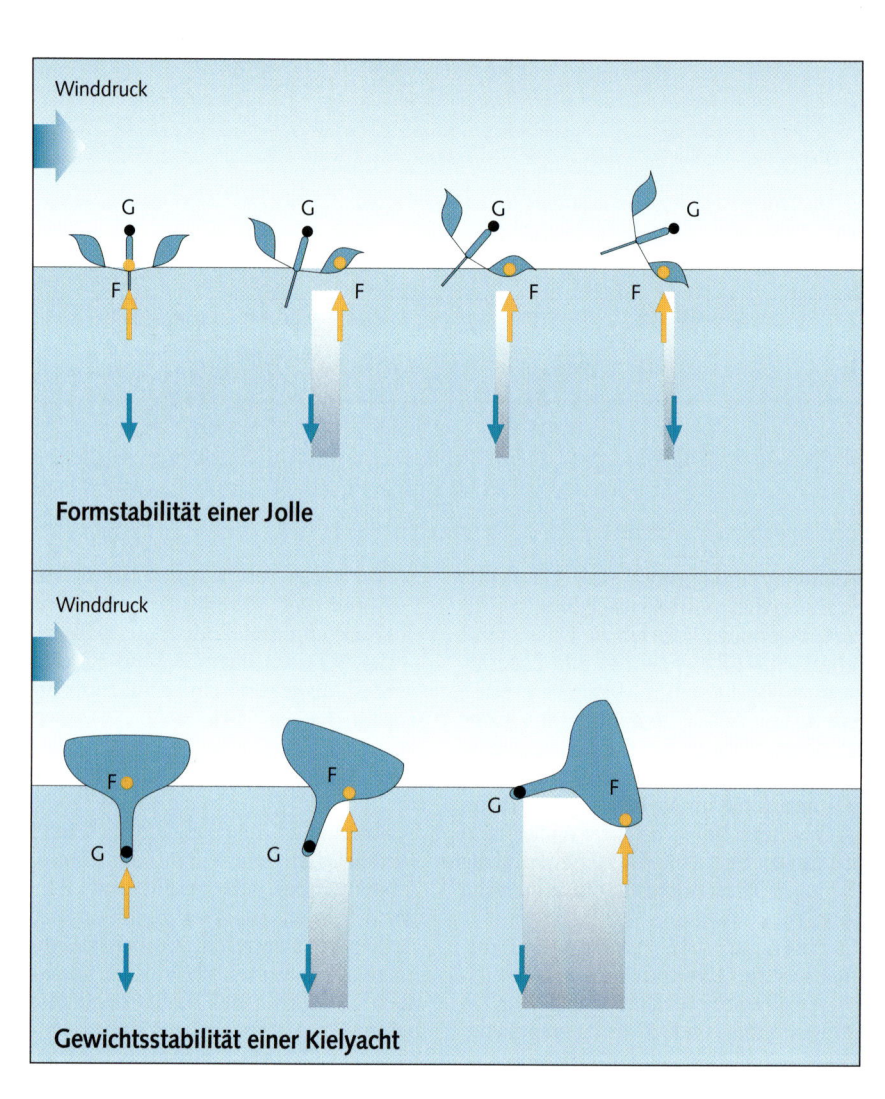

❏ Ein Kielboot hat eine hohe Endstabilität.
Es kann unter extremen Wetterbedingungen zwar durchkentern, richtet sich danach aber wieder auf, während eine Jolle »kieloben« liegen bleibt.
Aber auch eine Kielyacht besitzt eine sich aus der Rumpfform ergebende Formstabilität. Sie macht das Boot »rank« – geringe Anfangsstabilität – oder »steif« – hohe Anfangsstabilität.

Bei der ballastlosen Jolle liegt der Gewichtsschwerpunkt (G) über dem Form- oder Auftriebsschwerpunkt (F). Zunächst wandert F nach Lee aus, wird dann aber von G »überholt«: Die Jolle kippt um.
Bei der geballasteten Kielyacht liegt der Gewichtsschwerpunkt (G) unter dem Formschwerpunkt (F). Je weiter F nach Lee wandert, umso länger wird der aufrichtende Hebelarm.

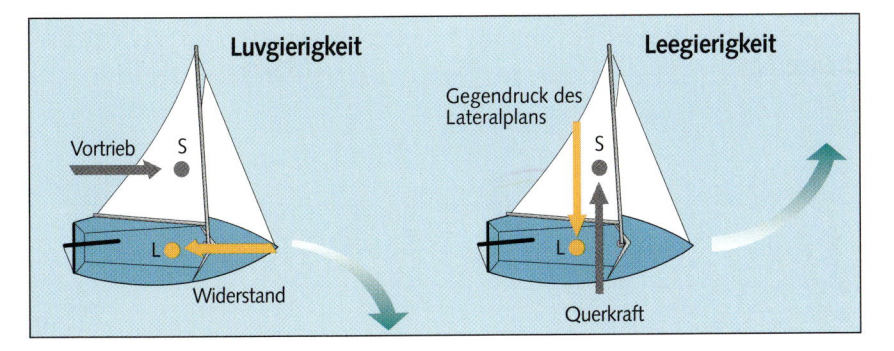

Luv- und Leegierigkeit

Unter Luv- beziehungsweise Leegierigkeit versteht man den Hang mancher Boote, bei mittschiffs gelegtem Ruder anzuluven beziehungsweise abzufallen. Wie kommt es dazu?
Man denke sich alle Windkräfte, die auf die gesamte Segelfläche einwirken, in einem Angriffspunkt konzentriert: dem Segeldruckpunkt S. Und alle der seitlichen Abdrift entgegenwirkenden Kräfte in einem Angriffspunkt am Unterwasserschiff konzentriert: dem Lateraldruckpunkt L. Vortrieb der Segel (S) und Widerstand des Unterwasserschiffes (L) bilden einen Hebelarm, der ein Drehmoment nach Luv bewirkt. Dem wirkt als Hebelarm die auf das Segel ausgeübte Querkraft und der Gegendruck auf den Lateralplan (L) entgegen. Durch ihn erhält das Boot ein Drehmoment nach Lee. Bei einem gut konstruierten Boot sind diese Gegenkräfte so ausgewogen, dass es ausgeglichen segelt. Aus dem Gleichgewicht kommen sie jedoch leicht bei stärkerer Krängung, weil der Segeldruckpunkt dabei nach Lee auswandert, oder bei Gewichtsverlagerung.

❏ Luvgierigkeit entsteht, wenn der Segeldruckpunkt nach achtern oder der Lateraldruckpunkt nach vorne wandert.

❏ Leegierigkeit entsteht, wenn der Segeldruckpunkt nach vorne oder der Lateraldruckpunkt nach achtern wandert.

In jedem Fall muss gegengesteuert werden. Das ist nicht nur anstrengend, sondern verursacht auch Fahrtverlust, weil das ständig leicht eingeschlagene Ruderblatt bremst.

Wie ist Luvgierigkeit zu beheben?
❏ Traveller nach Lee
❏ Fockschotholepunkte weiter einwärts versetzen
❏ Vorsegel vergrößern
❏ Vorsegel weiter nach vorn versetzen
❏ Mast nach vorn versetzen
❏ Großsegel verkleinern (Reffen)
❏ Schwert und Ruderblatt aufholen
❏ Mannschaft nach achtern

Wie ist Leegierigkeit zu beheben?
❏ Traveller nach Luv
❏ Fockschotholepunkte weiter nach auswärts versetzen
❏ Vorsegel verkleinern
❏ Vorsegel weiter nach achtern versetzen
❏ Mast nach achtern versetzen
❏ Schwert und Ruderblatt fieren
❏ Mannschaftsgewicht nach vorne

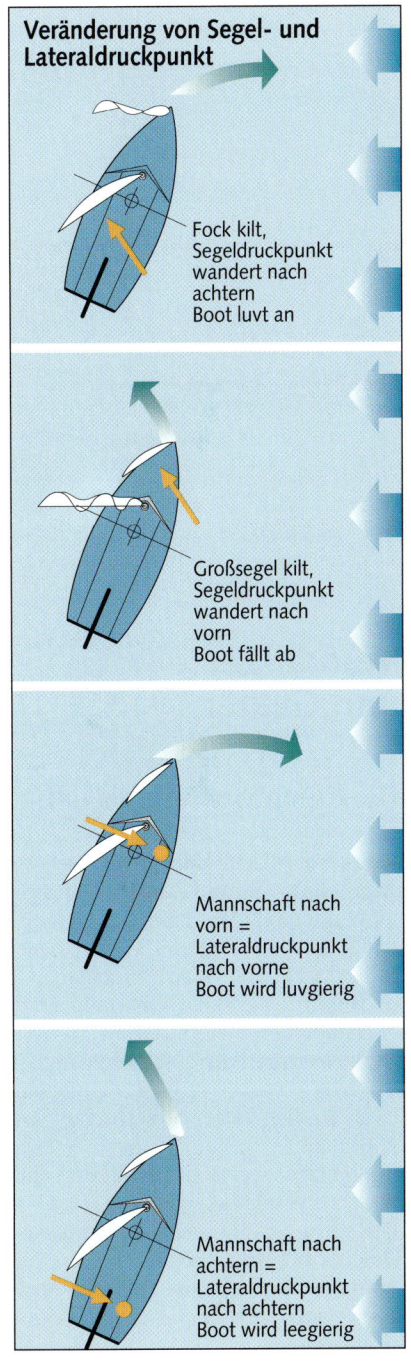

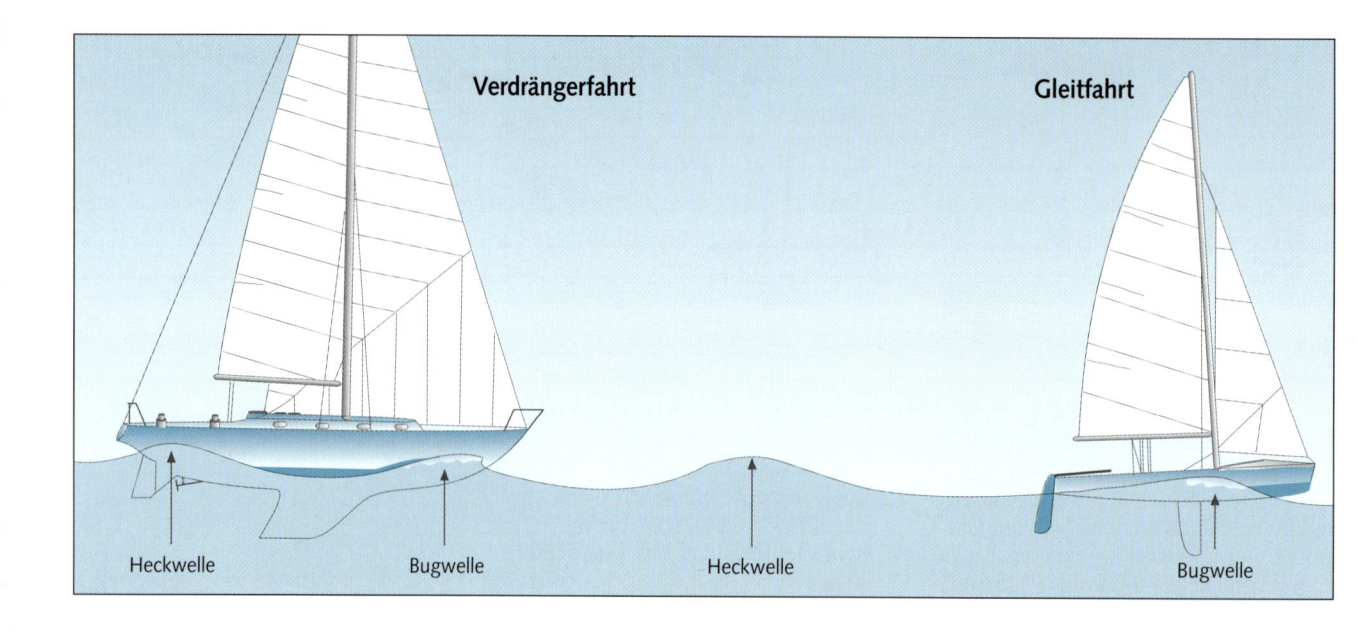

Verdrängerfahrt — Heckwelle — Bugwelle — Heckwelle — **Gleitfahrt** — Bugwelle

Verdränger und Gleiter

Die Rumpfgeschwindigkeit

Jedes Schiff hat eine rechnerisch zu ermittelnde Rumpf- oder Grenzgeschwindigkeit. Sie ergibt sich aus der Länge der Wasserlinie. Man rechnet:
- Wurzel aus der Wasserlinienlänge in Metern × 4,5 = Geschwindigkeit in Stundenkilometern (km/h).
- Wurzel aus der Wasserlinienlänge in Metern × 2,43 = Geschwindigkeit in Knoten (kn) = Seemeilen pro Stunde.

Hat beispielsweise eine Kielyacht eine Wasserlinienlänge von 9 m (2,43 × √9), so liegt die höchste erreichbare Geschwindigkeit bei 7,3 kn. Ihre Rumpfgeschwindigkeit erreichen Kielboote meist nur unter idealen Voraussetzungen.

Ob ein Schiff seine Rumpfgeschwindigkeit läuft, ist leicht zu erkennen. Der Rumpf liegt dann in einem ausgeprägten Wellental, eingebettet zwischen Bug- und Heckwelle. Mehr Antriebskraft – sei es durch Segel oder Motor – macht das Boot kaum schneller. Sie erzeugt nur eine höhere Heckwelle, an der sich das Heck gefährlich festsaugt, und ein tieferes Wellental. Man spricht in diesem Fall von einem **Verdränger** und **Verdrängerfahrt**. Das Boot verdrängt eine Wassermenge, deren Gewicht gleich seinem eigenen Gewicht ist.
- Ein Verdränger bleibt immer in seinem eigenen Wellensystem gefangen.

Dynamischer Auftrieb

Leichte Boote hingegen, Jollen mit einer entsprechend ausgelegten flachen Bodenform, können ihrem Wellensystem entrinnen. Zwar macht sich auch bei ihnen ein erhöhter Widerstand bemerkbar, wenn sie ihre Rumpfgeschwindigkeit erreichen, aber sie überwinden diesen kritischen Punkt. Sie schieben sich auf ihre Bugwelle und lassen ihre Heckwelle hinter sich. Sie gleiten. Je weiter die Heckwelle achteraus wandert, umso höher ist die Gleitfahrt. Ermöglicht wird sie durch einen teilweise dynamischen Auftrieb unter dem Bootsboden, der den Bug trägt. Ein Boot in Gleitfahrt wird also leichter, es verdrängt weniger Wasser als seinem Gewicht entspricht. Gleichzeitig verringert sich die vom Wasser benetzte Rumpffläche und damit der Reibungswiderstand.
- Ein Gleitboot kann ein Mehrfaches seiner Rumpfgeschwindigkeit erzielen.

Gleiten ist nicht zu verwechseln mit **Surfen**, einem zeitweiligen Reiten auf einem Wellenhang. Auch dabei wird die Rumpfgeschwindigkeit überschritten. Ins Surfen können auch größere Kielyachten kommen.

PRAXIS DES SEGELNS

Segel setzen

Um dem Wind beim Setzen der Segel keine Angriffsfläche zu bieten, muss das Boot mit dem Bug im Wind liegen. Möglichst sollte auch das Heck schwojen, das heißt, frei ausschwingen können, dann stellt sich das Boot, ähnlich einer Wetterfahne, selbst in den Wind. Ist dies am Liegeplatz nicht möglich, muss man sein Boot an die Leeseite eines Steges, an einen Pfahl oder eine Boje paddeln oder mit Leinen verholen.

Damit jeder an Bord weiß, was läuft und was er zu tun hat, ist eine einheitliche so genannte Kommandosprache entwickelt worden. Sie besteht aus der Manöveranweisung und der Ausführungsmeldung.

Als **Manöver** werden alle Tätigkeiten bezeichnet, die irgendwelche Veränderungen in der Bootsführung bewirken. Beispielsweise Segelmanöver, Ablegemanöver, Ankermanöver etc.

Segel anschlagen

Um die Segel setzen zu können, müssen sie zunächst einmal angeschlagen werden. Fälschlicherweise wird das An- und Abschlagen der Segel oft als Auf- und Abtakeln bezeichnet. Das aber bedeutet das Aufrichten und Abnehmen des gesamten Riggs.

Anschlagen des Großsegels

Zunächst die Großschot am Baum und am Fußbeschlag anschäkeln. Kontrollieren, ob sie nicht blockiert. Achtknoten in den Tampen der Großschot.

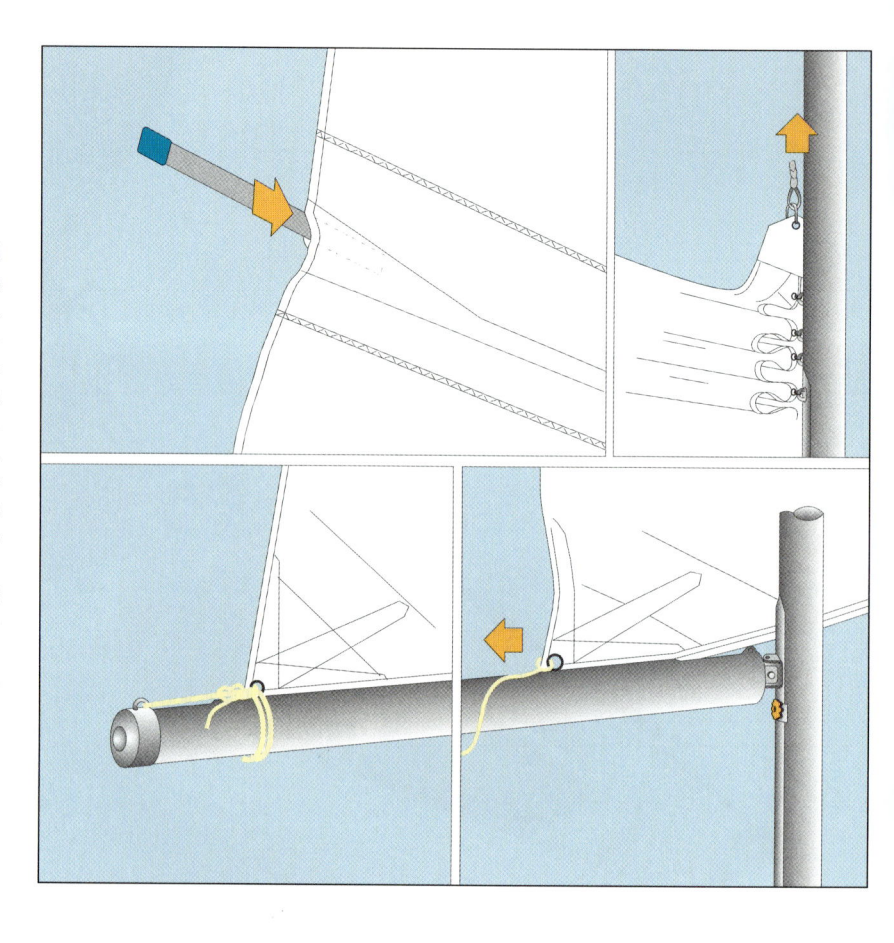

Statt der Mastnut kann es auch eine Mastschiene sein, auf die Rutscher gesetzt werden. Bevor man den Kopf anschäkelt, kontrollieren, ob das Vorliek nicht vertört ist, indem man es vom Hals zum Kopf durch die Hand laufen lässt.

Die Segellatten in ihre Taschen stecken. Entweder gleich nachdem man das Segel aus seinem Sack geholt hat oder während des Segelsetzens (wenn man zu zweit ist). Einige Latten klemmen sich fest, andere müssen eingebunden werden.

Das Segel eventuell am Baum zeisen (festbinden), damit es nicht ausweht.

1 Das Unterliek am Schothorn in die Baumnut einziehen und nach hinten stramm durchholen.
2 Die Halskausch vorne am Baum anschäkeln.
3 Das Schothorn an der Baumnock festbändseln.
4 Das Vorliek am Segelkopf in die Mastnut einführen und das Großfall am Kopfbrett anschäkeln.

Segel setzen **61**

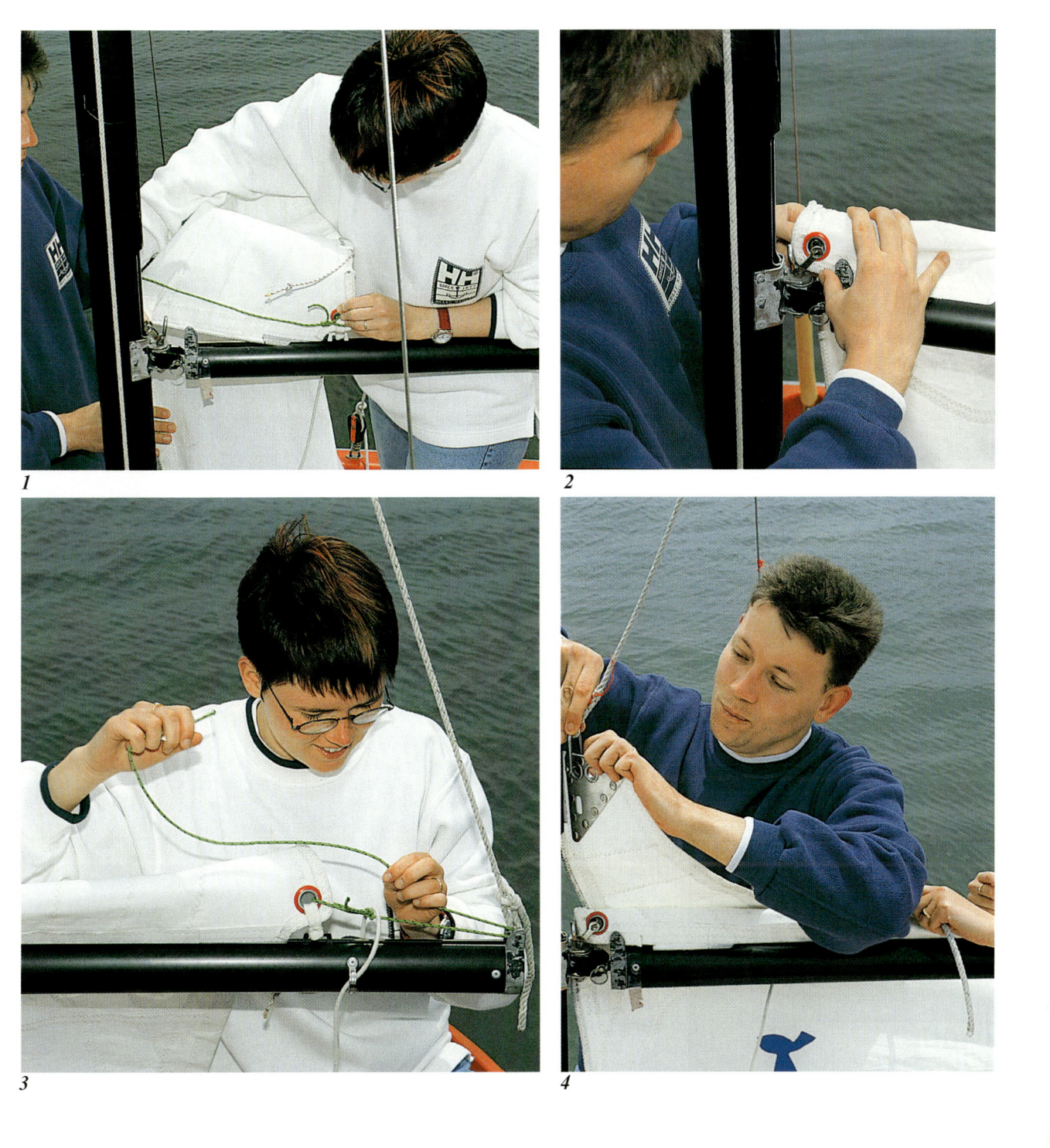

1

2

3

4

Anschlagen der Fock

1

2

3

1 Den Segelhals am Vorstagbeschlag anschäkeln. Die Stagreiter von unten nach oben aufs Vorstag setzen.
2 Das Fockfall los (nicht ausrauschen lassen!) und den Segelkopf am Fall anschäkeln. Fockfall provisorisch belegen.
3 Die Fockschot am Schothorn anschäkeln oder besser einknoten und auf beiden Seiten außen ums Want nehmen...
4 ...und durch die Leitösen oder den Leitblock führen...
5 ...und auf beide Tampen Achtknoten setzen, damit sie nicht ausrauschen können.

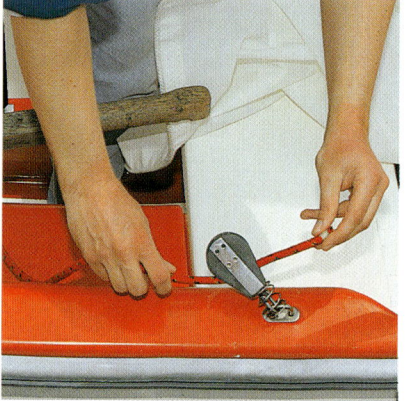

4

5

Legt man nicht unmittelbar ab, die Fock am Vorstag zeisen (anbinden), damit sie nicht schlägt oder Wind fängt.

Segel setzen

Das **Großsegel** wird zuerst gesetzt oder geheißt: Das Fall Hand über Hand holen, zum Schluss in einer Bucht um die Klampe legen und mit der rechten Hand in die feste Part einfallen, um das Fall steif durchsetzen zu können. Das Fall auf der Klampe belegen und das Ende aufschießen.

Auf Kielbooten die Dirk lose geben (Jollen haben meist keine). Hat der Baum eine Streckertalje, diese ebenfalls durchsetzen und den Baumniederholer einpicken und durchsetzen.

> **Merke:**
> Beim Segelanschlagen niemals das jeweilige Fall aus der Hand lassen, es könnte sonst allzu leicht unerreichbar in den Mast hochrauschen.
>
> Auf einer Jolle die Fallen niemals auf der Klampe mit Kopfschlag belegen. Er lässt sich notfalls nicht schnell genug loswerfen.

> **Kommandotafel Segelsetzen**
>
> **Klar zum Setzen des ...segels!**
> **...segel ist klar zum Setzen!**
> **Heiß ...segel!**

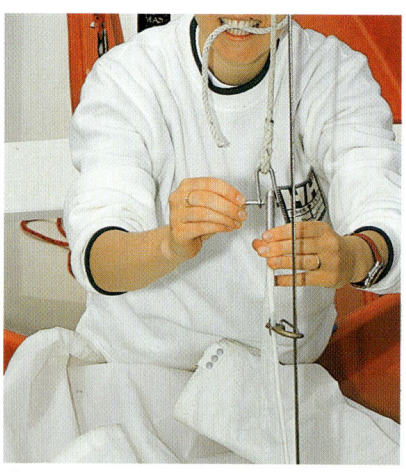

Segeltrimm

Typische Anfängerfehler
Das Boot liegt nicht genau im Wind, die Schot hakt, das Großsegel fängt Wind, das Boot beginnt zu »segeln«.
Eine Segellatte gerät mit dem Achterliek beim Großsegelsetzen hinter das Want.
Achtknoten auf den Fockschottampen vergessen. Sie rauschen aus ihren Leitösen.

Nur ein optimal getrimmtes Segel garantiert optimale Segeleigenschaften. Richtiger oder falscher Trimm beginnt bereits beim Segelsetzen. Die Fock darf an keinem der drei Lieken Falten ziehen.

1 Zu zweit ist es einfacher: Während einer das Fall holt, hat der andere beide Hände frei, um für einen glatten Einlauf des Vorlieks in die Mastnut zu sorgen.

2 Den Baum nahe am Lümmel hochdrücken, um das Fall besser steif durchsetzen zu können.

Beim **Vorsegel** (Fock) das Fall so steif durchsetzen, dass das Vorstag gerade anfängt, lose zu kommen. Auf Jollen geht das leichter, wenn man mit einer Hand ins Vorstag einfällt. Das Fall auf der Klampe belegen und das Ende aufschießen.
❑ Alle Vorsegelfallen kommen an die Backbordseite des Mastes, das Großsegelfall an Steuerbord.

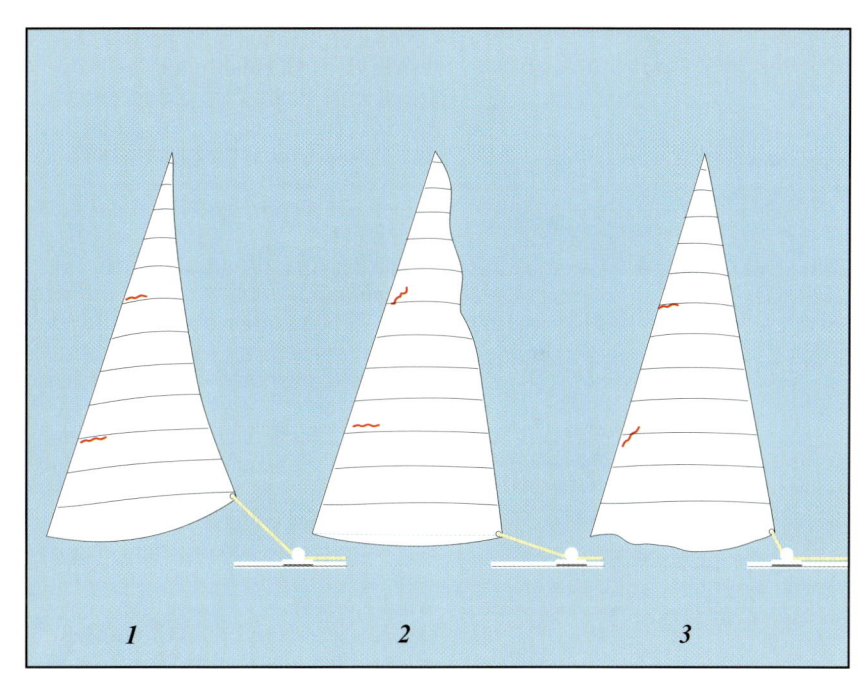

Trimm- oder Windfäden, zu beiden Seiten hinter dem Vorliek des Vorsegels angebracht, zeigen sofort an, ob der Holepunkt der Vorschot stimmt.

1 Flattern alle Fäden auf beiden Seiten nach hinten, stimmt der Holepunkt.

2 Wirbeln die oberen hoch und flattern nur die unteren nach hinten, steht der Holepunkt zu weit hinten.

3 Wirbeln die unteren hoch und wehen nur die oberen nach hinten, sitzt der Holepunkt zu weit vorne.

Holepunkt der Fock

Zu weit vorne

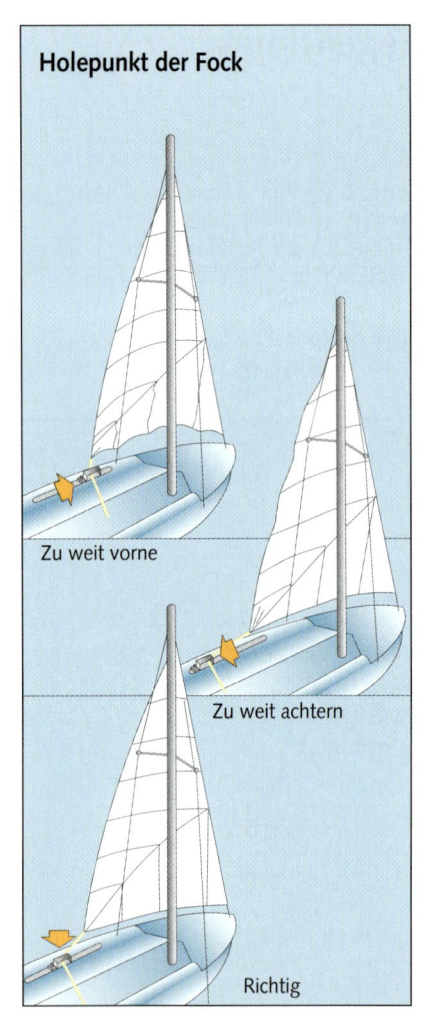

Zu weit achtern

Richtig

- Falten am Vorliek: Das Fall ist nicht steif genug durchgesetzt.
- Falten am Unterliek: Die Fockschotleitöse muss weiter nach achtern versetzt werden.
- Falten am Achterliek: Die Fockschotleitöse muss weiter nach vorne versetzt werden. Vorausgesetzt, die Fock ist vom Segelmacher nicht verschnitten.

Bei dichtgeholter Fockschot müssen Unter- und Achterliek gleichmäßig unter Zug stehen und dürfen nicht killen, das heißt flattern. Der Schotzug muss etwa der Winkelhalbierenden zwischen Achter- und Unterliek entsprechen.

Trimm des Großsegels

Ähnliches gilt für den Trimm des Großsegels. Falten am Vorliek bedeuten: Das Großfall oder der Halsstrecker ist nicht steif genug durchgesetzt. Eine weitere Möglichkeit, die Vorliekspannung zu regulieren, bietet die Cunningham-Kausch. Allgemein gilt für den Trimm des Großsegels:
- bei leichten Winden Bauch ins Segel rein,
- bei viel Wind Bauch aus dem Segel raus.

Der Bauch, die durch den Schnitt der Bahnen dem Segel mitgegebene Wölbung, lässt sich durch unterschiedliche Spannung in den Lieken beeinflussen. Unabhängig von der Windstärke ist ein gewölbteres Segel auf Kursen mit achterlichem Wind wirksamer – ein flaches auf Am-Wind-Kursen.

Die einfachste und effektivste Maßnahme, um ein flaches Segel bauchiger zu bekommen, ist, den Schothornausholer loser zu fahren. Dadurch rutscht das Unterliek etwas in Richtung Mast.

Am Wind lässt sich die Wölbung auch mit dem Traveller beeinflussen. Ein mittschiffs geholter Traveller bewirkt eine leichte Wölbung für leichte Winde, ein weit nach Lee gefahrener Traveller ein flacheres Segel für viel Wind.

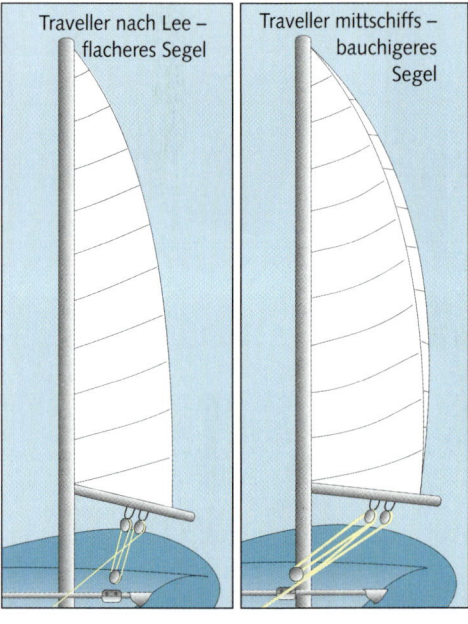

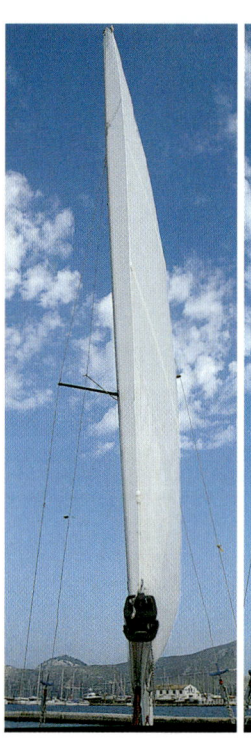

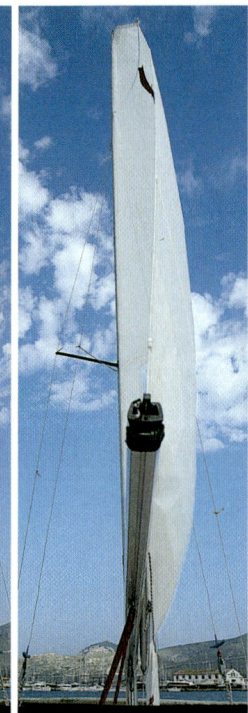

Traveller nach Lee – flacheres Segel

Traveller mittschiffs – bauchigeres Segel

Segel bergen

Auch zum Segelbergen muss das Boot im oder nahezu im Wind liegen. Wenn man seinen Liegeplatz nicht vorm Wind unter Fock anlaufen muss, wird sie zuerst geborgen, um bei Anlege- oder Ankermanöver auf dem Vorschiff unbehindert arbeiten zu können.

> ### *Kommandotafel*
> ### Segelbergen
>
> Klar zum Bergen des ...segels!
> ...segel ist klar zum Bergen!
> Hol nieder ...segel!

Die Fock bergen: Das Fockfall fieren und die Fock, so wie sie kommt, zwischen die Knie klemmen, damit sie nicht ins Wasser weht. Fall abschäkeln und belegen. Stagreiter und Segelhals auspicken. Achtknoten lösen, Fockschot aus den Leitösen ziehen. Das Segeltuch vom Kopf zum Hals hin einrollen, den so entstandenen Schlauch locker zusammenlegen und im Segelsack verstauen.

Bleibt die Schot angeschlagen, aufschießen und aus dem Sack heraushängen lassen. Zusammenrollen ist beim Vorsegel deshalb sinnvoll, weil es meistens ein Drahtvorliek hat und der Draht beim lagenweisen Zusammenlegen unnötig geknickt oder verbogen würde.

Das Großsegel bergen: Schot loswerfen, Dirk durchsetzen oder Baumstütze aufstellen. Großfall fieren, mit der Hand ins Vorliek greifen und holen. Den Kopf vom Fall abschäkeln. Wenn das Segel am Baum angeschlagen bleiben soll, das Tuch lagenweise auf dem Baum zusammenfalten, nach innen einschlagen, das verbleibende Tuch fest zusammenrollen, dabei darauf achten, dass die Segellatten parallel zum Baum eingerollt werden und das aufgerollte Tuch mit Zeisern (Gummistropps) beschlagen. Mit einer Persenning abdecken. Oder – auf kleinen Booten – Großschot abschäkeln und den Baum samt Segel von Bord nehmen. Häufiger jedoch wird das Großsegel vom Baum abgeschlagen. Die Segellatten herausnehmen, das Segel ziehharmonikaartig, vom Unterliek beginnend, zusammenlegen und das so entstandene Paket zusammenrollen und im Segelsack verstauen.

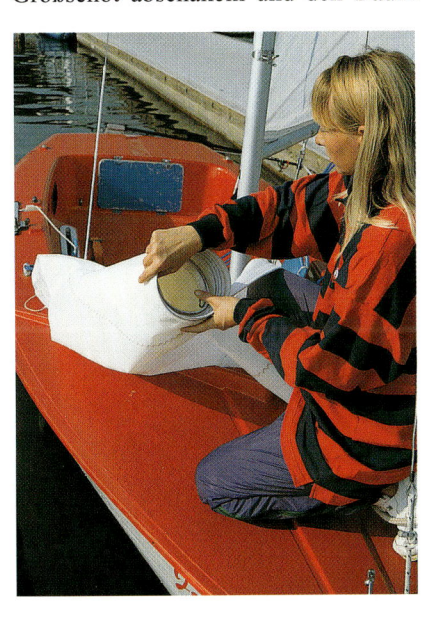

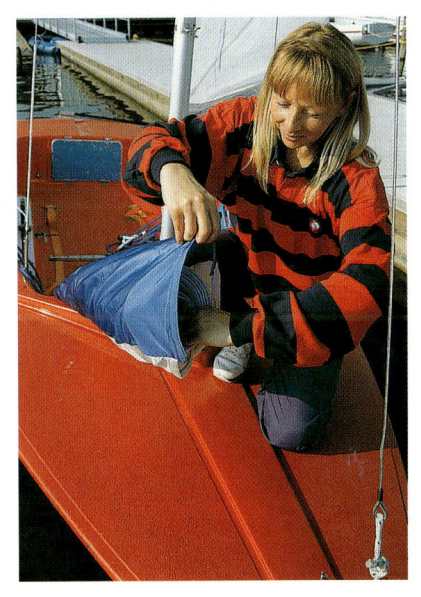

> *Typische Anfängerfehler*
> *Fallen vertörnen: Die Segel kommen nicht schnell genug herunter.*
> *Das versehentlich losgelassene Fall geht in dem Mast hoch.*
> *Das Boot liegt zum Bergen des Großsegels nicht genau im Wind: Das Mastliek verklemmt, die Baumnock klatscht seitlich ins Wasser.*
> *Der Baum wird beim Bergen des Großsegels nicht abgefangen: Er kracht aufs Achterdeck oder ins Cockpit.*
> *Die Fock wird beim Bergen nicht eingefangen und weht ins Wasser.*

Großfall fieren, das Vorliek aus der Mastnut nehmen...

...den Baum in die Baumstütze legen, das Fall abschäkeln...

...das Segel vom Vorliek ausgehend fächerförmig zusammenlegen...

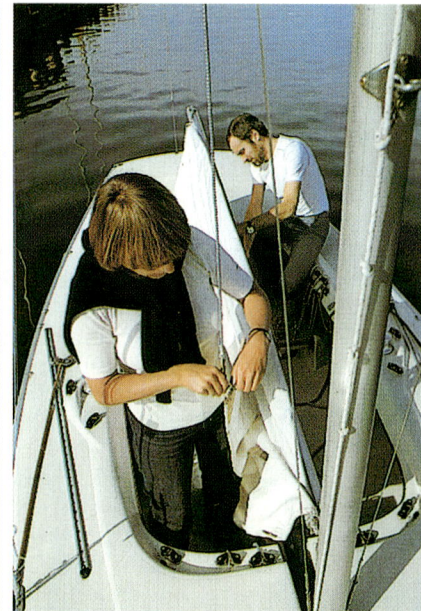

...das Kopfbrett oben rauf.

Das Ganze auf den Baum rollen...

...mit Stropps zusammenhalten, Persenning rüber oder den Baum mitsamt dem Segel mitnehmen.

Auftuchen des Großsegels

Wenn man einige Zeit nicht segelt, sollte das Großsegel unbedingt vom Baum abgeschlagen und im Segelsack mit nach Hause genommen oder unter Deck gestaut werden.

Das Segel auf der grünen Wiese zusammenzulegen ist nicht unbedingt empfehlenswert. Zum einen wegen Verfärbung des Tuches, zum anderen wegen möglichem Pilzbefall.

Das Segel glatt ausbreiten...

...und vom Unterliek ausgehend...

...in fächerförmigen Bahnen zusammenlegen.

Das Ganze vom Vorliek ausgehend...

...zu einem handlichen Paket zusammenfalten.

Das Ablegen

Achteraussegeln

Da das Boot zum Segelsetzen im Wind liegen muss, beginnt das Ablegen meist damit, ein Stück achteraus zu segeln oder besser, sich treiben zu lassen, um vom Steg oder Pfahl freizukommen. Nicht nur Anfänger haben dabei manchmal Schwierigkeiten mit der Ruderlage. Am besten vielleicht verdeutlicht man sich das auf einem Kreisbogen. Ob voraus oder achteraus, die Bewegungsrichtung bleibt stets gleich:
❑ Steuerbord-Ruder bei Fahrt voraus dreht das Vorschiff nach Steuerbord,
❑ Steuerbord-Ruder bei Fahrt achteraus dreht das Achterschiff nach Steuerbord.

Segel backhalten: Will man länger recht achteraus laufen, wird das Großsegel am Baum gegen den Wind herausgedrückt, das heißt, backgehalten. Das Ruder liegt dann mittschiffs.
Meist wird man aber nur weit genug achteraus treiben wollen, um abfallen und danach Fahrt voraus aufnehmen zu können. Dazu wird die Fock backgehalten. Immer entgegengesetzt der Seite, über die abgefallen werden soll.
❑ Bei Fock back an Backbord dreht der Bug nach Steuerbord – oder umgekehrt.

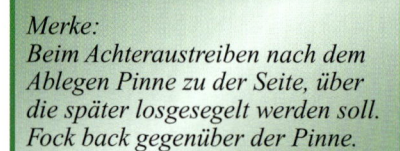

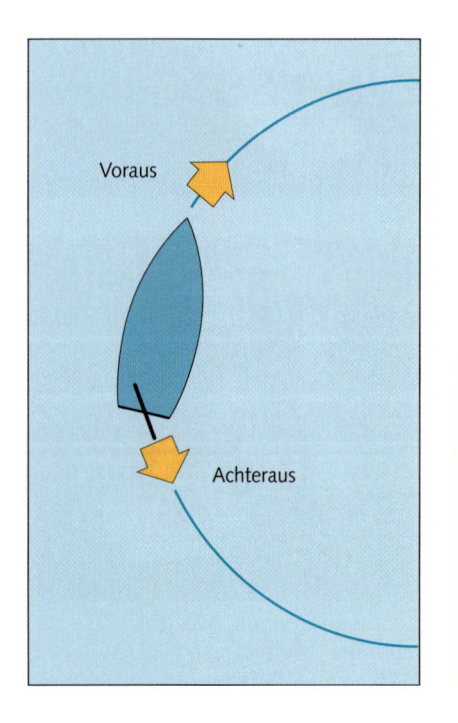

> **Merke:**
> Beim Achteraustreiben nach dem Ablegen Pinne zu der Seite, über die später losgesegelt werden soll. Fock back gegenüber der Pinne.

Ablegen vom Steg

Am einfachsten ist es, wenn das Boot längsseits am Steg liegt, Wind parallel zum Steg. Es genügt dann, Fender am Heck auszubringen, den Bug kräftig abzusetzen – der Wind drückt ihn weiter herum –, das Ruder zum offenen Wasser zu legen, die Schoten anzuholen und abzulaufen.

> **Kommandotafel**
> **Ablegen vom Steg**
>
> Klar bei Vorleine!
> *Vorleine ist klar!*
> Vorleine los!
> Fock back an ...bord!
> Über die Fock!
> Schoten an ...bord!

Ablegen
Wind von vorne parallel zum Steg

D   *Das Ablegen* **69**

Das Boot liegt in Lee vom Steg im Wind, die Segel sind gesetzt, alle Schoten los. Vorleine los. Beim An-Bord-Gehen das Boot kräftig achteraus drücken.

1 *Ruder zum Steg hin auf Fahrt achteraus legen.*

2 *Fock am Schothorn back halten. Die Großschot bleibt gefiert, das Großsegel killt. Das Boot treibt achteraus und fällt ab.*

3 *Fock über, Ruder nach Lee, Großschot anholen.*

4 *Fahrt voraus aufnehmen und auf Kurs gehen.*

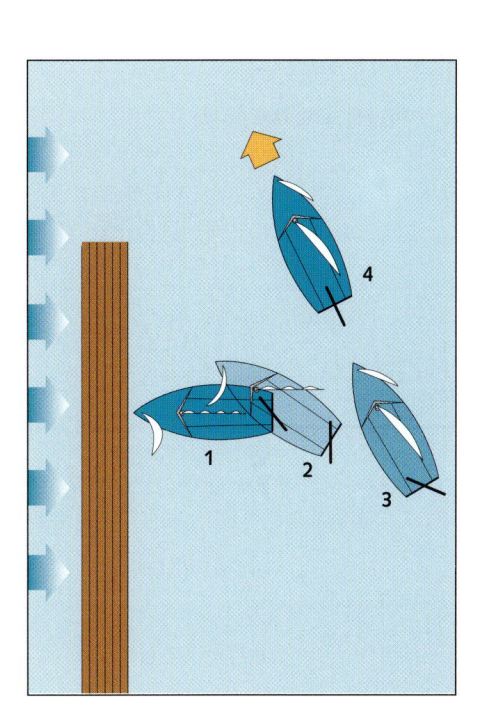

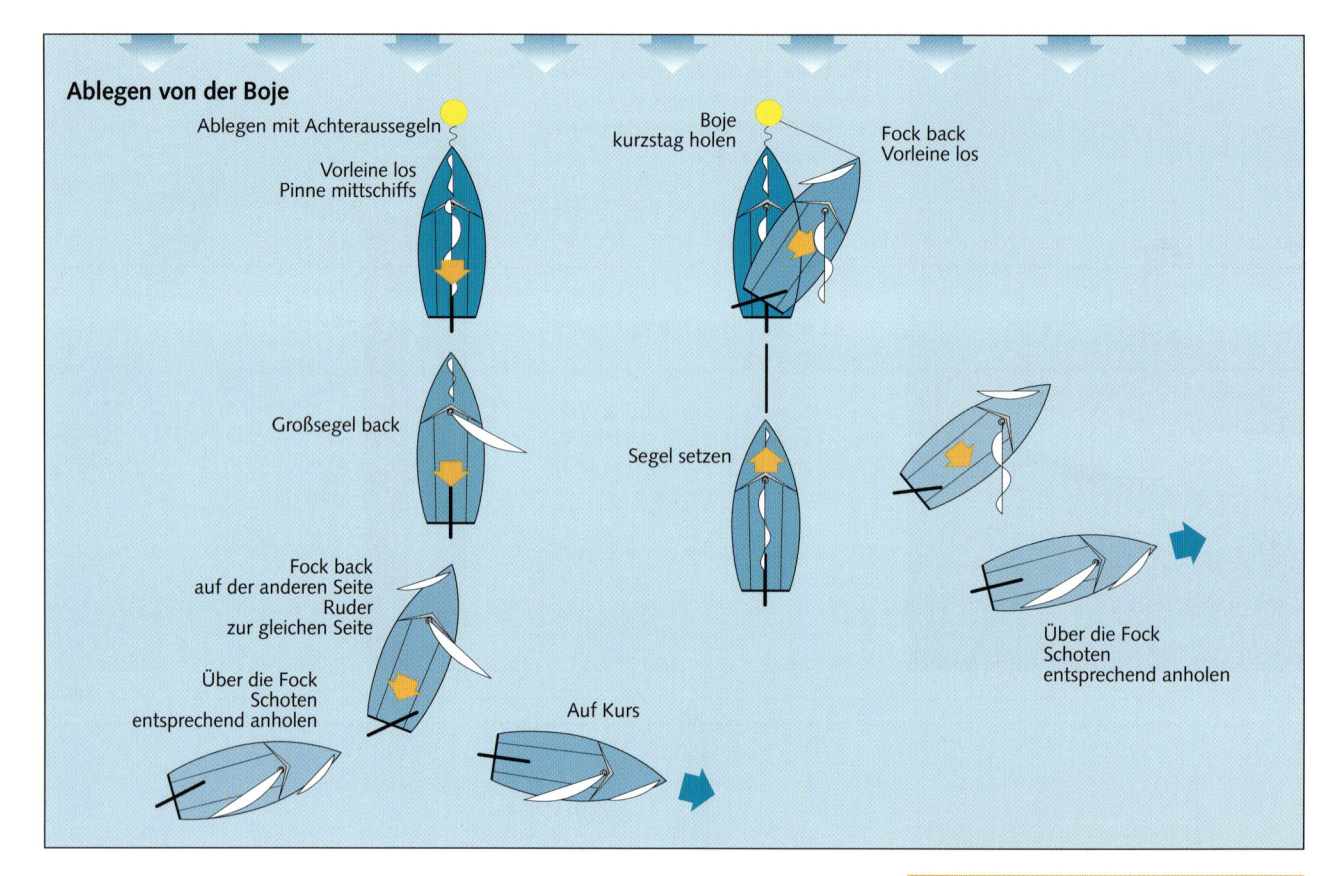

Ablegen von der Boje

Ablegen von der Boje
- Ablegen mit Achteraussegeln
- Vorleine los
- Pinne mittschiffs
- Großsegel back
- Fock back auf der anderen Seite
- Ruder zur gleichen Seite
- Über die Fock Schoten entsprechend anholen

- Boje kurzstag holen
- Fock back
- Vorleine los
- Segel setzen
- Auf Kurs
- Über die Fock Schoten entsprechend anholen

Ablegen von der Boje

Häufig wird man mitten in einem Bojenfeld liegen und muss sich vorher genau überlegen, über welchen Bug man abfallen will, um sich von anderen Booten oder irgendwelchen Hindernissen freizuhalten. Damit der Bug beim Loswerfen nicht mit der Boje kollidiert, muss sie beim Ablegen über Backbord-Bug an Steuerbord kurzstag geholt werden, also jeweils auf der gegenüberliegenden Seite.
Die Bojenleine gleich loswerfen, wenn der Bug abzufallen beginnt, sonst könnte er vom Bojengeschirr wieder zurückgerissen werden.
Manchmal wird man, um sich überhaupt freihalten zu können, das Boot weit achteraus treiben lassen müssen. Ist die auf Slip belegte Vorleine nicht lang genug, muss mit dem backgehaltenen Großsegel achteraus gesegelt werden.
Backhalten auf der Seite, über die man später lossegeln will, denn es entsteht eine leichte Drehtendenz in diese Richtung.

> **Merke:**
> *Die Boje stets an der Seite kurzstag holen, auf der die Fock backgesetzt wird.*

Kommandotafel
Ablegen von der Boje

Klar zum Setzen des Großsegels!
Großsegel ist klar zum Setzen!
Heiß Großsegel!
Klar zum Setzen des Vorsegels!
Vorsegel ist klar zum Setzen!
Heiß Vorsegel!
Boje kurzstag holen an ...bord!
Boje ist kurzstag!
Klar zum Loswerfen der Boje!
Boje ist klar!
Fock back an ...bord!
Los vorne!
Boje ist los!
Über die Fock!
Schoten an ...bord!

Der Aufschießer

Ein Segelboot kann man nur abstoppen, indem man in den Wind schießt oder aufschießt, das heißt, hart anluvt, bis das Boot mit dem Bug im Wind steht.

> **Merke:**
> *Aufgeschossen wird in den wahren Wind, der achterlicher einfällt als der scheinbare, mit dem man segelt. Man unterschätzt deshalb leicht beim Ruderlegen und Andrehen den Winkel-Bogen, den der Bug zu durchmessen hat, bis er im wahren Wind liegt.*

Mit einem Aufschießer legt man überall dort an, wo man in Lee genügend Raum hat. Es wird ein gedachter Punkt angesteuert, dort die Fock geborgen, das Boot in den Wind gedreht und mit loser Großschot auslaufen gelassen. Der Abstand des Drehpunktes von der Anlegestelle muss so bemessen sein, dass das verbleibende Fahrtmoment des Bootes gerade ausreicht, um mit killendem Großsegel an den Steg (Festmachepfahl oder Boje) zu kommen. Das Geschick bei einem Anlegemanöver liegt darin, diese Auslaufstrecke richtig einzuschätzen. Sie ist abhängig von der Windstärke, dem Seegang und dem Bootsgewicht.

Allgemein gilt:
- Je größer und schwerer das Boot ist, umso länger ist aufgrund der größeren Masseträgheit der Auslauf.
- Je stärker der Wind und bewegter die See ist, umso kürzer ist der Auslauf.
- Je härter die Ruderlage beim Aufschießen, besonders auf Jollen, umso stärker ist die Bremswirkung und umso kürzer ist daher der Auslauf.

Der Nahezu-Aufschießer

Er ist ein modifizierter Aufschießer. Der Drehpunkt liegt nicht mehr genau in Lee, sondern etwa drei Bootslängen rechts oder links vom Ziel. Das Boot läuft mit killenden Segeln auf einem Am-Wind-Kurs, entweder über Steuerbord- oder Backbord-Bug aus.

- Besonders wichtig beim Nahezu-Aufschießer ist, dass Fock- und Großschot völlig losgegeben werden und nicht haken, damit die Segel frei nach Lee auswehen können.
- Der Vorteil des Nahezu-Aufschießers: Merkt man, dass der Auslauf zu kurz bemessen war, kann man durch kurzes Holen der Schoten wieder etwas mehr Fahrt aufnehmen und sich auf diese Weise an das Ziel heranarbeiten.

Die Schoten müssen allerdings geholt werden, bevor das Boot zum Stillstand gekommen ist. Sonst erzeugt das Schotenholen statt des erwünschten Vortriebs nur Abdrift, und man muss, um wieder etwas Fahrt aufzunehmen, so weit abfallen, dass man sehr wahrscheinlich in Lee an seinem Ziel vorbeitreibt.

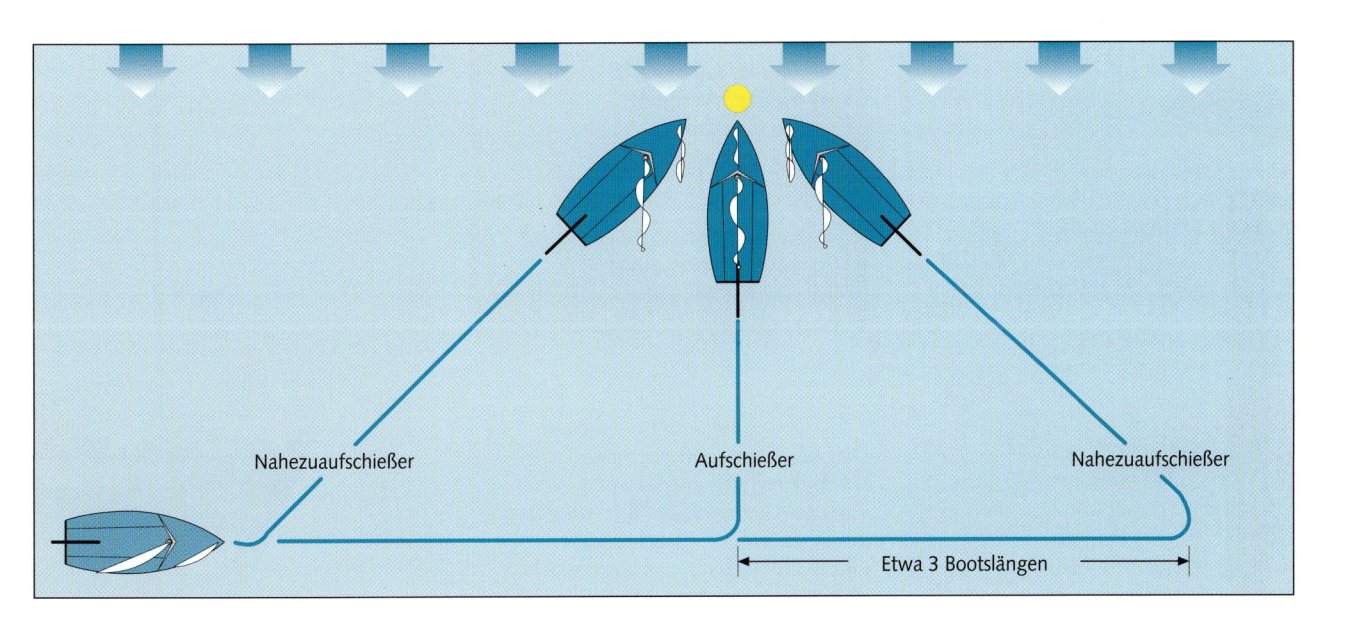

72 Praxis des Segelns

Anlegen

Anlegen am Steg

Selbstverständlich liegen schon vor dem Aufschießer Festmacheleinen, Fender und der Bootshaken bereit. Der Bootshaken kann bisweilen recht nützlich sein, um den letzten fehlenden halben Meter zu überbrücken, sich an einen Pfahl zu verholen oder bei zu viel Fahrt das Boot vom Steg abzusetzen. Ist es am Steg nicht tief genug, muss auf einer Jolle das Schwert rechtzeitig entsprechend aufgeholt werden. Die Fock ist vorm Aufschießen zum Anlegen zu bergen, weil durch Schlagen und Haken der Fockschoten das Vorsegel leicht back kommen kann und das Boot abfallen lässt.

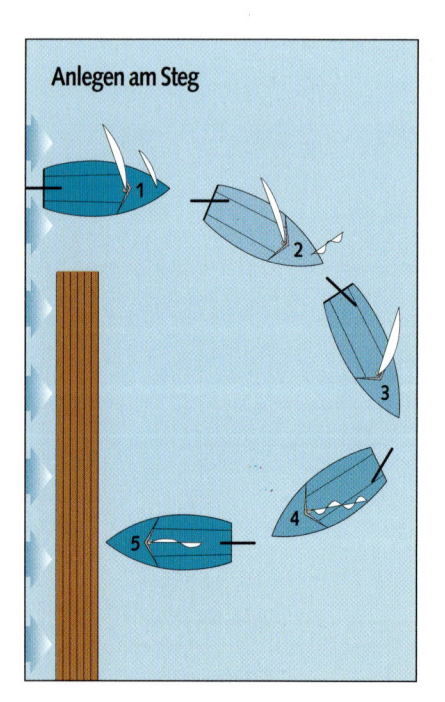

Typische Anfängerfehler
Beim Aufschießen Großschot nicht vollständig losgegeben: Bei einer Winddrehung (häufig hinter Hafenabdeckungen) fängt das Segel Wind, und das Boot nimmt plötzlich wieder Fahrt auf.
Den Auslauf zu kurz bemessen: Das Boot »versauert« weit vom Steg entfernt und beginnt achteraus zu treiben.

1 *Anlaufen mit achterlichem Wind.*

Kommandotafel
Anlegen am Steg

Klar zum Anlegen!
Klar zum Bergen des Vorsegels!

Vorsegel ist klar zum Bergen!
Hol nieder Vorsegel!
Los die Großschot!
Klar zum Bergen des Großsegels!

Großsegel ist klar zum Bergen!
Hol nieder Großsegel!
Klar Deck überall!

5 *Vorleine über und festmachen. Das Manöver vom Ausgangskurs Halb-Wind und Am-Wind ist gleich, nur reduziert sich der Kreisbogen für den Aufschießer entsprechend zu einem Viertelkreis, beziehungsweise weniger.*

In Lee des Steges einen gedachten Punkt ansteuern.

3 *Fock bergen, Großschot los und aufschießen.*

4 *Vorleine klarmachen und das Boot mit killendem Großsegel gegen den Wind auslaufen lassen.*

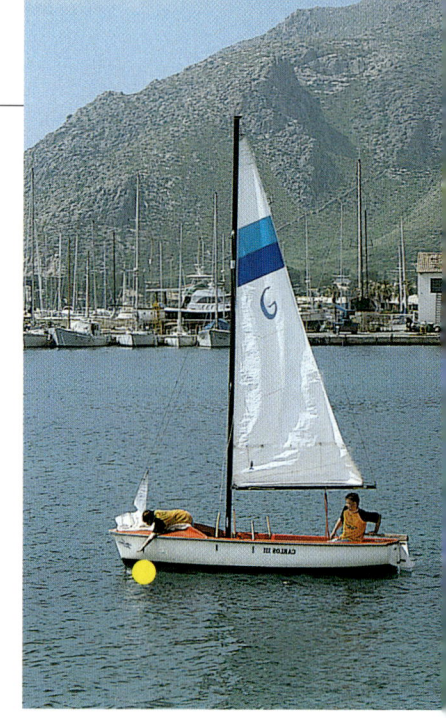

Anlegen an der Boje

Das Manöver ist im Prinzip das gleiche wie beim Anlegen am Steg, eignet sich aber vorzüglich zum Üben, weil es bei einem mit zu viel Fahrt verpatzten Manöver nicht gleich kracht, sondern man elegant vorbeilaufen, abfallen und einen neuen Versuch unternehmen kann.

Bei einem gekonnten Manöver kommt das Boot so dicht vor der Boje zum Stehen, dass man sie mit der Hand greifen kann. Zu viel Fahrt beim Auslaufen lässt sich mit dem am Baum backgehaltenen Großsegel abstoppen. Das gilt natürlich auch für Anlegemanöver am Steg.

> **Kommandotafel**
> **Anlegen an der Boje**
>
> Klar zum An-die-Boje-gehen!
> Klar zum Bergen des Vorsegels!
> *Vorsegel ist klar zum Bergen!*
> Hol nieder Vorsegel!
> Los die Großschot!
> *Boje ist gefasst!*
> Klar zum Bergen des Großsegels!
> *Großsegel ist klar zum Bergen!*
> Hol nieder Großsegel!
> Klar Deck überall!

6 ... und die Boje vom Vorschiff aus greifen.

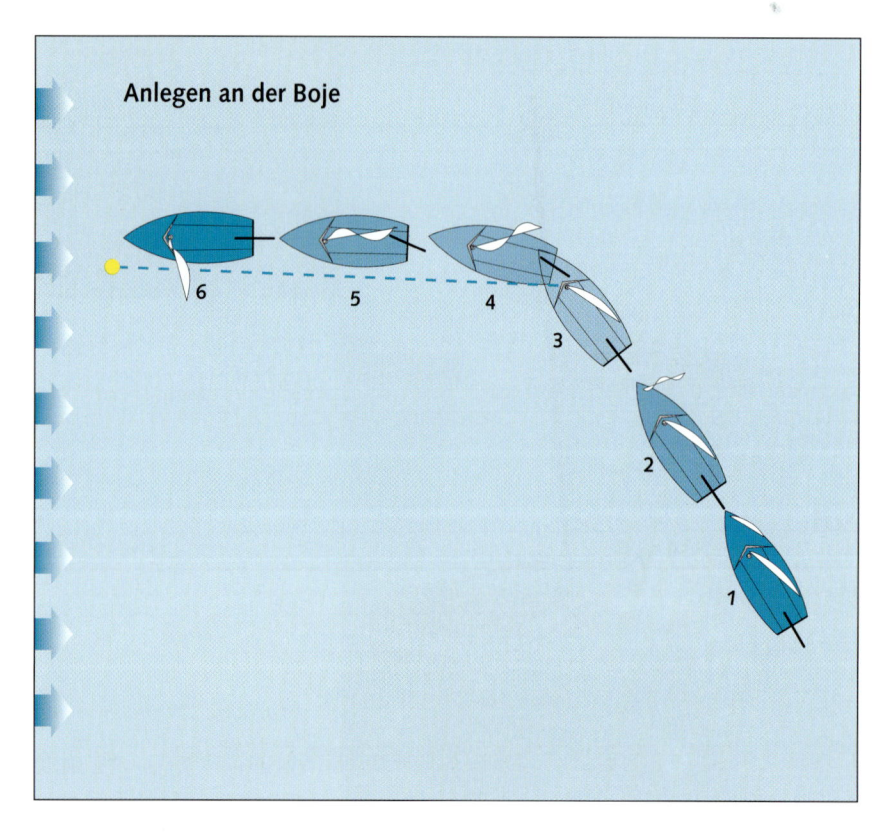

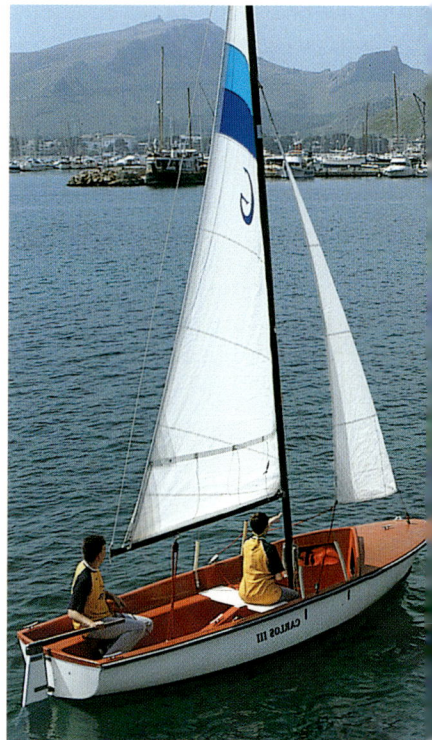

1 Anlaufen am Wind.

5 ...aufschießen...

4 Großschot los, Ruder nach Luv...

2 Fock bergen und...

3 ...weiterlaufen, bis die Boje querab vom Mast peilt.

Anlegen Wind von achtern

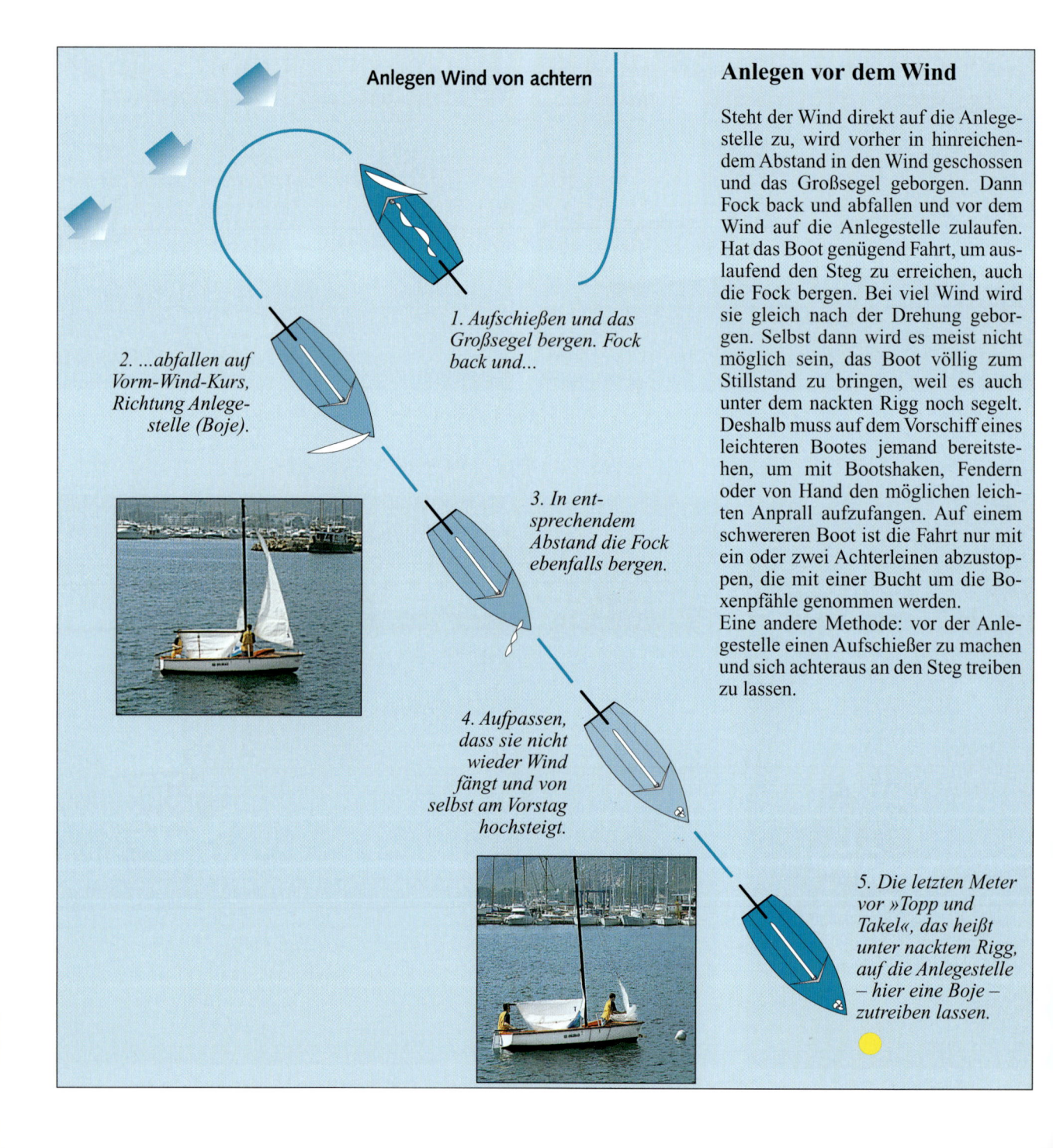

1. Aufschießen und das Großsegel bergen. Fock back und...

2. ...abfallen auf Vorm-Wind-Kurs, Richtung Anlegestelle (Boje).

3. In entsprechendem Abstand die Fock ebenfalls bergen.

4. Aufpassen, dass sie nicht wieder Wind fängt und von selbst am Vorstag hochsteigt.

5. Die letzten Meter vor »Topp und Takel«, das heißt unter nacktem Rigg, auf die Anlegestelle – hier eine Boje – zutreiben lassen.

Anlegen vor dem Wind

Steht der Wind direkt auf die Anlegestelle zu, wird vorher in hinreichendem Abstand in den Wind geschossen und das Großsegel geborgen. Dann Fock back und abfallen und vor dem Wind auf die Anlegestelle zulaufen. Hat das Boot genügend Fahrt, um auslaufend den Steg zu erreichen, auch die Fock bergen. Bei viel Wind wird sie gleich nach der Drehung geborgen. Selbst dann wird es meist nicht möglich sein, das Boot völlig zum Stillstand zu bringen, weil es auch unter dem nackten Rigg noch segelt. Deshalb muss auf dem Vorschiff eines leichteren Bootes jemand bereitstehen, um mit Bootshaken, Fendern oder von Hand den möglichen leichten Anprall aufzufangen. Auf einem schwereren Boot ist die Fahrt nur mit ein oder zwei Achterleinen abzustoppen, die mit einer Bucht um die Boxenpfähle genommen werden.

Eine andere Methode: vor der Anlegestelle einen Aufschießer zu machen und sich achteraus an den Steg treiben zu lassen.

Festmachen

Festgemacht wird längsseits oder in einer Stegbox, je nach den örtlichen Gegebenheiten.

Beim Längsseitsliegen wird zusätzlich zur Vor- und Achterleine eine Vor- und Achterspring ausgebracht. Die Spring fesselt das Boot. Es kann sich nicht mehr in der Längsrichtung bewegen oder mit Bug oder Heck abscheren, wie es sonst durch Wind oder Strom verursacht wird.

Zwischen Rumpf und Steg oder Pier kommen schützende Fender. Sie müssen so fixiert werden, dass sie sich nicht auf den Steg oder an Deck schieben können und somit nutzlos werden. Beim Ablegen sind sie sofort hereinzunehmen. Es gilt als unseemännisch, mit außenbords baumelnden Fendern zu segeln.

In der Stegbox werden zwei Vor- und Achterleinen ausgebracht, die genügend Spiel haben müssen, damit das Boot nicht in den Leinen hängt. Die Vorleinen sollten möglichst breit auseinander festgemacht werden, dann wirken sie wie ein Federsatz und das Boot ruckt bei Schwell nicht so stark in die Leinen. Die Achterleinen sollten über Kreuz festgemacht werden, damit das Boot nicht zu weit seitlich ausweichen kann.

Die Bezeichnung der Leinen bezieht sich auf das Vor- und Achterschiff. Die Achterleinen können also zu den Achterpfählen führen, aber ebenso gut zum Steg, wenn das Boot mit dem Heck zum Steg liegt.

Die Länge der Festmacher wird nicht vom Steg, sondern von Bord aus reguliert. Überschüssiges Tauwerk wird an Deck als Schnecke aufgeschossen.

An der Boje wird häufig nur mit einer Vorleine festgemacht. So kann das Boot frei um sein Bojengeschirr schwojen, wenn Schwert und Ruderblatt aufgeholt werden.

Klar Deck überall! nach dem Festmachen bedeutet: alles ordentlich stauen und verstauen. Schwert und Ruderblatt aufholen, damit sie beim Dümpeln des Bootes nicht hin- und herschlagen und Schwertkasten und Ruderkopf nicht übermäßig beansprucht.

Die Pinne festsetzen, die Fallen vom Mast abspreizen, damit sie bei Wind nicht ruhestörend klappern. Ein offenes Boot wird möglichst mit einer Persenning abgedeckt, wenn es längere Zeit liegen bleiben soll.

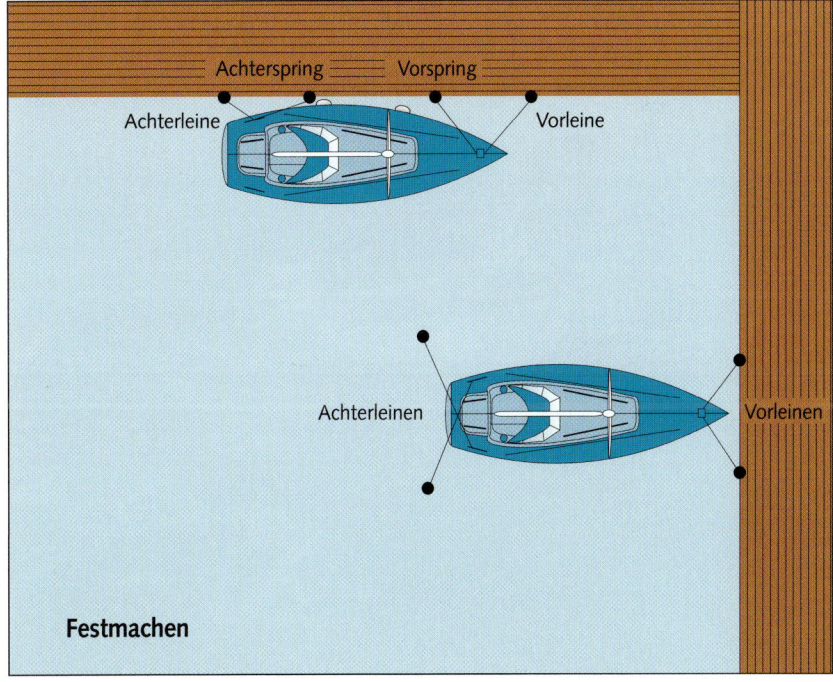

Segeln am Wind

Die Segelstellung

Ein Bild, das man auf fast jedem Revier beobachten kann: Zwei Boote segeln annähernd am Wind. Während eins davonzieht, scheint das andere geradezu auf dem Wasser zu kleben. Der Grund ist meist immer derselbe: zu dicht gefahrene Segel. Der Am-Wind-Kurs verlangt ein hohes Maß an seglerischem Fingerspitzengefühl. Die richtige Segelstellung muss ausprobiert werden.

Man holt den Großbaum so weit dicht, dass sein Ende, die Nock, etwa über Ecke Heck steht. Jetzt sich vorsichtig so hoch an den Wind herankneifen, bis das Vorliek des Großsegels zu killen beginnt – in diesem Fall leicht nach Luv einfällt. Dann gerade so weit abfallen, dass diese Erscheinung wieder verschwindet. Nun den Stand von Groß- und Vorsegel miteinander in Einklang bringen. Das Vorsegel so dicht holen, dass der Abwind das Großsegel im Vorliekbereich nach Luv beutelt. Dann die Vorschot behutsam fieren, bis die Falten oder Beutel wieder verschwinden. So sind die Segel für den Am-Wind-Kurs optimal getrimmt.

Hat man die ideale Einstellung von Vor- und Großsegel zueinander gefunden, möglichst nicht mehr mit den Schoten arbeiten, sondern kleinen Richtungsänderungen des Windes durch leichte Kurskorrekturen mit dem Ruder begegnen.

Denn da der Wind in seiner Richtung meist etwas schwankt, muss das Herankneifen häufiger wiederholt werden. Diese Windschwankungen sind auch verantwortlich dafür, wenn die Segel

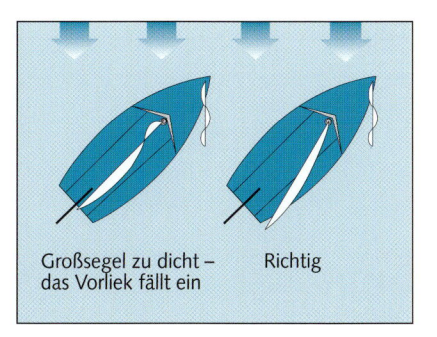

**Großsegel zu dicht –
das Vorliek fällt ein** — **Richtig**

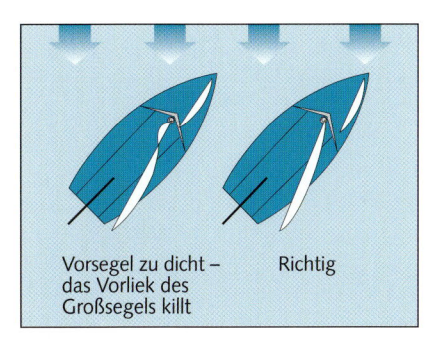

**Vorsegel zu dicht –
das Vorliek des
Großsegels killt** — **Richtig**

eben noch einwandfrei standen, plötzlich aber das Achterliek des Vorsegels anfängt zu killen, ohne dass man seinen Kurs geändert hätte. Der Wind hat geschralt. Um nicht im Wind stehen zu bleiben, sofort entschlossen abfallen, bis die Segel erneut voll stehen.

Aber nicht nur die Richtung des Windes schwankt, sondern auch die Windstärke. Wind besteht meist – zumindest auf Binnenrevieren – aus einer Folge mehr oder minder stark ausgeprägter Böen. Beim Einfallen einer Bö aber raumt der Wind, und zwar aus folgendem Grund: Der sprunghaft anwachsende wahre Wind bewirkt nicht sofort auch eine Erhöhung der Bootsgeschwindigkeit und damit des Fahrtwindes, weil die Masseträgheit des Bootes erst überwunden werden muss. Also fällt der scheinbare Wind zunächst achterlicher ein als bisher. Nimmt dann der Fahrtwind zu, weil das Boot schneller wird, nimmt auch der scheinbare Wind zu und kommt vorlicher. Er schralt wieder.

Man läuft am Wind wie an einer unsichtbaren Grenzlinie entlang. Versucht man, über sie hinaus anzuluven, beginnen die Segel zu killen, und das Boot läuft nicht mehr. Das merkt man natürlich sofort.

Kaum bemerkt wird jedoch von einem nicht so erfahrenen Steuermann, wenn er zu weit abfällt. Das Boot läuft dann auch nicht mehr richtig, weil jetzt die Segel zu dicht gefahren werden. Sie werden nicht mehr optimal angeströmt. Im Gegenteil: Es kommt zu einer fahrthemmenden Verwirbelung der Luftströmung am Segel. Eine gute Orientierungshilfe ist in diesem Fall der Verklicker auf dem Masttopp.
Er sollte immer genau parallel zum Kopfbrett des Großsegels stehen.
Einem Raumen des Windes kann man auf zweierlei Weise begegnen:
❏ Kurs halten und die Schoten etwas fieren, man läuft dann höhere Geschwindigkeit, oder
❏ anluven und Höhe gewinnen, um einen Kurs zu steuern, der näher an ein Ziel im Wind heranführt.
Grundsätzlich gilt:
❏ Langsam und vorsichtig anluven, um nicht zu übersteuern, aber:
❏ schnell und entschlossen abfallen, um durch das Killen der Segel nicht allzu viel Fahrt zu verlieren.

Die Schwertstellung

Am Wind ist die seitliche Abdrift am größten. Ihr entgegen wirkt das Schwert. Deshalb muss es auf Am-Wind-Kurs vollständig gefiert werden. Wird das Schwert auf diesem Kurs aufgeholt, rutscht das Boot zur Seite weg, aber die Krängung wird geringer, weil

Typischer Anfängerfehler: Der Steuermann hat auf einen Winddreher nicht schnell genug reagiert. Das Großsegel ist mittschiffs gekommen und liefert keinen Vortrieb mehr. Das Boot steht. Der Steuermann legt viel zu spät Lee-Ruder.

dem Winddruck auf die Segel nur ein geringer Gegendruck des Lateralplans gegenübersteht. Daraus resultiert:
❏ Je mehr Abdrift, desto weniger Krängung, aber auch:
❏ je mehr Krängung, desto mehr Abdrift.
Bei starker Krängung verringert sich ebenfalls die Lateralfläche durch die starke Neigung des nur noch teilweise eingetauchten Schwertes und Ruderblattes. Dies macht deutlich, wie auf ballastlosen Schwertbooten Abdrift und Krängung in besonderem Maße

Mit zu dichten Segeln zu weit abgefallen – wenig Fahrt

Zu hoch am Wind – die Segel killen

voneinander abhängig sind. Das zeigt sich auf keinem Kurs so stark wie auf dem Am-Wind-Kurs.

Die Position der Crew

Eine Jolle muss so aufrecht wie möglich gesegelt werden. Einmal, um die Abdrift so gering wie möglich zu halten. Zum anderen verringert sich bei Krängung, durch die seitliche Neigung des Riggs, die angestellte Segelfläche. Und das bedeutet: verringerte Fahrt. Um aufrecht oder wenigstens nahezu aufrecht zu segeln, muss eine Jolle von ihrer Crew ausgeritten werden. Bei kräftiger Brise, indem sie sich weit heraushängt – oder der Vorschoter ins Trapez steigt. Bei weniger Wind, indem sie ihr Gewicht mehr zur Mittschiffsebene hin verlagert.

Die richtige Sitzposition von Steuermann und Vorschoter hängt von den Windverhältnissen ab.

❑ Leichter Wind: das Gewicht vor die Bootsmitte verlagern. Dadurch kommt das breite Unterwasserschiff hinten etwas aus dem Wasser. Der Spiegel kann sich nicht festsaugen, und die Reibungswiderstand erzeugende benetzte Oberfläche wird kleiner.

❑ Kräftiger Wind: Die Crew konzentriert ihr Gewicht ungefähr im zweiten Drittel der Bootslänge. So wird das Vorschiff entlastet und kann die Wellen besser nehmen. Außerdem wirkt der auf diese Weise weiter nach achtern verlagerte Lateraldruckpunkt der Luvgierigkeit entgegen, die durch die stärkere Krängung zwangsläufig einsetzt.

Segeln mit halbem und raumem Wind

Die Segelstellung

Auf Halb-Wind-Kurs ist es meist noch möglich, das Großsegel optimal anzustellen. Auf raumeren Kursen geht das oft nicht mehr, weil Segel und Baum an Wanten und Saling anliegen.
- Das Großsegel so weit fieren, dass das Vorliek gerade noch nicht killt.
- Häufiger Fehler: Das Vorsegel wird zu dicht gefahren. Die Vorschot ebenfalls so weit fieren, dass das Vorliek gerade noch nicht killt.
- In Böen nicht anluven – wie am Wind –, sondern abfallen.

Das Boot wird dadurch schneller, der scheinbare Wind an Bord weniger, obwohl der wahre Wind zugenommen hat. Im Übrigen richtet sich die Segelstellung nach dem zu steuernden Kurs. Schralen und Raumen wird nicht mehr mit dem Ruder korrigiert, weil man seinen anliegenden Kurs unbeirrt durchhalten kann, sondern mit den Schoten. Der Verklicker dient als verlässliche Orientierungshilfe für die Stellung des Großsegels.

Es sind dies die Kurse, auf denen der Baum zu steigen beginnt und das Großsegel verwindet. Der Segler spricht von Twist. Ein verwundenes (twistendes) Segel aber büßt erheblich an Wirksamkeit ein. Deshalb muss spätestens jetzt der Baumniederholer steif durchgesetzt werden.

Mit halbem Wind...

...und raumschots

Die Schwertstellung

Je raumer der Wind kommt, umso geringer wird die Abdrift. Entsprechend kann das Schwert aufgeholt werden, etwa zur Hälfte. Dadurch verringern sich die benetzte Oberfläche und der Reibungswiderstand im Wasser. Das Boot wird schneller. Auch das Ruderblatt kann etwas aufgeholt werden.

Die Position der Crew

Um aufrecht zu segeln und größtmögliche Geschwindigkeit zu laufen, muss eine Jolle in Böen – zumindest auf Halb-Wind-Kurs – ebenfalls ausgeritten werden. Auch das Trapez kann auf diesem Kurs voll zum Einsatz kommen. Im Übrigen gilt für die Gewichtsverteilung der Crew das Gleiche wie beim Segeln am Wind.

Segeln vor dem Wind

Die Segelstellung

Der Wind kommt genau von achtern. Das Großsegel ist auf Steuerbord oder Backbord vollständig aufgefiert. Das jetzt vom Großsegel abgedeckte Vorsegel wird in Luv genommen und mit Bootshaken oder Paddel ausgebaumt – man nennt das Schmetterling – oder aber gegen einen Spinnaker ausgetauscht.

Auf größeren Booten wird der Baum gegen unbeabsichtigtes Schiften mit einem Bullenstander gesichert, einer Leine, die von der Baumnock zum Vorschiff führt.

Vom Steuermann verlangt dieser Kurs bei frischem und besonders bei böigem Wind wache Aufmerksamkeit. Wenn er auf die Luvtendenz beim Einfallen einer Bö nicht sofort mit Gegenruder reagiert, kann ihm das Boot leicht aus dem Ruder laufen und mit einer »Patenthalse« das Großsegel auf die andere Seite herumschlagen. Dabei ist mit Jollen eine Kenterung möglich, auf größeren Booten Bruch im Rigg. Außerdem besteht auf Jollen immer die Gefahr, den Baum beim Übergehen an den Kopf zu bekommen.

Bei stärkerem Wind neigt das Boot zum Geigen, einem rhythmischen Krängen nach Luv und Lee. Auch dabei kann es leicht zu einer Patenthalse kommen. Ein nicht so versierter Steuermann sollte deshalb bei mehr Wind lieber einen etwas raumeren Kurs steuern, auf dem nicht ständig die Gefahr einer

Patenthalse droht. Gegebenenfalls muss er vor dem Wind kreuzen, sein Ziel mit zwei oder mehr Raumschots-Schlägen anlaufen.

Die Schwertstellung

Auch vor dem Wind gibt es eine leichte Abdrift. Sie wird zwar nicht mehr durch den quergerichteten Winddruck aufs Segel erzielt, sondern durch die ungleiche Verteilung der Vortriebskräfte rechts und links vom Mast. Deshalb auch »platt vorm Laken« das Schwert etwas gefiert lassen, zumal es auch dem Geigen entgegenwirkt.
❑ Auf keinen Fall auf Vor-dem-Wind-Kurs das Ruderblatt aufholen, weil die geringe verbleibende Fläche in einer plötzlichen Bö vielleicht nicht mehr genügend Ruderwirkung hat, um rechtzeitig zu reagieren.

Die Position der Crew

Krängung braucht auf diesem Kurs nicht mehr ausgeglichen zu werden. Um das Großsegel besser beobachten zu können und im Griff zu haben, wird der Steuermann in Luv sitzen, der Vorschoter zum Ausgleich vorne am Mast in Lee, mit der Hand den Großbaum sichernd.
Auf diesem Kurs ist der scheinbare Wind – wahrer Wind minus Fahrtwind – merklich geringer als der wahre Wind. Deshalb besteht eine gewisse Gefahr, bei auffrischendem achterlichem Wind die Windstärke beträchtlich zu unterschätzen und zu lange zu viel Segel zu führen. Luvt man dann an, wird man mitunter recht überrascht sein, wie stark es bläst und das Boot wegkrängt.

Ansetzen zum Gleiten: Schoten kurz dichtholen und nach achtern rutschen

Gleiten

Alle modernen Jollen kommen – zumindest auf Raumschots-Kursen – ins Gleiten. Eine frische Brise vorausgesetzt, schieben sie sich langsam auf ihre Bugwelle, die Heckwelle reißt ab und wandert achteraus. Die vom Wasser benetzte Bodenfläche wird kleiner, dadurch verringert sich der Reibungswiderstand. Und plötzlich wird das Boot spürbar schneller. Es gleitet und kann jetzt ein Mehrfaches seiner Rumpfgeschwindigkeit erreichen.
Man spürt, wenn eine Jolle zum Gleiten ansetzen will, daran, dass der Ruderdruck nachlässt. Die Besatzung rutscht nun weiter nach achtern, als sie normalerweise sitzt, um das Vorschiff zu entlasten. Meist genügt dann ein kurzes, aber nicht zu ruckweises Holen der Großschot, um das Boot aus Verdränger- in Gleitfahrt übergehen zu lassen. Der Ruderdruck ist jetzt vollständig aufgehoben.
Meist wird es in einer Bö sein, dass die Jolle zum Gleiten ansetzt. Beginnt die Bö nachzulassen, etwas anluven und die Großschot behutsam weiter dichtholen. Dadurch erhöht sich die Geschwindigkeit des scheinbaren Windes, und das Boot wird weitergleiten. In der nächsten Bö dann wieder leicht abfallen und die Schoten etwas fieren.
Voraussetzung für Gleitfahrt ist, dass das Boot ganz oder nahezu aufrecht gesegelt wird. Deshalb ermöglicht ein Trapez viel länger – oder manchmal überhaupt erst – zu gleiten. Sowie die Jolle stärker krängt, sich also die angestellte Fläche des Segels verkleinert, wird sie in Verdrängerfahrt zurückfallen.

❑ Ursachen, die Gleitfahrt verhindern können:
Die Crew sitzt zu weit vorne.
Das Großsegel verwindet sich stark (der Baumniederholer muss mehr durchgesetzt werden).
Das Schwert ist nicht – zumindest halb – aufgeholt worden.

84 Praxis des Segelns

Wenden

Wenden heißt, mit dem Bug durch den Wind gehen, oft auch als über Stag gehen bezeichnet. Wichtig ist, dass das Boot dabei genügend Fahrt behält und nicht mit dem Bug im Wind stehen bleibt, rückwärts treibt oder auf den alten Bug zurückfällt. Deshalb das Ruder nicht ruckartig und hart einschlagen, sondern langsam und weich. Sonst liegt das Ruderblatt schon quer, bevor das Boot überhaupt andrehen konnte, und stoppt gleich zu Anfang die Fahrt erheblich. Die Ruderlage muss sich dem Drehmoment des Bootes anpassen und darf ihm nicht vorauseilen. Ist das Boot auf die neue Lee-Seite abgefallen, sanft Gegenruder legen, um das Drehmoment aufzuheben. Geht ein Boot schwer durch den Wind – wie beispielsweise leichte Katamarane – lässt man die Vorschot belegt und die Fock back kommen. Sie wird erst auf das Kommando »Über die Segel!« losgeworfen.

Wird die neue Lee-Fockschot zu früh dichtgeholt, kann sich die Fock backstellen und das Boot auf den alten Bug zurückfallen lassen. Hat sie jedoch erst voll Wind gefangen, ist sie, ohne Winsch, selbst auf kleineren Booten kaum noch dicht zu bekommen.

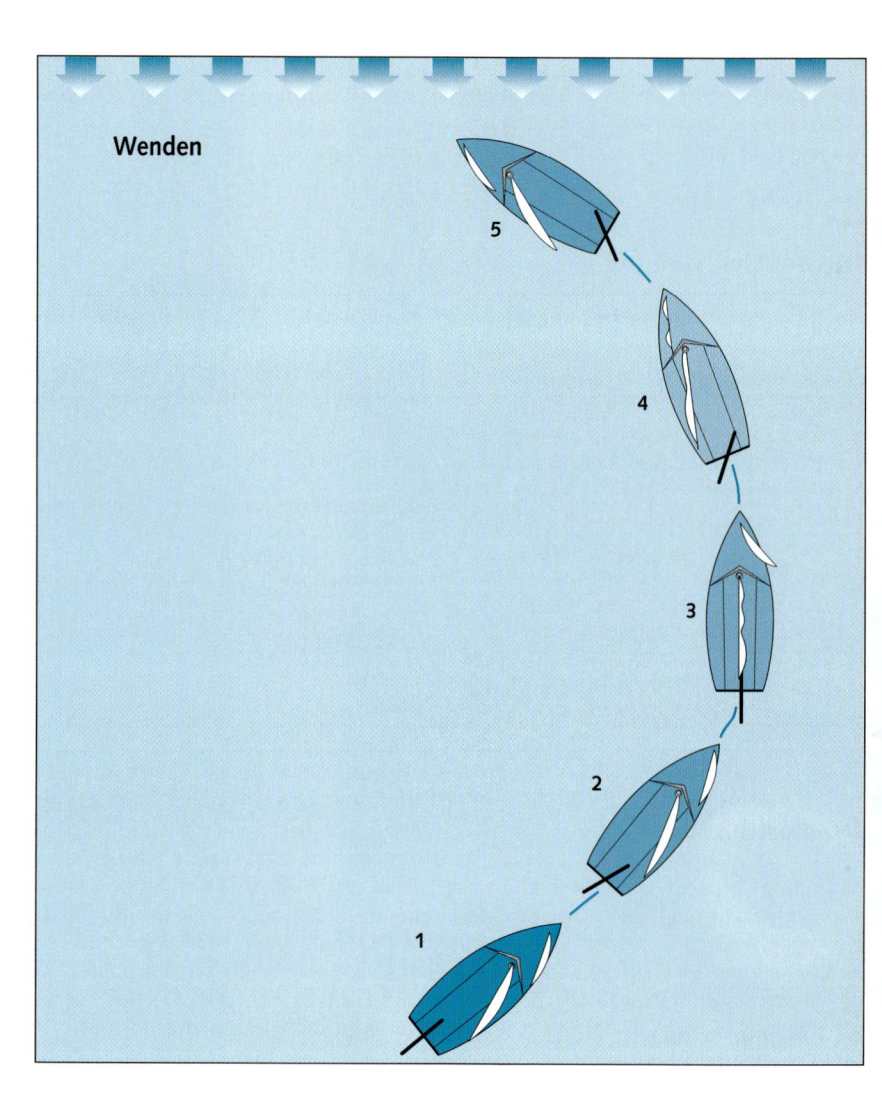

Wenden

1 Anlaufen (hier im Bild) auf Steuerbord-Bug.
2 Gleichmäßig und weich Luv-Ruder (Ruderblatt) legen. Fockschot aus der Klemme lösen.
3 Das Boot liegt im Wind. Das Ruder bleibt gelegt. Lee-Fockschot noch dicht, Luv-Schot klarieren.
4 Der Vorschoter rutscht auf den Schwertkasten. Großbaum mittschiffs. Fockschot los und auf der neuen Lee-Seite holen, sobald der Wind einfällt. Der Vorschoter taucht unterm Baum durch und wechselt die Seite. Die Großschot bleibt dicht, der Baum geht von selbst über. Der Steuermann wechselt hinter dem Rücken die Ruderhand und die Seite.
5 Weiter abfallen und leicht Gegenruder geben. Ablaufen über Backbord-Bug.

**Kommandotafel
Wenden**

Klar zum Wenden!
Ist klar!
Ree!
Über die Segel!

Wenden 85

Schiften

Schiften bedeutet – auf einem Kurs vor dem Wind –, das Großsegel von einer Seite auf die andere zu nehmen. Das kann notwendig werden bei einer leichten Winddrehung oder um beim Regattasegeln Wegerecht zu erlangen, weil durch das Schiften gleichzeitig Steuerbord-Bug und Backbord-Bug gewechselt werden. Das Schiften ist ein Teil des Halse-Manövers.

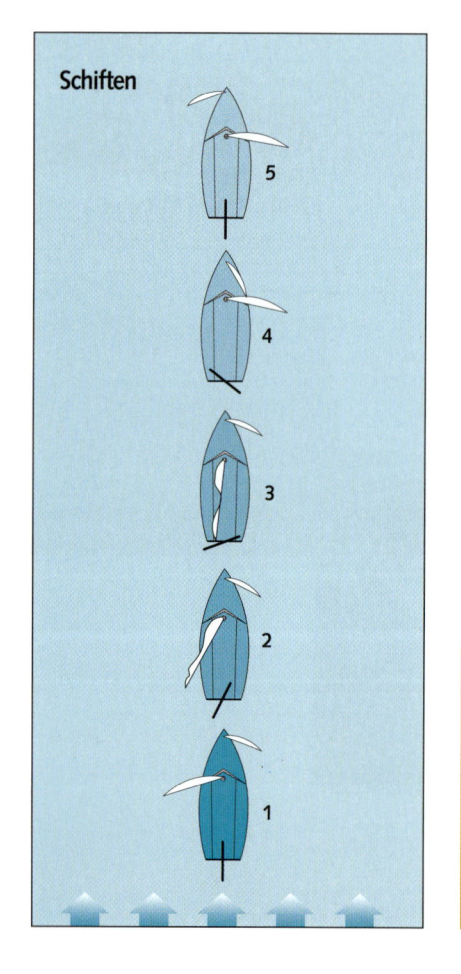

Ausgangskurs vor dem Wind – »platt vorm Laken« – hier auf Backbord-Bug. Vorsegel an Steuerbord als »Schmetterling«. Vorschoter mittschiffs auf dem Schwertkasten, eine Hand am Großbaum, um eine »Patenthalse« zu vermeiden. Steuermann an Steuerbord.

Die Großschot hockend oder kniend mit beiden Händen dichtholen, dabei den Druck der Pinne mit Bein oder Hüfte abfangen, um Kurs zu halten.

Kommandotafel
Schiften

Klar zum Schiften!
Ist klar!
Hol dicht die Großschot!
Rund achtern!
Fier auf die Großschot!

Mit den gewaltigen Spinnakern ist das Schiften um einiges komplizierter. Dennoch schaffen es routinierte Regattacrews innerhalb weniger Sekunden.

Schiften **87**

Seitenwechsel des Steuermanns. Während der Baum übers Cockpit schwingt – Köpfe runter! – kurz Luv-Ruder legen...

...die Großschot fieren und gleichzeitig entschlossen Stützruder legen, damit das Boot auf Vorm-Wind-Kurs bleibt.

Ruder mittschiffs. Fock über an Backbord, Hand an den Großbaum und ablaufen vor dem Wind auf Steuerbord-Bug. Der Vorschoter verändert seine Sitzposition gar nicht.

Halsen

Halsen heißt, mit dem Heck durch den Wind gehen.

Zunächst so weit abfallen, bis das Boot genau vor dem Wind segelt. Die Großschot entsprechend auffieren. Dann die Schot gleichmäßig dichtholen, bis der Baum mittschiffs steht. Das Ruder langsam und leicht so weit legen, dass der Baum von selbst übergeht. Nun blitzschnell die Schot fieren, damit es nicht zu einem harten Einrucken des Baumes in die noch dichtgeholte Schot kommt. Sie muss sofort nachgeben, wenn Kraft darauf kommt.

❏ Der Steuermann muss bei »Rund achtern!« darauf gefasst sein, dass das Boot durch das übergehende Großsegel schlagartig eine scharfe Drehtendenz nach der neuen Luvseite hin erhält. Wenn er in diesem Augenblick nicht Gegenruder – auch Stützruder genannt – gibt, sondern das Boot anluven lässt, gerät es gleich darauf mit der noch angeholten Großschot quer zum Wind. Die nach außen gerichtete Zentrifugalkraft kommt hinzu, und das Boot kann kentern.

Das Fieren der Großschot nützt dann kaum noch etwas, weil das Boot schon so stark gekrängt ist, dass der Baum gleich ins Wasser taucht und dadurch wieder nach achtern gedrückt wird.

Kommandotafel Halsen

Klar zum Halsen!
Ist klar!
Fier auf die Schoten!
Hol dicht die Großschot!
Rund achtern!
Fier auf die Großschot!
Hol an die Schoten ...Wind!

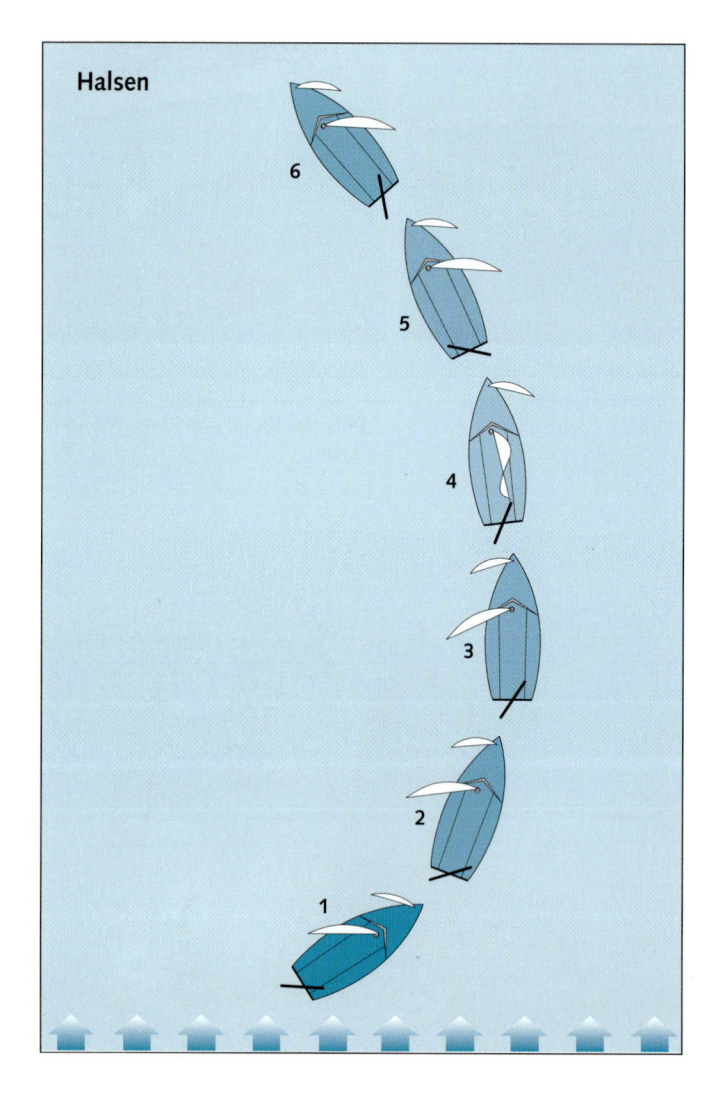

Halsen

1 Raumschots-Kurs auf Backbord-Bug. Lee-Ruder legen, abfallen auf Vorm-Wind-Kurs. Der Steuermann sitzt in Luv, der Vorschoter mittschiffs.

2 Großschot vollständig fieren, weiter Ruder legen.

3 Vor dem Wind. Die Großschot gleichmäßig dichtholen. Weiter Ruder legen. Seitenwechsel des Steuermanns. Fockschot los.

4 Der Baum kommt mittschiffs. Weiter Ruder legen, bis der Baum übergehen will...

5 ...die Großschot blitzschnell fieren und zugleich Stützruder legen, um dem sehr starken Drehmoment nach Luv entgegenzuwirken. Die Fock ist schon vorher übergegangen.

6 Leicht anluven, Schoten anholen und raumschots ablaufen auf Steuerbord-Bug. Bei nur leichter Brise kann der Steuermann das Manöver lässig auf dem Cockpitboden sitzend fahren. Weht es mehr, muss er auf »hohe Kante«.

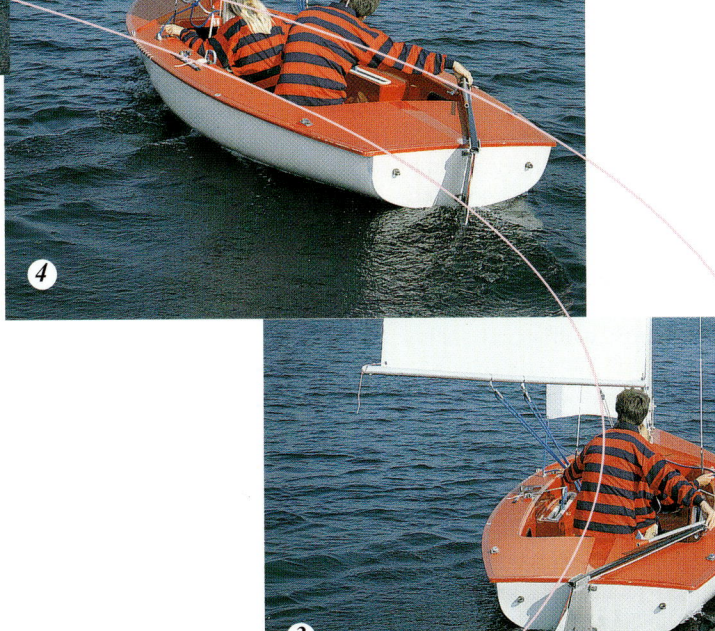

Die meisten Kenterungen beim Halsen werden durch diesen Fehler verursacht.
Auf keinen Fall aber so stark Gegenruder legen, dass der Baum auf die alte Seite zurückschlägt.
Unbedingt das Boot so lange vorm Wind halten, bis die Großschot auf der neuen Leeseite bis in die Stellung vor dem Wind aufgefiert worden ist. Erst danach kann wieder angeluvt, die Großschot entsprechend angeholt und auf den gewünschten Kurs gegangen werden.
Als **Regattahalse** bezeichnet man die Methode, auf Jollen und kleinen Kielbooten mit leichten Bäumen, beim Schiften die Großschot einfach gefiert zu lassen. Der Steuermann greift oben um die Schot und nimmt das Segel von Hand, mit etwas Schwung, auf die andere Seite rüber. Das Stützruder darf natürlich auch hierbei nicht vergessen werden.
Die Regattahalse ist aber nur bei leichteren Winden praktikabel und etwas für erfahrene Segler.

Die »Gefahrenhalse«

Sie wird vom Ausgangskurs Am-Wind gefahren. Sie geht von der Annahme einer gefährlichen Situation aus, die einen abrupten Kurswechsel verlangt, und zwar nach Lee, weil in Luv kein Raum zum Wenden ist. Eine Situation, wie es sie in engen Fahrwassern, Hafenbecken, aber auch beim Regattasegeln häufiger gibt.
Die Großschot wird kurz losgegeben und hart Lee-Ruder gelegt. Das Boot beginnt mit einer scharfen Drehung fast auf der Stelle. Der Steuermann muss zur neuen Luvseite gewechselt haben, bevor das Großsegel mit dem Schiften beginnt. Beim Schiften sofort kräftig Stützruder legen und die Schot ausrauschen lassen. Erst nachdem die Großschot voll aufgefiert worden ist, wieder anluven, die Schoten anholen und auf Kurs gehen.
Wer diese Art zu halsen perfekt beherrscht, wird dieses Manöver der normalen Halse wahrscheinlich vorziehen, da es schneller und einfacher durchzuführen ist.

Kommandotafel Gefahrenhalse

Klar zur Gefahrenhalse!
Ist klar!
Rund achtern!
Hol an die Schoten ...Wind!

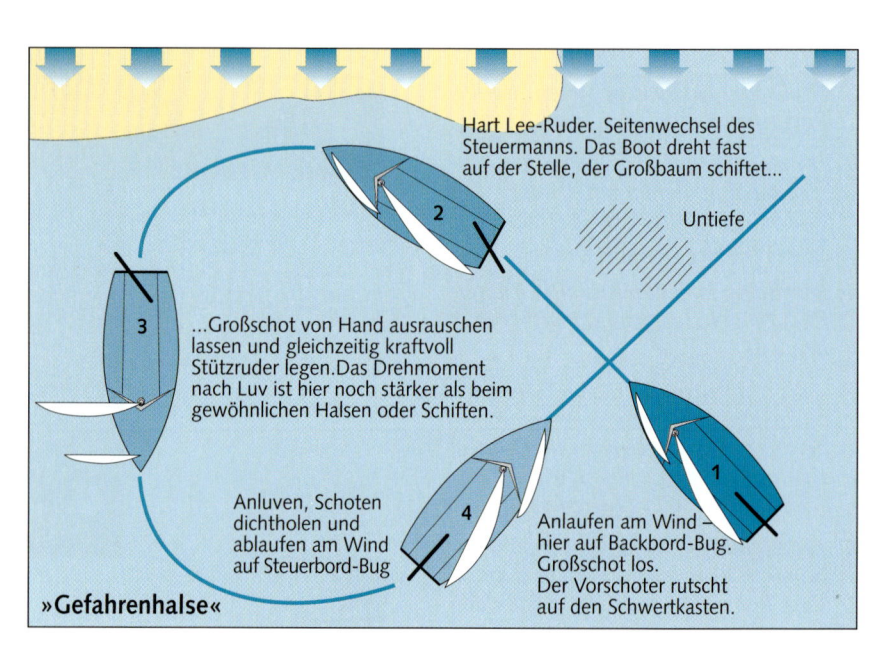

Der entscheidende Augenblick, festgehalten im Bild

Aus Am-Wind-Kurs Lee-Ruder. Platzwechsel: Vorschoter auf den Schwertkasten, Steuermann auf die neue Luvseite vorm...

...»rund achtern«.

Schot fieren und entschlossen Stützruder legen.

Die Q-Wende

Erscheint bei starkem Wind das Halsen zu riskant, kann man sich mit der Q- (oder Kuh-)Wende helfen. Statt mit dem Heck durch den Wind zu gehen, wird vom Raumschots-Kurs aus angeluvt bis an den Wind, dann regulär gewendet und wieder abgefallen.

Mit einer uneingetrimmten Besatzung sollte man im Zweifelsfall bei starkem Wind die Q-Wende dem Halsen vorziehen.

Typische Anfängerfehler WENDEN

Ansetzen zum Wenden aus einem raumeren Kurs, bevor das Boot am Wind läuft. Wenn nicht gleichzeitig die Schoten dichtgeholt werden, verliert man bei dem langen Andrehen zu viel Fahrt. Aus dem Wenden wird ein Aufschießer.

Zu harte Ruderlage bremst zu stark: Das Boot bleibt im Wind liegen.

Das Boot segelt mit zu wenig Fahrt zu hoch am Wind: Es »verhungert« in der Wende.

Die Fockschot wird zu früh losgeworfen: Das Vorsegel killt fahrthemmend, statt noch Vortrieb zu liefern beziehungsweise das Drehmoment zu verstärken.

Zu weites Abfallen nach dem Wenden mit für einen Am-Wind-Kurs dichtgeholten Schoten.

Typische Anfängerfehler HALSEN

Die Großschot wird schon dichtgeholt, obwohl das Boot noch nicht vor dem Wind liegt: Das Segel geht nicht über, starke Drehtendenz nach Luv.

Nach »rund achtern« kein Stützruder gegeben: bei stärkerer Brise akute Kentergefahr.

Zu hart und lange Stützruder gelegt: Das Boot fällt auf den alten Bug zurück, der Großbaum schlägt zurück. Kentergefahr und gefährlich fürs Rigg.

Das Schwert ist vollständig gefiert, dadurch erhöht sich die Kentergefahr erheblich.

Kommandotafel Q-Wende

Klar zur Q-Wende!
Ist klar!
Ree!
Über die Segel!
Fier auf die Schoten ...Wind!

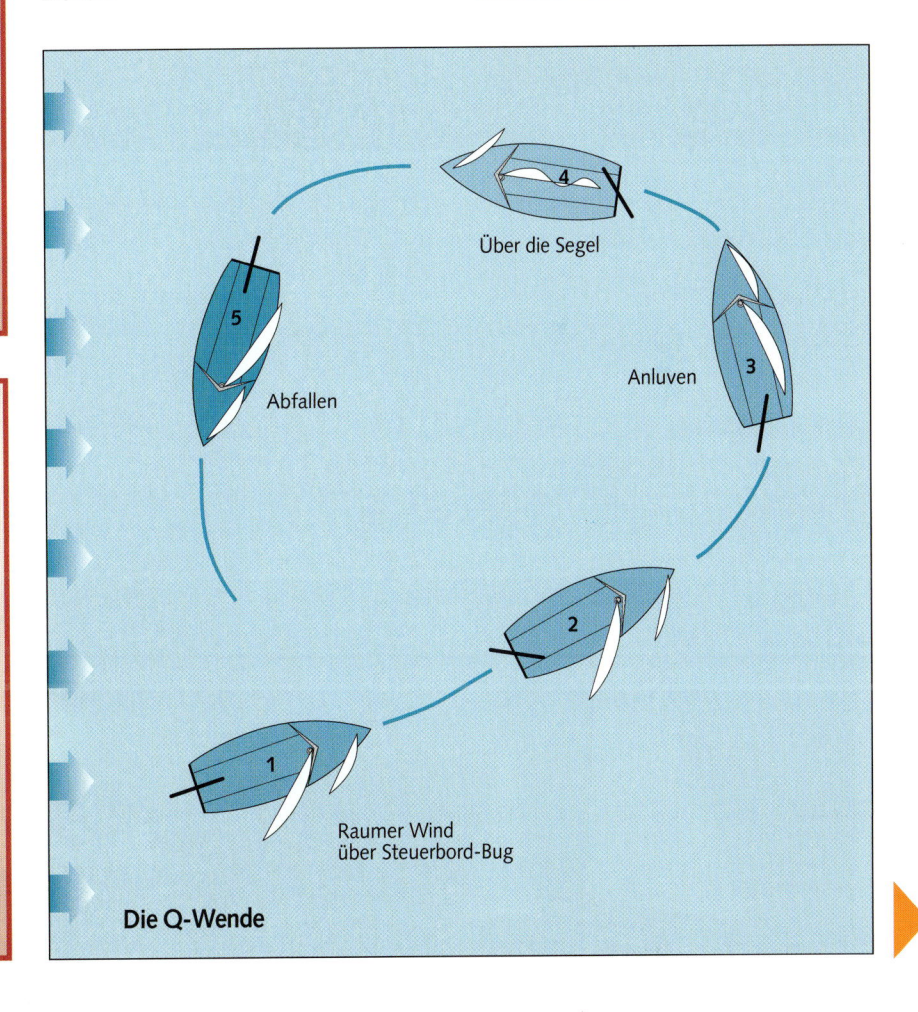

Die Q-Wende

Q-Wende

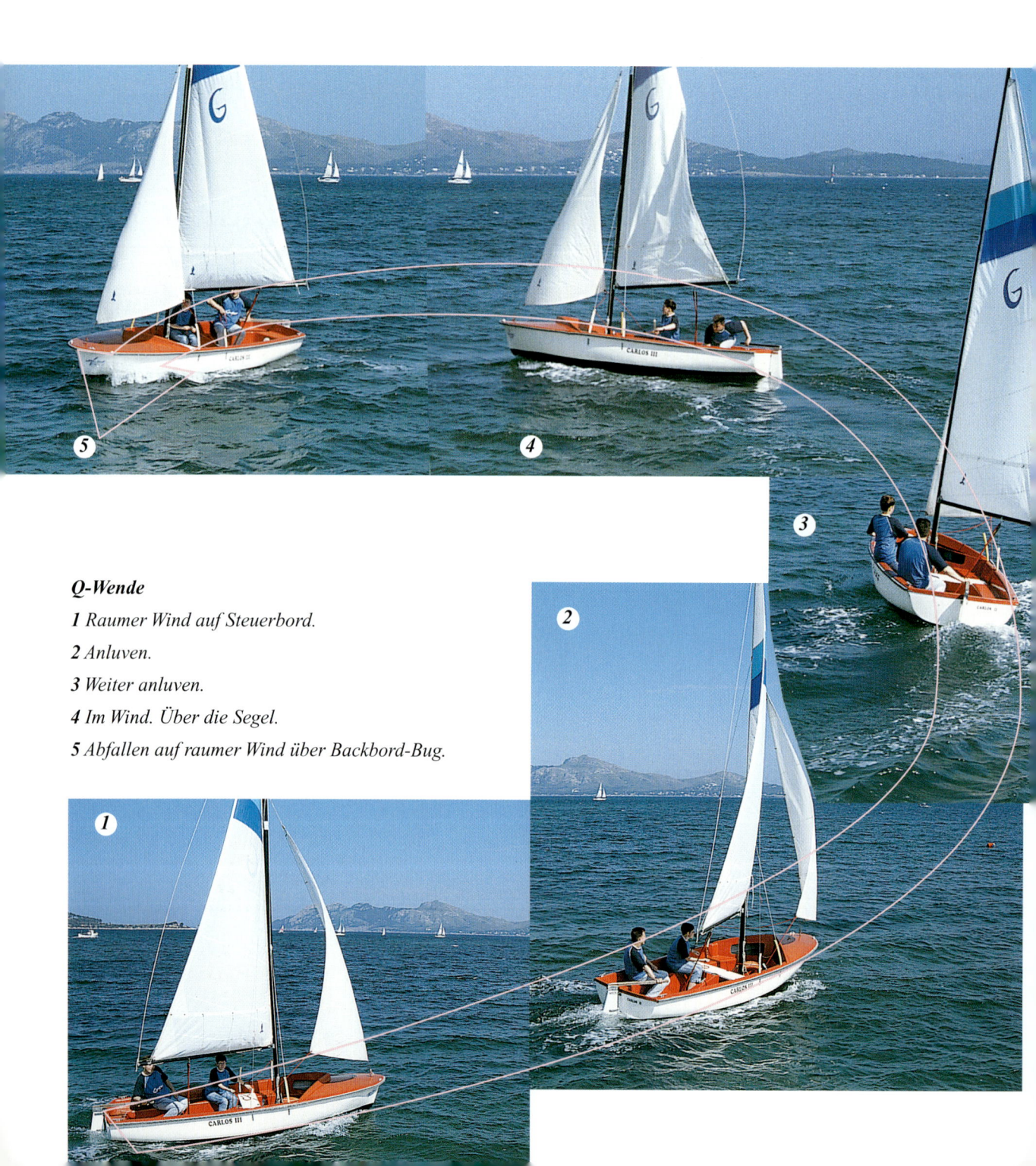

1 Raumer Wind auf Steuerbord.
2 Anluven.
3 Weiter anluven.
4 Im Wind. Über die Segel.
5 Abfallen auf raumer Wind über Backbord-Bug.

Aufkreuzen mit 2 und 3 Schlägen

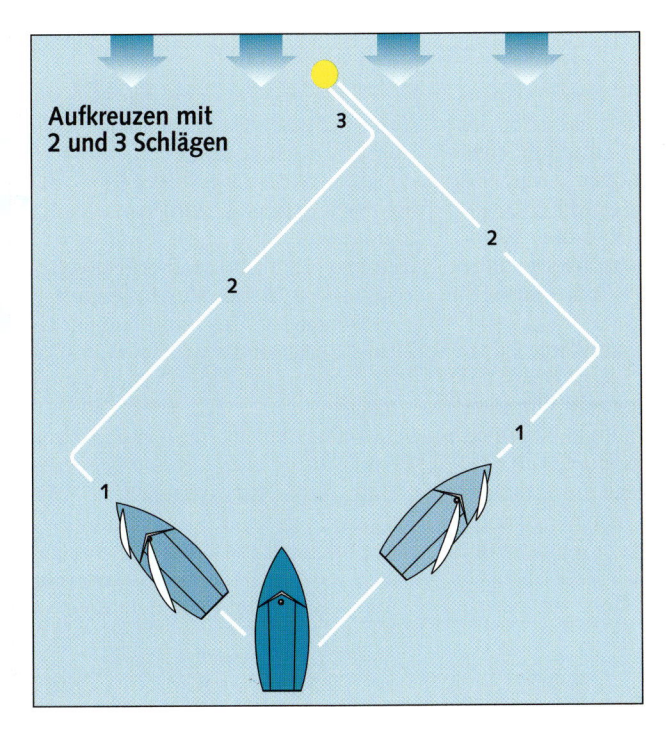

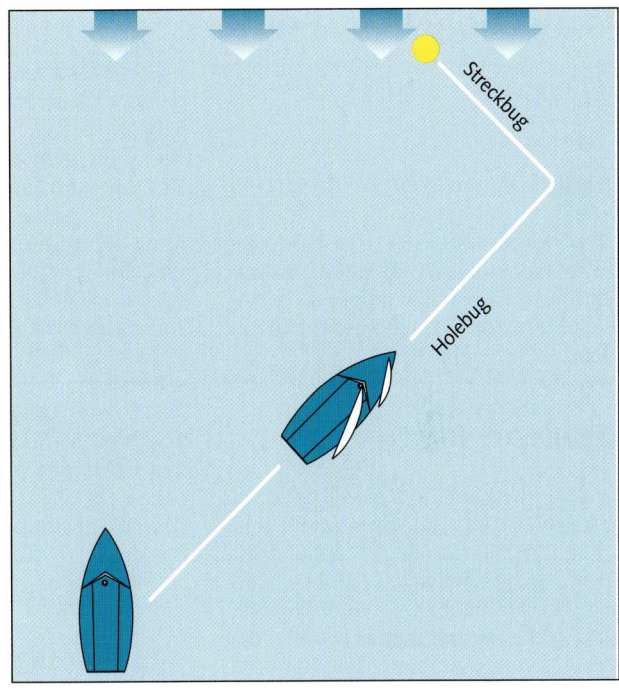

Kreuzen

Kreuzen heißt abwechselnd über Backbord- und Steuerbord-Bug segelnd, im Zickzackkurs an ein Ziel gelangen, das man nicht direkt anliegen kann, weil der Wind von dort her weht.

Schlag ist der jeweils auf einem Bug zurückgelegte Weg. Mehrere »Zickzacks« bilden die Schläge. Allgemein gilt, so hoch wie möglich am Wind zu segeln und so wenig Weg wie möglich nach Lee – vom Ziel weg – zu verschenken. Sobald eine Bö einfällt, anluven, um mehr Höhe herauszuschinden.

Wenn der Wind schralt, man also abfallen muss, ist es meist günstiger, sofort zu wenden, weil man nun auf dem neuen Bug mehr Höhe laufen, vielleicht das Ziel sogar fast anliegen kann.

Man kann mit wenigen langen oder mit mehreren kurzen Schlägen aufkreuzen. Bei konstant aus einer Richtung wehendem Wind kommt man mit langen Schlägen schneller an, weil jedes Wenden Fahrtverlust bringt.

Bei einer häufiger schwankenden Windrichtung sollte man sich mit seinen Schlägen besser nicht allzu weit von der Windachse entfernen.

Raumt der Wind am Ende eines langen Schlages, kann man nach dem Wenden sein Ziel nicht mehr anliegen. Schralt der Wind, ist man bereits über das Ziel hinausgelaufen. In beiden Fällen hat man Weg und Zeit verschenkt.

Im Allgemeinen gilt:
❏ Beim Aufkreuzen dann wenden, wenn das Ziel querab liegt. Nur vor dem letzten Schlag direkt auf das Ziel zu sollte man es stets achterlicher als querab haben.

Sonst wird man es unter Umständen noch nicht anliegen können, weil das Boot beim Wenden etwas zurückgefallen ist, oder aber weil Abdrift durch Strömung oder Wind stärker waren als geglaubt.

Holebug und Streckbug

Oft liegt das anvisierte Ziel nicht genau in Windrichtung, sodass man es mit zwei oder mehr unterschiedlich langen Schlägen erreicht. Man spricht in dem Fall von Hole- und Streckbug.
❏ Auf dem meist längeren Holebug nähert man sich dem Ziel nur indirekt, um die Höhe herauszu»holen«, die man braucht, um anliegen zu können.
❏ Auf dem Streckbug läuft man direkt auf das Ziel zu (»streckt« sich dem Ziel entgegen).

Mann/Boje über Bord

Der Ruf »Mann über Bord« besagt, dass sich ein Mensch in unmittelbarer Lebensgefahr befindet. Um jede Verwechslung mit dem Ernstfall auszuschließen, wird das schulmäßige Üben dieses Ernstfalls als Boje-über-Bord-Manöver bezeichnet.

Mann über Bord – was tun?

Ist aber wirklich jemand über Bord gefallen, ist das auf einer leicht und schnell manövrierfähigen Jolle nicht allzu problematisch. Boot und Schwimmer bleiben in Sichtkontakt. Es wird kaum viel mehr Zeit als eine Minute vergehen, und das Boot ist wieder bei ihm.
Anders sieht es auf einer (größeren) Kielyacht aus, die mehr Raum und Zeit für ihre Manöver benötigt.
Beim Ruf »Mann über Bord« sofort
❏ Rettungsboje mit Leine nachwerfen,
❏ ein Crewmitglied bestimmen – sonst verlässt sich einer auf den anderen –, das nichts weiter zu tun hat, als den über Bord Gefallenen im Auge zu behalten.
Denn die Fahrt der Yacht, Kursänderungen und Seegang bewirken, dass man ihn erschreckend schnell aus den Augen verliert und große Mühe hat, ihn wiederzuentdecken.

Das Manöver

Das Mann-über-Bord-Manöver ist eines der wenigen Segelmanöver, bei denen es katastrophale Folgen haben kann, wenn man sie nicht sicher beherrscht. Wenn beispielsweise ein An- oder Ablegemanöver mal nicht so richtig klappt, so zeugt dies zwar von mangelnder Seemannschaft, ist aber im Vergleich mit einem misslungenen Mann-über-Bord-Manöver verzeihlich. Deshalb kann dieses Manöver gar nicht oft genug als Boje-über-Bord-Manöver geübt werden, insbesondere unter erschwerenden Wind- und Seegangsverhältnissen.
Nach dem Ruf »Mann/Boje über Bord!« gilt es, mit dem Boot auf schnellstem Wege innerhalb kürzester Zeit zum Ausgangspunkt zurückzukehren und dort das Boot zum Stehen zu bringen. Versuche mit verschiedenen Bootsklassen haben gezeigt, dass das Nahezu-in-den-Wind-Schießen die beste Methode ist, bereits nach wenigem Üben das Boot an einem gewünschten Punkt zum Stehen zu bringen.
Es gibt zwei Versionen des Nahezu-Aufschießens. Grundsätzlich sollte man das direkte, schnellere Manöver (1) fahren. Allerdings gilt es dabei, den richtigen Zeitpunkt zum Aufschießen zu erkennen.
❏ Anluven zum Nahezu-Aufschießer, wenn sich Mann oder Boje etwa in Verlängerung des Großbaums befindet. Das sind etwa drei Bootslängen, bevor man den Mann querab hat.
❏ Nur wenn der richtige Zeitpunkt verpasst wurde: Auf dem anliegenden Halb-Wind-Kurs weitersegeln (Manöver 2). Befindet sich Mann/Boje querab, noch etwa drei Bootslängen unter leichtem Anluven weiterlaufen, wenden, und auf dem anderen

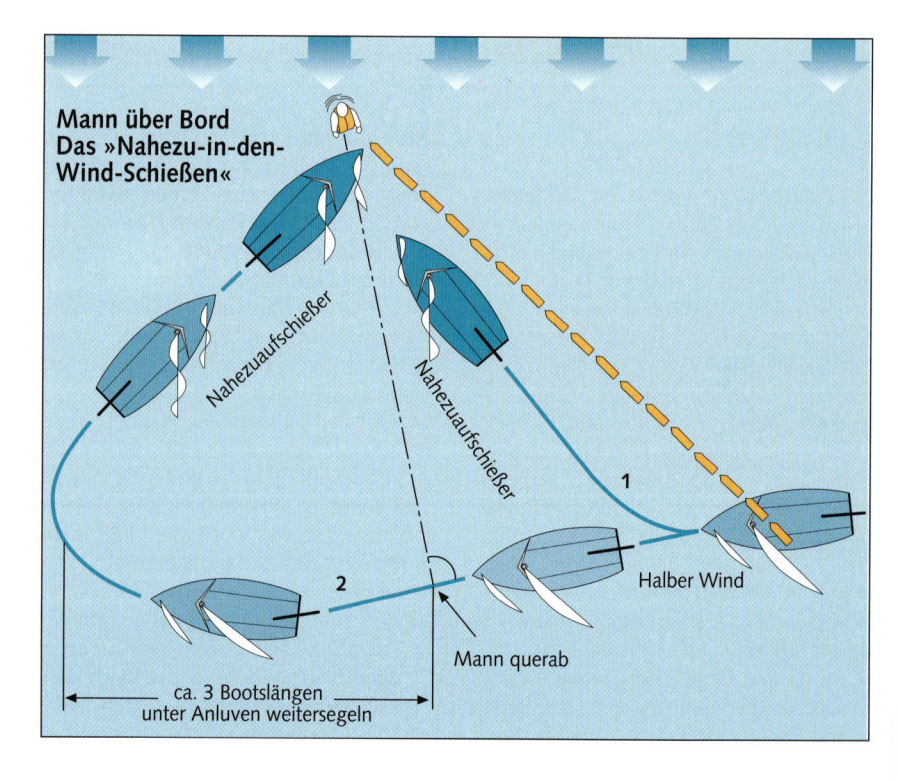

Mann über Bord
Das »Nahezu-in-den-Wind-Schießen«

Bug den Nahezu-Aufschießer fahren. Weiterlaufen und wenden bedeuten natürlich immer einen Zeitverlust.
❑ Der Vorteil des Nahezu-Aufschießers: Durch kurzes Holen und Fieren der Schoten lässt sich der Auslauf des Bootes beeinflussen (beim Direkt-Aufschießer nicht), allerdings auch nur, so lange das Boot noch Fahrt macht.

Meistens wird es bei hartem Wind geschehen, dass jemand außenbords geht. Eine Situation also, in der Halsen zu riskant sein kann. Zumal noch allgemeine Nervosität und die um den über Bord Gefallenen geschwächte Crew einkalkuliert werden müssen. Deshalb sind schulmäßige Rettungsmanöver folgendermaßen zu fahren:

Kommandotafel
Mann über Bord

Boje (Mann) über Bord!
Boje (Mann) über Bord!
Fier auf die Schoten auf raumen Wind!
Klar zur Q-Wende!
Ist klar!
Ree!
Über die Segel!
Fier auf die Schoten auf halben Wind!
Los die Schoten!
Boje (Mann) ist gefasst!

❑ Ausgangskurs am Wind bis halber Wind – sofort auf Kurs raumer Wind gehen, dann Q-Wende, wieder Halbwind-Kurs bis zum Nahezu-Aufschießer.
❑ Ausgangskurs raumer Wind bis vor dem Wind – entweder auf Raumwind-Kurs bleiben, beziehungsweise vom Vor-dem-Wind-Kurs aus anluven auf raumer Wind, dann Q-Wende, wieder Halbwind-Kurs bis zum Nahezu-Aufschießer.

Beim richtig ausgeführten Nahezu-Aufschießer befindet sich der über Bord Gefallene im ruhigen Lee-Wasser des Bootes, das zu ihm hintreibt. Das Boot soll so zum Stehen gebracht werden, dass sich Mann (oder Boje) etwa in Höhe der Wanten oder des Cockpits befindet. Es gibt nämlich einen entscheidenden Unterschied zwischen dem schulmäßigen Boje-über-Bord-Manöver und dem realistischen Mann-über-Bord-Manöver, auch auf Jollen. Schulmäßig wird das Manöver zu zweit gefahren. In der Segelpraxis jedoch muss meistens einer allein zurechtkommen, denn seine »zweite Hand« ist ja außenbords gegangen. Er hat neben Pinne und Großschot also auch noch die Fockschoten zu bedienen. Das macht deutlich, wie wichtig es ist, das Boot nicht vor, sondern neben der »Boje« zum Stehen zu bringen. Andernfalls müsste sich der »Einhandsegler« nach vorne begeben, Ruder und Schoten verlassen und könnte während der Bergung keinen Einfluss mehr auf die weiteren Bewegungen des Bootes nehmen.

❑ Auf Am-Wind-Kurs gibt es für einen routinierten Rudergänger noch eine weitere Möglichkeit: Wenn er schnell genug reagiert, braucht er nichts weiter zu tun, als sofort hart Luv-Ruder zu legen. Das Boot dreht mit dem Bug durch den Wind – die Fock steht back – und driftet auf den Mann im Wasser zu (alle Schoten los) oder nahe genug vorbei, um ihm eine Leine zuzuwerfen, die er erreichen kann.

> **Typische Anfängerfehler**
> *Schoten haken (Großschotklemme ist selbsttätig eingerastet, Kinken vor der Leitöse in der Vorschot): Das Boot »segelt« mit zu viel Fahrt an der Boje vorbei.*
> *Aufschießer (zu weit) in Lee statt in Luv: Ein neuer Anlauf wird erforderlich. Kostbare Zeit geht verloren.*

Mann an Bord

Auf einer Jolle ist das An-Bord-Nehmen im Allgemeinen ziemlich unkompliziert. Man zieht den Mann über das Heck ins Cockpit. Eine Achterleine oder auch die Schot mögen ihm hilfreich sein. Übernehmen an der Seite in Lee ist kaum möglich. Die Jolle könnte dabei kentern, außerdem behindern Segel und Großschot.

Auf Kielyachten wird es problematischer. Hier beginnen die eigentlichen Schwierigkeiten jetzt erst. Aufnehmen kann man nur über die Seite. Am besten wahrscheinlich in Lee, weil die Freibordhöhe dort etwas geringer ist, denn der Winddruck auf Rumpf und Rigg übt stets eine leichte Krängung nach Lee aus. Auf einer hochbordigen Yacht ist es überhaupt nicht mehr möglich, jemand ohne besondere Hilfsmittel an Bord zu holen. Deshalb sollten solche Boote unbedingt eine festmontierte, abklappbare Rettungsleiter am Spiegel haben.

Nächste Doppelseite:
der Manöverablauf im Bild

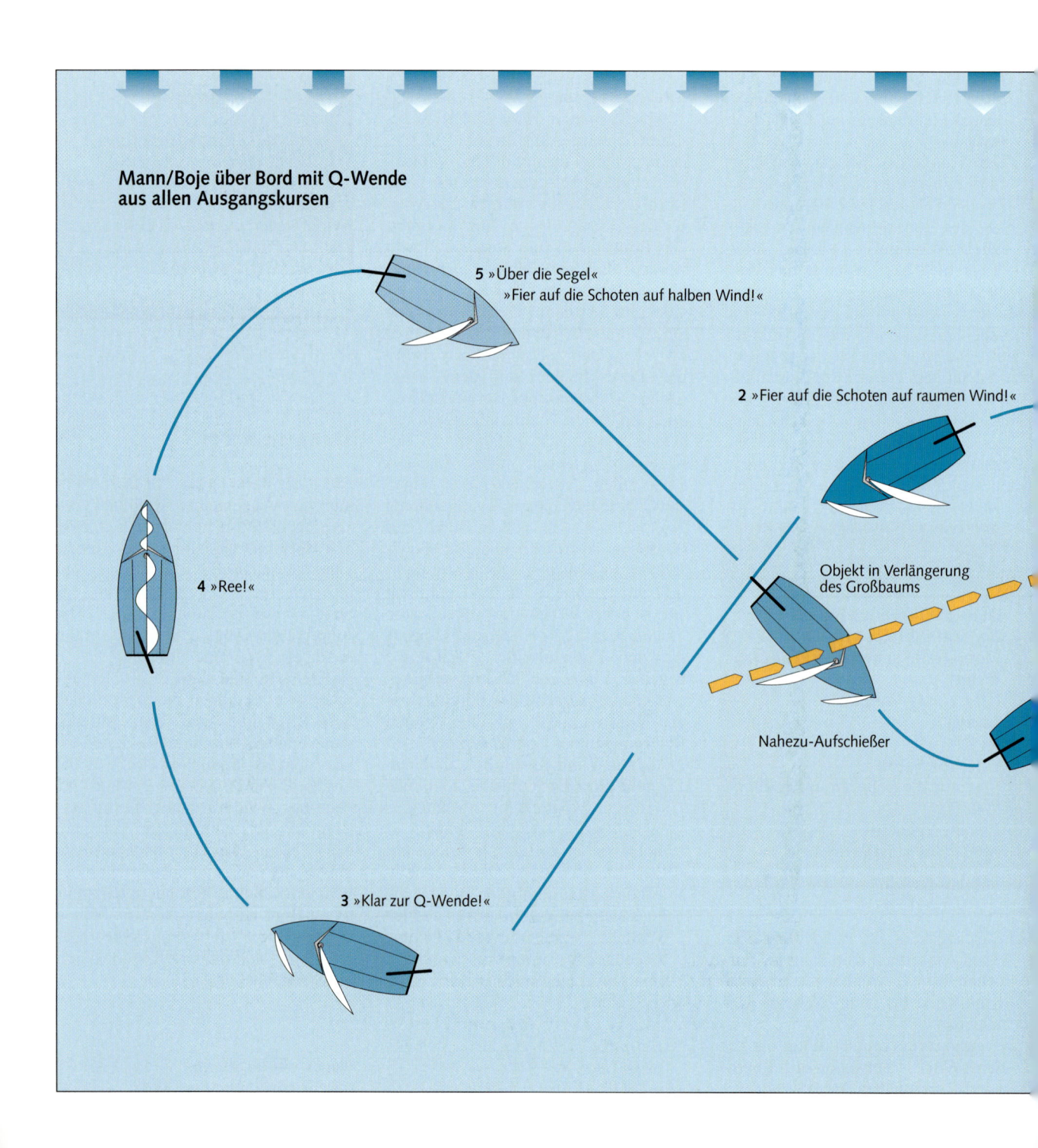

Mann/Boje über Bord mit Q-Wende aus allen Ausgangskursen

5 »Über die Segel«
»Fier auf die Schoten auf halben Wind!«

2 »Fier auf die Schoten auf raumen Wind!«

4 »Ree!«

Objekt in Verlängerung des Großbaums

Nahezu-Aufschießer

3 »Klar zur Q-Wende!«

1 »Mann (Boje) über Bord!«

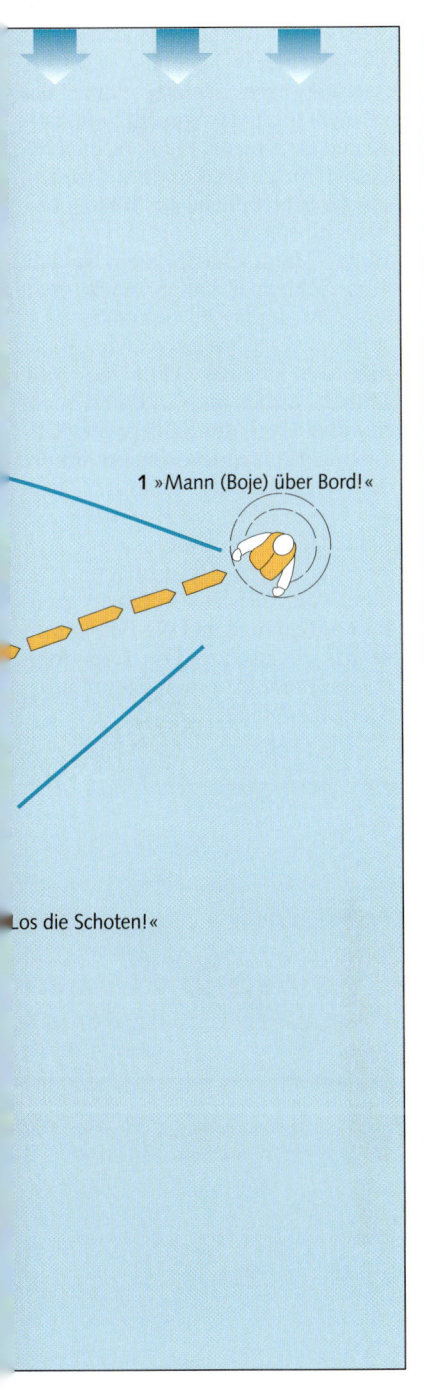

…Los die Schoten!«

Wenn nicht übers Heck, sondern über die Seite aufgenommen wird, dann geht es im Allgemeinen nur in Luv. Aufpassen, dass man bei der Krängung nicht den herüberschwingenden Baum an den Kopf bekommt.

Schleppen und geschleppt werden

Ist ein Schlepper gefunden worden, heißt es auf einer Jolle: Segel bergen und Schwert hoch.

Verhalten auf dem Schlepper

Ist der Schlepper ein Segler, nimmt er die Schleppleine in Lee über. Da sich ein treibendes Boot in einem Winkel von etwa 50° zum Wind anstellt, läuft der Schlepper hoch am Wind an. Er braucht in Höhe des Havaristen nur die Schoten zu fieren, um zum Stillstand zu kommen, in Ruhe die Leine zu übernehmen und bei sich an Bord zu belegen. Dann die Schoten anholen und langsam die Leine steiffahren. Danach weiter abfallen, um mehr Fahrt aufzunehmen und die anfängliche Masseträgheit des Schleppanhangs zu überwinden. Läuft die Schleppleine auf dem geschleppten Boot an Steuerbord am Vorstag vorbei, wird sie auf der Achterklampe des Schleppers an Backbord belegt – oder umgekehrt.

Merke:
Ein gefiertes Schwert verursacht Querschlagen.

Die Schleppleine wird in Buchten aufgeschossen, dann teilt man sie, nimmt in jede Hand ungefähr die Hälfte der Buchten und wirft nur einen Teil mit der Wurfhand hinüber. Den anderen Teil gibt die zweite Hand im Flug hinterher.

❏ Ist der Schlepper ein Motorboot oder ein Segler mit starker Maschine, muss er seine Fahrstufe der Rumpfgeschwindigkeit des geschleppten Bootes anpassen, sonst gibt es Bruch.

Verhalten auf dem geschleppten Boot

Ist eine Vorschiffsklampe vorhanden, zunächst nur mit einem Rundtörn belegen, um beim Anschleppen elastisch nachgeben zu können und ein hartes Einrucken der Leine zu vermeiden. Auch lässt sich der anfängliche Geschwindigkeitsunterschied zwischen Schlepper und Geschlepptem durch leichtes Nachgeben ausgleichen. Dann den Tampen der Schleppleine mit Slipstek am Mast belegen, um notfalls schnell loswerfen zu können.

Im Seegang die Leinenlänge so bemessen, dass sich beide Boote immer in der gleichen Wellenphase befinden. Besatzung nach achtern, damit das Boot nicht giert, das Vorschiff entlastet wird und der Bug nicht unterschneidet. Ist keine Vorschiffsklampe vorhanden, muss die Schleppleine am Vorstag beigebändselt werden.

❏ Beim Motorschlepp sich seitlich vom Schlepper halten, damit man aus dem unruhigen Schraubenwasser heraus ist. Muss das Motorboot plötzlich stoppen, läuft die Jolle seitlich vorbei und kollidiert nicht mit dem Heck des Schleppers. Kurven nicht schneiden, sondern immer den Außenradius nehmen, auch wenn man dabei die Heckwelle des Schleppers queren muss.

❏ Bei schnellerem Motorschlepp ist es meist sinnvoll, das Ruderblatt ebenfalls aufzuholen und die Pinne mittschiffs zu laschen. Das Boot folgt dann unmittelbar der Zugrichtung der Schleppleine.

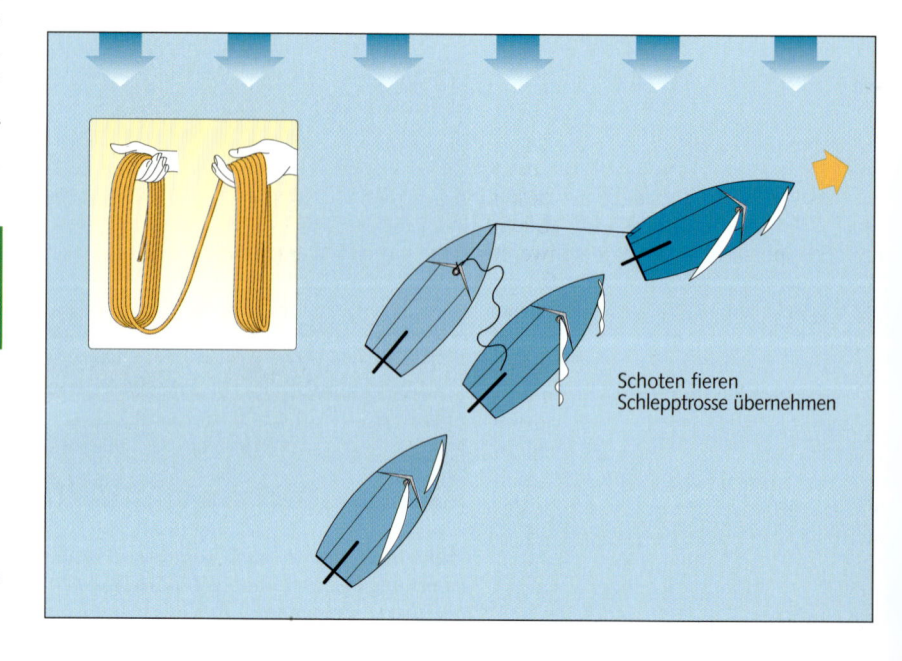

Schoten fieren
Schlepptrosse übernehmen

Schwert aufgeholt

Ruder auf abscheren

Auf Slip belegen   Beibändseln   Doppelter Schotstek   Stopperstek

Der Schleppverband

Sollen mehrere Boote an einer Schlepptrosse geschleppt werden, machen sie abwechselnd auf Lücke mit Stopperstek fest, die schweren Boote vorne. Nebeneinander festgemacht, würden sich die Bootskörper gegenseitig ansaugen.

Auf dem letzten Boot am Tampen wird die Schleppleine wie beim Einzelschlepp belegt. Auf den seitlich angesteckten Booten darf sie nicht am Vorstag beigebändselt und auch nicht auf einer weit vorne sitzenden Vorschiffsklampe belegt werden, denn der Bug muss abscheren können, um geradeaus zu laufen. Bewirkt wird das Abscheren durch Gegenruder.

Längsseits schleppen

Das zu schleppende Boot wird auf die Seite genommen, nach der der Propeller dreht. Im Normalfall also auf die rechte bei Motorbooten und auf die linke bei Segelyachten. So wird der Radeffekt am besten ausgeglichen. Der Schlepper legt sich so weit nach hinten wie möglich, damit der Propeller rundrum genügend Wasser bekommt.

Die Boote müssen gut gegeneinander abgefendert sein und so festgemacht werden, dass sie möglichst wenig Bewegungsspielraum haben. Im Allgemeinen genügen bei Vorausfahrt Vor- und Achterleine und Vorspring. Eine zusätzliche Achterspring empfiehlt sich für Rückwärtsmanöver.

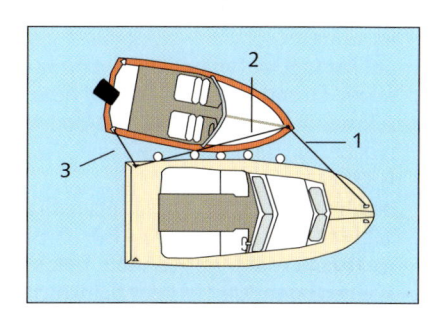

Ist der Schlepper kleiner, macht er so weit wie möglich hinten fest und stellt sich mit dem Bug leicht einwärts, um mit dem leicht nach außen eingeschlagenen Ruder geradeaus zu fahren. Die Schrägstellung reguliert die Vor- (1) und Achterleine (3). Die eigentliche Schleppleine ist die Vorspring (2), die den Zug in Fahrtrichtung aufnimmt.

Anker

Die Ankertypen

Ein Anker dient dazu, ein Schiff sicher am Grund festzuhalten. Geradezu lebensrettend kann er werden, wenn eine havarierte oder sonstwie manövrierunfähige Yacht auf eine Untiefe oder eine gefährliche Küste zutreibt. Es gibt zwei Ankerkonzeptionen:
Gewichtsanker, ihre Wirksamkeit beruht vor allem auf ihrem hohen Eigengewicht, und
Patent- oder **Leichtgewichtsanker,** die bei gleichem Gewicht eine bedeutend höhere Zugfestigkeit oder Haltekraft aufweisen. Anders ausgedrückt, bei gleicher Zugfestigkeit können sie erheblich leichter sein. Beim Eingraben in den Grund ist allerdings das Leichtgewicht wieder ein gewisses Handikap.

❏ Der **Stock-** oder **Admiralitätsanker** ist ein Gewichtsanker. Er fasst gut auf steinigem, tonigem und verkrautetem Grund und gilt als der beste Allround-Anker. In sandigem Boden hält er das 7- bis 10-fache seines Gewichtes.
Nachteile: Er ist verhältnismäßig schwer und unhandlich. Ein Arm steht am Grund immer hoch. Leicht können beim Ankern oder Schwojen Kette oder Trosse daran unklar kommen und den Anker ungewollt ausbrechen.

❏ Der **Danforth-Anker** lässt sich beigeklappt hervorragend stauen. Er hat eine mindestens dreimal so große Haltekraft wie ein Stockanker. Schwere Danforth-Anker machen sogar häufig Schwierigkeiten beim Ausbrechen.

Nachteil: Er hält nicht gut auf stark verkrautetem oder auf steinigem Grund.

❏ Der **Pflugschar-** oder **CQR-Anker** gilt als derjenige mit der größten Haltekraft unter allen bekannten Yachtankerarten. Er zählt ebenso wie der Danforth zu den stocklosen Patentankern.
Nachteil: Er fasst schlecht in verkrautetem oder tonigem Grund.

❏ Der **Schirm-** oder **Faltdraggen** ist ein kleinerer Anker, mehr für Jollen oder Beiboote geeignet. Die Arme lassen sich an den Schaft klappen und dort sichern. Er ist beliebt wegen seines geringen Platzbedarfs.
Nachteil: Mindestens ein Arm steht immer hoch und kann mit der Ankerleine unklar kommen.

Grundsätzlich gilt: Ein Anker kann, wenn es um seine Haltekraft auf unterschiedlichen Ankergründen geht, nicht schwer genug sein. Grenzen setzt ihm die Muskelkraft der Crew oder die Zugkraft des Ankerspills.

Ankerleine und Ankerkette

Je länger Kette oder Trosse sind, umso besser hält der Anker. Auf Jollen genügt im Allgemeinen eine Ankerleine (Trosse). Wird auf Kajütbooten – um Gewicht zu sparen – eine Leine verwendet, muss zwischen Anker und Trosse ein Kettenvorlauf von mindestens 6 m geschäkelt werden. Der Kettenvorlauf zieht durch sein Eigengewicht den Ankerschaft herunter,

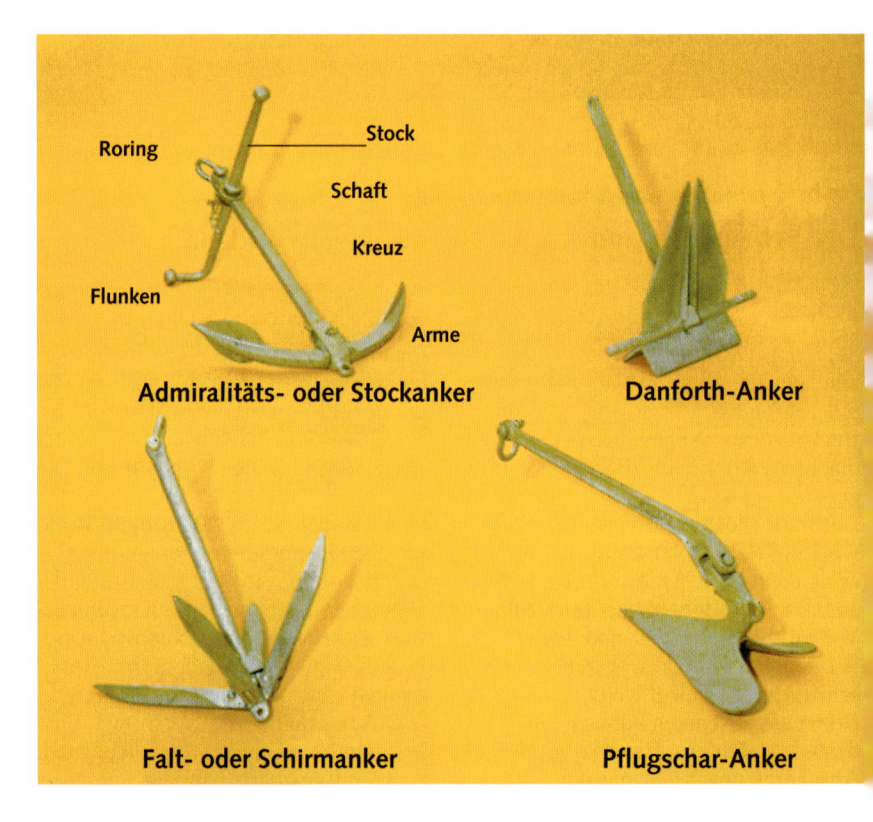

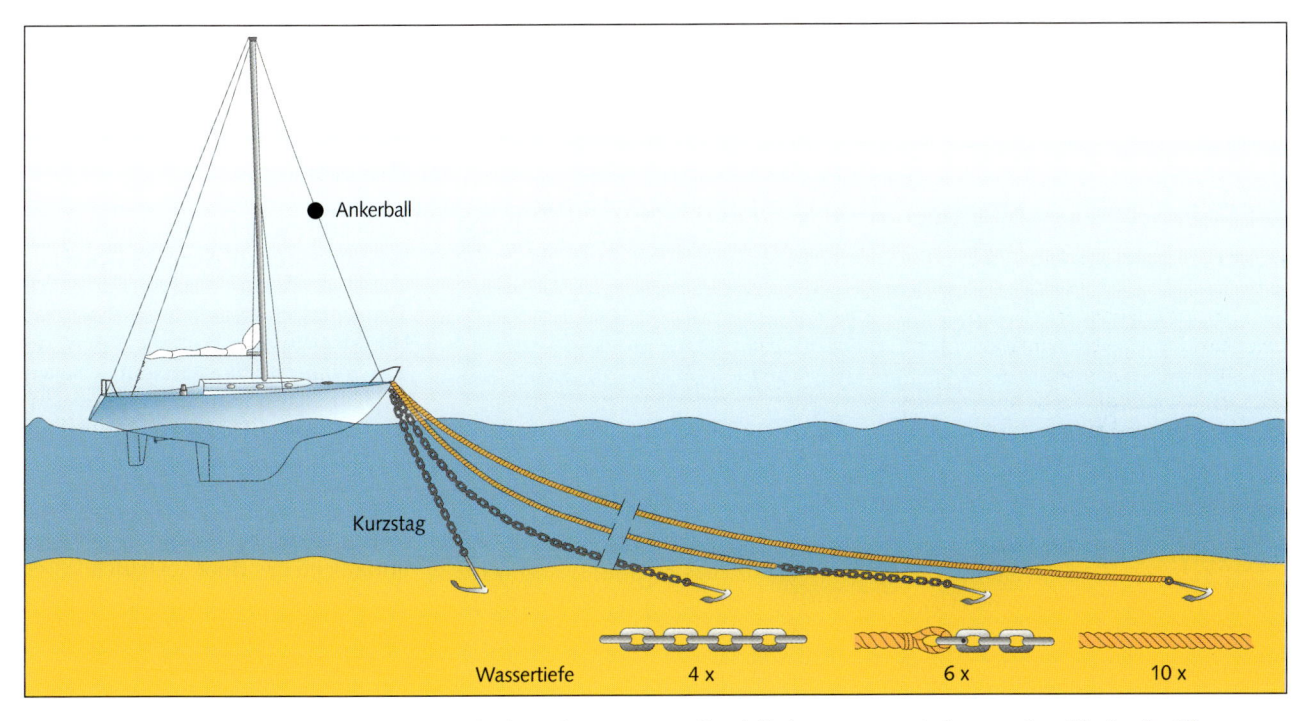

Wie lang soll die Ankerleine sein?

Ankern mit Kette: mindestens das 4fache der Wassertiefe. Die Antwort auf die Prüfungsfrage 205 lautet zwar, »mindestens 3fache Wassertiefe«, doch ist diese Länge allenfalls bei Flaute und glattem Wasser ausreichend. Besser sollte man sich auf die sicherere Seite begeben.

Ankern mit Leine und Kettenvorlauf: mindestens das 6fache der Wassertiefe.

Ankern nur mit Leine: etwa das 10fache der Wassertiefe. (Die Prüfungsfrage 236 verlangt nur das 5fache.)

verstärkt durch seine Haftreibung auf dem Grund die Effektivität des Ankers und verhindert ein hartes Einrucken der Yacht in die Ankertrosse. Das könnte möglicherweise den Anker wieder ausbrechen. Auf felsigem Grund schützt der Kettenvorlauf die Leine vorm Schamfilen (Scheuern). Auch eine Leine sollte stets am Anker angeschäkelt und nicht etwa mit einem Roringstek am Ankerroring angesteckt werden. Er hält in glattem synthetischem Tauwerk nicht sicher und verringert die Reißfestigkeit der Leine um etwa 50 %.

Der Ankerplatz

Ein Ankerplatz sollte möglichst sorgfältig ausgewählt werden und niemals so, dass man in Lee ein Ufer hat. Man sagt in dem Fall, die Yacht liegt auf Legerwall. Hält der Anker nicht, besteht die Gefahr zu stranden.
❏ Der Ankerplatz sollte weitgehend gegen Wind und Seegang geschützt liegen – auch Winddrehungen einkalkulieren – und guten Ankergrund haben.
❏ Ein Ankerplatz muss weit genug von anderen Booten entfernt sein, damit alle einen vollen Kreis um ihren Anker schwojen können, wenn sich die Wind- oder Stromrichtung ändert.
❏ Es darf nur dort geankert werden, wo man die Berufsschifffahrt und speziell die Vorrangschiffe nicht behindert.

Verboten ist,
❏ vor Hafeneinfahrten oder Landestellen, in Fahrwasserverengungen und Fahrrinnen, auf den Rheinstrecken und unter Brücken zu ankern;
❏ auf dem Bodensee länger als 24 Stunden zu ankern (still zu liegen).

Schwojen vor Anker

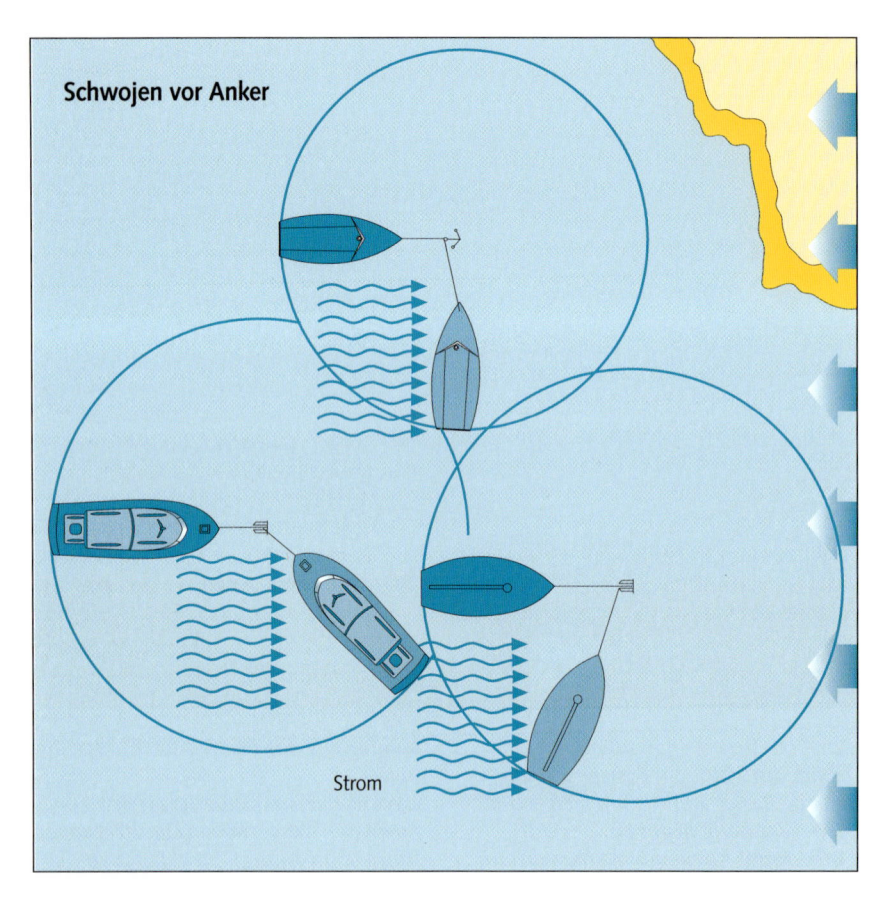

Strom

Abstand halten
Steht nur Strom oder Wind aus einer Richtung, schwojen alle Boote in die gleiche Richtung und kommen sich nicht zu nahe. Steht aber beispielsweise Strom gegen Wind, können Ankerlieger recht unterschiedliche Positionen einnehmen, bedingt durch unterschiedliche Über- und Unterwasserschiffsformen. Das eine Boot stellt sich mehr in Wind-, das andere mehr in Stromrichtung. Ebenfalls zu beachten: Ein Boot, das vor Bug- und Heckanker liegt, schwojt nicht mit, sondern bleibt bei Richtungsänderungen von Wind oder Strom annähernd am selben Platz.

Ankermanöver

Das Ankern

Liegt der Ankerplatz fest, die Fock bergen und auf dem Vorschiff den Anker klarieren. Nachsehen, ob Kette oder Trosse auch tatsächlich im Kettenkasten oder an einer Klampe belegt und der Splint bei Stockankern gesichert ist. Die Trosse klar zum Ausrauschen an Deck in Buchten nebeneinander auslegen.

Mit langsamer Fahrt am Wind den Ankerplatz anlaufen, dort in den Wind drehen oder, bei Strom, gegen den Strom, und das Boot auslaufen lassen. Das Kommando »Fallen Anker!« darf erst dann gegeben werden, wenn das Boot beginnt, achteraus zu treiben. Andernfalls könnte die Trosse direkt auf den Anker fallen und mit Stock oder Flunken unklar kommen. Niemals die Trosse einfach über Bord werfen, sondern auf kleinen Booten Hand über Hand ausgeben. Auf größeren Booten mit schwerem Ankergeschirr gebremst über eine Ankerwinde. Die Trosse öfter mal einrucken lassen, um das Eingraben des Ankers zu unterstützen.

Aufpassen, dass niemand in der Trosse steht.

> **Merke:**
> Der Rudergänger entscheidet, wann der Anker über Bord gegeben werden soll, nicht der Mann auf dem Vorschiff.

Erst wenn der Anker wirklich gefasst hat, das Großsegel bergen, um so lange bei einem möglicherweise erforderlichen neuen Ankermanöver sofort manövrierfähig zu sein.

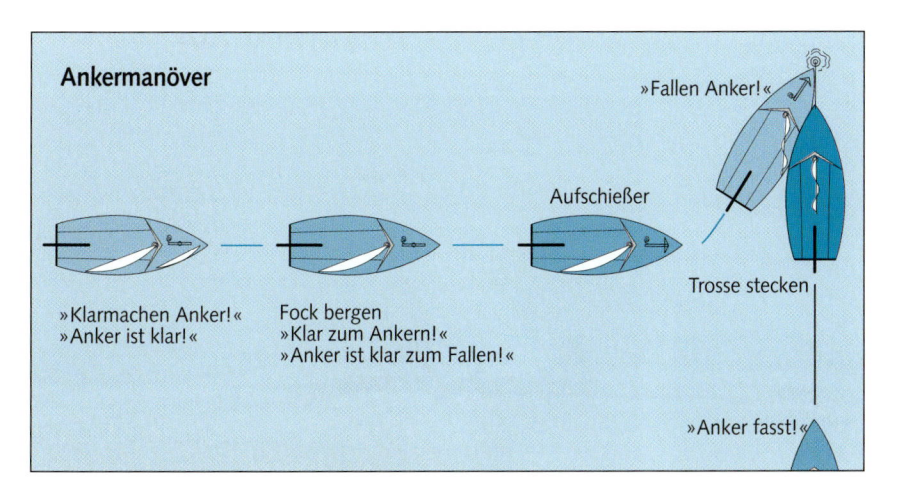

Ankermanöver

»Fallen Anker!«
Aufschießer
Trosse stecken
»Anker fasst!«
»Klarmachen Anker!«
»Anker ist klar!«
Fock bergen
»Klar zum Ankern!«
»Anker ist klar zum Fallen!«

Kommandotafel Ankern

Klarmachen Anker!
Anker ist klar!
Klar zum Bergen des Vorsegels!
Vorsegel ist klar zum Bergen!
Hol nieder Vorsegel!
Klar zum Ankern!
Anker ist klar zum Fallen!
Fallen Anker!
Anker fasst!
Klar zum Bergen des Großsegels!
Großsegel ist klar zum Bergen!
Hol nieder Großsegel!
Peilen – Loten – Klaren!
Peilung steht – alles klar!

Man versucht, zwei in Deckung liegende Landmarken zu finden und beobachtet, ob diese Deckpeilung »steht«. Das heißt, ob sie sich nicht gegenüber dem eigenen Standort verändert. Erst dann kann man sicher sein, dass der Anker nicht schliert. Um ganz sicherzugehen, sollte die Peilung wiederholt kontrolliert werden. Ein leichtes Auswandern der Landmarken bedeutet meist nur, dass die Yacht schwojt. Zeigt sie jedoch in dieselbe Richtung während sich die Landmarken voneinander entfernen, schliert der Anker.

Man kann auch relativ einfach feststellen, ob der Anker schliert, indem man einige Zeit den Fuß auf die Ankertrosse setzt. Spürt man ein leichtes Rucken der Trosse, hat der Anker nicht richtig gefasst.

Schliert der Anker, mehr Trosse stecken. Nützt das nichts, unverzüglich ankerauf gehen und ein neues Manöver fahren.

Ankerlichten

Die Situation ist die gleiche wie beim Ablegen von der Boje. Das Boot ist unmittelbar nach dem Ankerlichten manövrierunfähig. Deshalb muss es genügend Leeraum haben zum Achteraustreiben und um Fahrt aufzunehmen.

Das Manöver: Großsegel setzen, Fock klar zum Setzen oder – auf einer Jolle stets – ebenfalls setzen, aber beizeisen, um bei der Arbeit auf dem Vorschiff nicht behindert zu werden. Langsam an der Trosse zum Anker verholen, bis sie kurzstag steht, das heißt, keine Lose mehr hat, also in einem Winkel von etwa 45° zum Anker verläuft. Von diesem Augenblick an muss man damit rechnen, dass der Anker nicht mehr sicher hält.

Ruder zur gewünschten Luvseite legen und warten, bis das Boot auf die Leeseite schwojt. Nun den Anker so schnell wie möglich holen, damit er nicht noch einmal am Grund hakt und den Bug wieder zurückreißt. Fock ausreißen und back, um weiter abzufallen und Fahrt am Wind aufzunehmen.

Den Anker auswaschen, an Deck holen und klarieren.

Nicht immer lässt sich der Anker leicht aus dem Grund brechen. Auf kleineren Booten ohne Ankerwinde alle aufs Vorschiff, damit der Bug tiefer eintaucht, dann die Ankertrosse so steif wie möglich holen und belegen. Nun alle aufs Achterschiff. Der Auftrieb des austauchenden Bugs erzeugt eine erhebliche Kraft, die meistens groß genug ist, den Anker aus dem Grund zu brechen.

Yachten mit Hilfsmotor werden das Ankerlichten sicherheitshalber unter Maschine besorgen und den Anker mit Maschinenkraft ausbrechen, indem sie langsam über den Anker hinwegfahren.

Kommandotafel Anker lichten

Klar zum Ankerlichten!
Anker kurzstag holen!
Anker ist kurzstag!
Anker auf!
Anker ist los!
Reiß aus die Fock! – Fock back an ...bord!

Kentern und Aufrichten

① Meist kentern Jollen nach Lee. Die Crew wird dabei oft ins Großsegel katapultiert.

② Erste Maßnahme: den Bug in den Wind drehen. Danach versucht einer den Masttopp hochzudrücken, der andere...

⑤ Durch sein in die rückwärtige Auslage gebrachtes Körpergewicht und Wippen hebelt der Schwertmann...

⑥ ...das Boot in die Horizontale, während der andere Mitsegler sich in die Fußgurte hängt...

Kentern und Aufrichten

③ ...schwimmt zum Schwert, hängt sich daran oder zieht sich rauf, angelt sich eine Leine (Fockschot)...

④ ...hängt sich voll in die Leine, während der andere inzwischen im Cockpit die Schoten klariert.

⑦ ...und sich dann beide gleichzeitig, die Jolle dadurch stabilisierend, ins Cockpit ziehen oder wälzen.

⑧ Lenzer auf und – wenn noch nicht geschehen – Schoten klarieren und zum Lenzsegeln auf Raumschots-Kurs gehen.

Kentern und Aufrichten

Alle Schwertboote können kentern. Drei Ursachen sind es, auf die sich die meisten Kenterungen nach Lee zurückführen lassen:
- ❏ Ungeschicktes Halsen. Die Großschot darf nie lose kommen, und nach dem Halsen darf erst wieder angeluvt werden, wenn vor dem Wind die Großschot völlig aufgefiert worden ist.
- ❏ Zu starkes Anluven in einer Bö auf Am-Wind-Kurs. Das Boot verliert dabei zu viel Fahrt und dadurch auch Stabilität, da sie sich bei Fahrtverminderung verringert.
- ❏ Zu schnelles, hartes Anluven in Böen auf Raumschots-Kurs, ebenfalls wegen Fahrtverlust und nachlassender Stabilität, zu der noch die dabei wirksam werdende Zentrifugalkraft kommt.

Kentern nach Luv geschieht seltener und hat meistens zwei Ursachen:
- ❏ Wenn die Besatzung auf Am-Wind-Kurs weit in Luv sitzt und in einer starken Bö die Großschot plötzlich und zu weit auffiert. Schlagartig lässt der Winddruck auf dem Segel nach, und das Besatzungsgewicht in Luv wirft die Jolle um.
- ❏ Wenn auf Raumschots-Kurs eine schräg von achtern unter dem Heck durchlaufende Welle das Boot stark nach Luv krängt, läuft es nach Lee aus dem Ruder. Die draußenhängende Besatzung wird nun durchs Wasser geschleift – das Boot kentert.

Moderne Leichtbaujollen kentern verhältnismäßig schnell, können aber von einer erfahrenen Crew innerhalb kürzester Zeit wieder aufgerichtet werden und nehmen dabei kaum Wasser auf.

Was tun nach dem Kentern?

Zunächst feststellen, ob sich der Mitsegler nicht irgendwo am Boot oder im laufenden Gut verfangen hat. Ist jemand unters Segel geraten – beim Kentern nach Luv –, zum Achterliek hinschwimmen, um nicht in die Wanten zu geraten. Das Segel mit Kopf und Armen hochzudrücken, um Luft zu schöpfen, ist zwecklos. Das nasse synthetische Tuch schließt völlig luftdicht ab.

Ist die Crew mit sich selbst klar, verhindern, dass das Boot durchkentert, indem man sich an das Schwert hängt oder den Masttopp hochdrückt.

Vor dem Aufrichten die Schoten – sofern sie belegt waren – aus den Klemmen nehmen. Sonst könnten die Segel Wind fangen und das Boot sich allein davonmachen. Möglichst mit einer Leine (Schot) Verbindung zum Boot halten.

Den Bug in den Wind zu drehen ist unerlässlich beim Kentern nach Luv. Sonst fasst der Wind unter das angeliftete Segel und wirft das Boot gleich zur anderen Seite um. Nach einer Lee-Kenterung erleichtert der Bug im Wind das Aufrichten.

Schwerer gebaute Fahrtenboote haben eine höhere Eigenstabilität und kentern deshalb nicht so schnell. Wenn sie aber gekentert sind, ist das Aufrichten ohne fremde Hilfe kaum möglich. Was bleibt also zu tun, wenn es geschehen ist?
- ❏ Rittlings auf die aufschwimmende Bootsseite setzen. Ist das Boot um 180° durchgekentert, auf den Bootsboden setzen. Um die Aufmerksamkeit auf sich zu lenken, wiederholt die Arme langsam halbkreisförmig bis in die Höhe des Kopfes bewegen. Gilt als Notzeichen.
- ❏ Aufschwimmendes Zubehör wie Paddel, Ruder, Pütz oder Ähnliches nur bergen, wenn sie in greifbarer Nähe schwimmen. Sie treiben nämlich schneller als das gekenterte Boot. Nicht hinterherschwimmen.
- ❏ Grundsätzlich niemals das Boot nach dem Kentern verlassen. Auch nicht, um eventuell Hilfe herbeizuholen. Erfahrungsgemäß werden die Entfernungen bis zum Ufer meist erheblich unterschätzt und die eigenen Kräfte überschätzt. Besonders bei Wellen und niedriger Wassertemperatur. Außerdem ist ein treibendes Boot viel leichter von Rettern auszumachen als ein Schwimmer.

Kommt ein Motorboot zur Hilfe – oder eine Segelyacht unter Motor –, unbedingt darauf achten, dass nichts im Wasser schwimmt – Schoten, Leinen, Kleidungsstücke –, was in den Propeller kommen könnte. Gegebenenfalls das Motorboot durch Zuruf vor Treibgut warnen.

Typische Anfängerfehler
Nach dem Kentern rittlings oder bäuchlings auf der »hohen Kante« hängen bleiben (statt sofort auf das Schwert hinunterzurutschen), das führt häufig zum Durchkentern (Mast nach unten).
Aufrichten quer zum Wind nach Lee: Das Boot kentert sofort zur anderen Seite.
Die Schoten nicht gelöst und keine Leinenverbindung zum Boot gehalten: Es »segelt« den Schwimmern nach dem Aufrichten davon.

Verhalten im Sturm

Das Sturmwarnsystem signalisiert, umgehend einen sicheren Liegeplatz aufzusuchen. Besonders gefährlich sind plötzlich aufkommende Wärmegewitter. Sofort bei den ersten Anzeichen versuchen, das geschütztere Ufer zu erreichen. Das ist jenes, hinter dem das Gewitter aufzieht. Aber nicht immer gelingt es, dem aufkommenden Sturm zu entrinnen. Was dann tun?
❑ 1. Maßnahme: Schwimmwesten anlegen.
❑ 2. Maßnahme: Reffen. Wenn das auf einer Jolle nicht möglich ist, das Großsegel bergen.
❑ 3. Maßnahme: Alles »seefest« zurren. Auf einer Jolle heißt das, alles so stauen und festbändseln, dass es im Falle einer Kenterung nicht verloren geht.

Das Abwettern von Böen

Man erkennt die Bö schon von weitem an der dunkleren Kräuselung des Wassers. In der Bö raumt der scheinbare Wind, weil die Windgeschwindigkeit zunimmt. Und so pariert man eine Bö:
Am Wind: Voll ausreiten und leicht anluven oder
die Großschot fieren, ohne sie dabei ausrauschen zu lassen.
❑ Sofort nach Durchzug der Bö wieder abfallen, beziehungsweise die Großschot dicht. Sonst würde das Boot womöglich im Wind liegen, zumindest die Fahrt und damit seine Stabilität weitgehend einbüßen und der nächsten Bö widerstandslos ausgesetzt sein. Das aber hieße eine fast sichere Kenterung.
Raumschots: Gegenruder geben zum Ausgleich der Luvgierigkeit, die der raumende scheinbare Wind bewirkt, ausreiten und die Großschot fieren und/oder leicht abfallen.

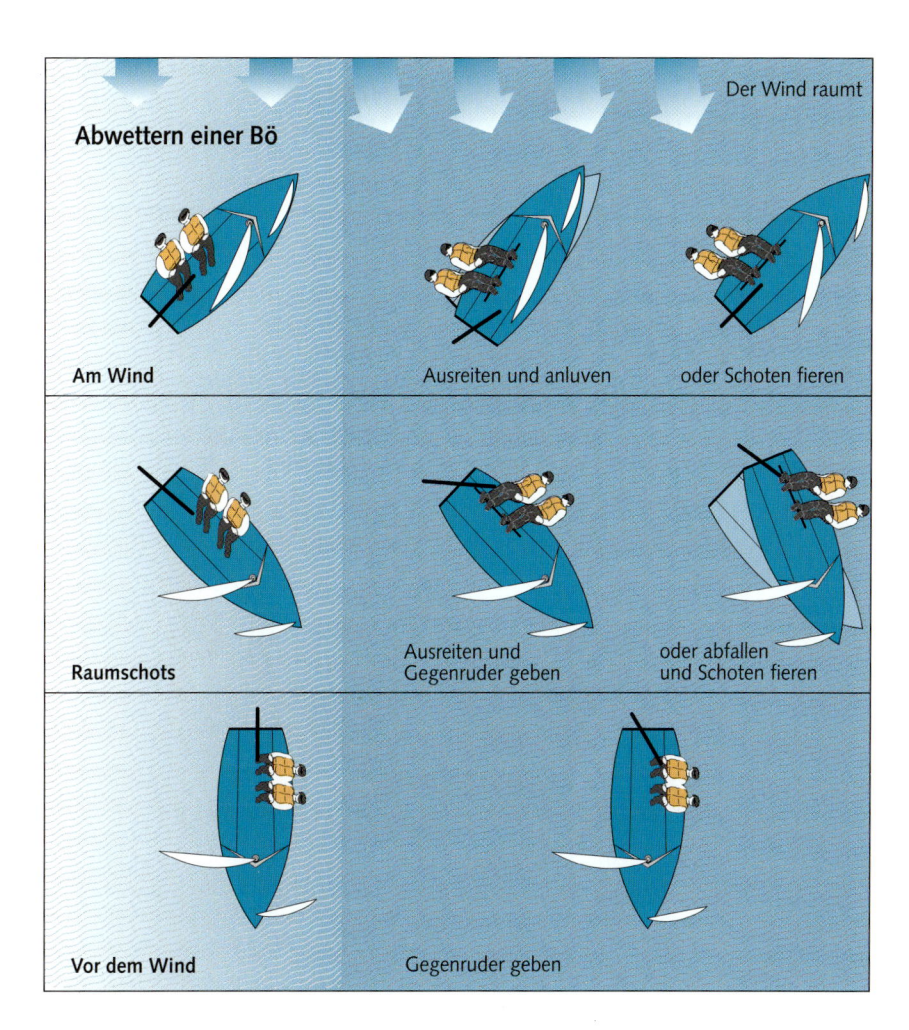

❑ Nicht anluven!
Vorm Wind: Leicht Gegenruder geben, um die Luvgierigkeit auszugleichen, im Übrigen genau Kurs halten.
❑ Nicht zu hart Gegenruder legen, das führt unweigerlich zu einer Patenthalse.
Die Gefahr einer Patenthalse ist auf einem Vorm-Wind-Kurs stets latent vorhanden, bei Starkwind aber besonders groß. Deshalb sicherheitshalber lieber immer einen raumeren Kurs laufen.

Beidrehen und Beiliegen

Unter **Beiliegen** versteht man, ein Boot unter Segeln relativ ruhig nahezu auf der Stelle zu halten.
Beidrehen ist das vorbereitende Manöver zum Beiliegen:
❑ Wenden, aber die Fockschot nicht loswerfen, sodass die Fock back steht. Nun das Großsegel, je nach Bootstyp, mehr oder weniger fieren und Luv-Ruder legen und die Pinne festsetzen.

Sicherheitsausrüstung

Es ist selbstverständlich, dass jeder an Bord bei unsicherer Wetterlage, eine Rettungsweste anlegt. Kinder tragen sie ständig. Im Gegensatz zur Schwimmweste, die nur als Schwimmhilfe dient, ist die Rettungsweste ohnmachtssicher. Das heißt, sie dreht einen Bewusstlosen in eine stabile Rückenlage und hält sein Gesicht über Wasser. Es gibt ohnmachtssichere Feststoffwesten, wie sie hauptsächlich auf Jollen getragen werden, und luftgefüllte Westen, die durch CO_2-Patronen aufgeblasen werden.

Die Bodensee-Schifffahrts-Ordnung verlangt eine Rettungsweste von mindestens 100 N (Newton) Auftrieb. Sie gilt als nur bedingt ohnmachtssicher. Für Kinder unter 12 Jahren sind spezielle Kinderwesten mit Kragen vorgeschrieben. Für Motorboote mit mehr als 30 kW (40 PS) und Kielboote wird, zusätzlich zu der Rettungsweste für jedes Besatzungsmitglied, ein Rettungskragen von mindestens 100 N Auftrieb mit einer mindestens 10 m langen Schwimmleine verlangt.

Die Schwimmleine am Rettungskragen dient auch als Schleppwiderstand, damit er bei Wind nicht so schnell abgetrieben wird. Eine ideale Lösung ist eine Leinenspule am Heck, von der eine lange Schwimmleine jederzeit klar abrollen kann.

Der persönlichen Sicherheit an Bord dient rutschfestes Schuhzeug und wasserdichte Schutzbekleidung. Eine durchnässte und frierende Mannschaft wird leicht zu einem Sicherheitsrisiko.

Die für Motor- und Segelboote amtlich vorgeschriebene Sicherheitsausrüstung

1 Anker mit ausreichender Leine
1 Bootshaken
2 Festmacheleinen
2 Paddel
1 manuelle Lenzeinrichtung (Pütz oder Handpumpe)
1 Mundsignalhorn
1 rote Notflagge (60 x 60 cm)
1 weiße Notleuchte (360°)
je 1 Rettungsweste für jedes Besatzungsmitglied
1 Rettungskragen mit Schwimmleine
1 Kompass
1 Verbandskasten
Werkzeug, um kleinere Reparaturen an Boot und Motor durchführen zu können
1 2-kg-Feuerlöscher für Innenborder über 4,4 kW, Außenborder über 7,4 kW und Boote mit Koch- und Heizeinrichtungen

RUND UMS MOTORBOOT

Bootstypen

Groß ist das Angebot von Motorboottypen. Ihre Bezeichnung erfolgt nach gewissen charakteristischen Baumerkmalen oder der Art der Motorisierung.
Schlauchboote, sofern nach DIN 7870 gebaut, sind robuste, vollwertige Sportboote. Den Bootskörper bilden luftgefüllte Schläuche. Sie sind mindestens in zwei Kammern unterteilt. Länge bis etwa 6,00 m.
Eine Weiterentwicklung sind Schlauchboote mit einem starren (Kunststoff-) Boden, die so genannen Ribs.
Außenborder-Sportboote haben ein eingedecktes Vorschiff und zwei oder vier Sitzplätze. Länge ebenfalls bis zu etwa 6,00 m. Ab dieser Größenordnung beginnen die
Innenborder-Sportboote. Sie haben einen Einbautank, im Übrigen aber unterscheidet sich ihr Interieur kaum von dem der Außenborderboote. Im Übergangsbereich wird oft das gleiche Boot in einer Außen- und Innenborderversion angeboten. Länge bis etwa 6,80 m, Motorisierung bis zu etwa 125 kW (170 PS).
Daycruiser haben eine flache Schlupfkajüte mit wenig Wohnkomfort. Länge bis etwa 7,20 m, Motorisierung bis zu etwa 146 kW (200 PS), mit ein oder auch zwei Maschinen.
Kajütboote besitzen eine geschlossene Kajüte, in der sich oft auch der Steuerstand befindet. Zu der üblichen Vorderkajüte kann auch eine Achterkajüte kommen. Häufig gibt es einen zweiten Fahrstand auf dem Dach, die so genannte Flybridge. In diese Kategorie, gelegentlich auch als Motorkreuzer bezeichnet, fallen Boote zwischen 7,50 und 12,00 m Länge. Sie können mit ein oder zwei Motoren, mit Benzinern oder Dieseln bestückt sein.

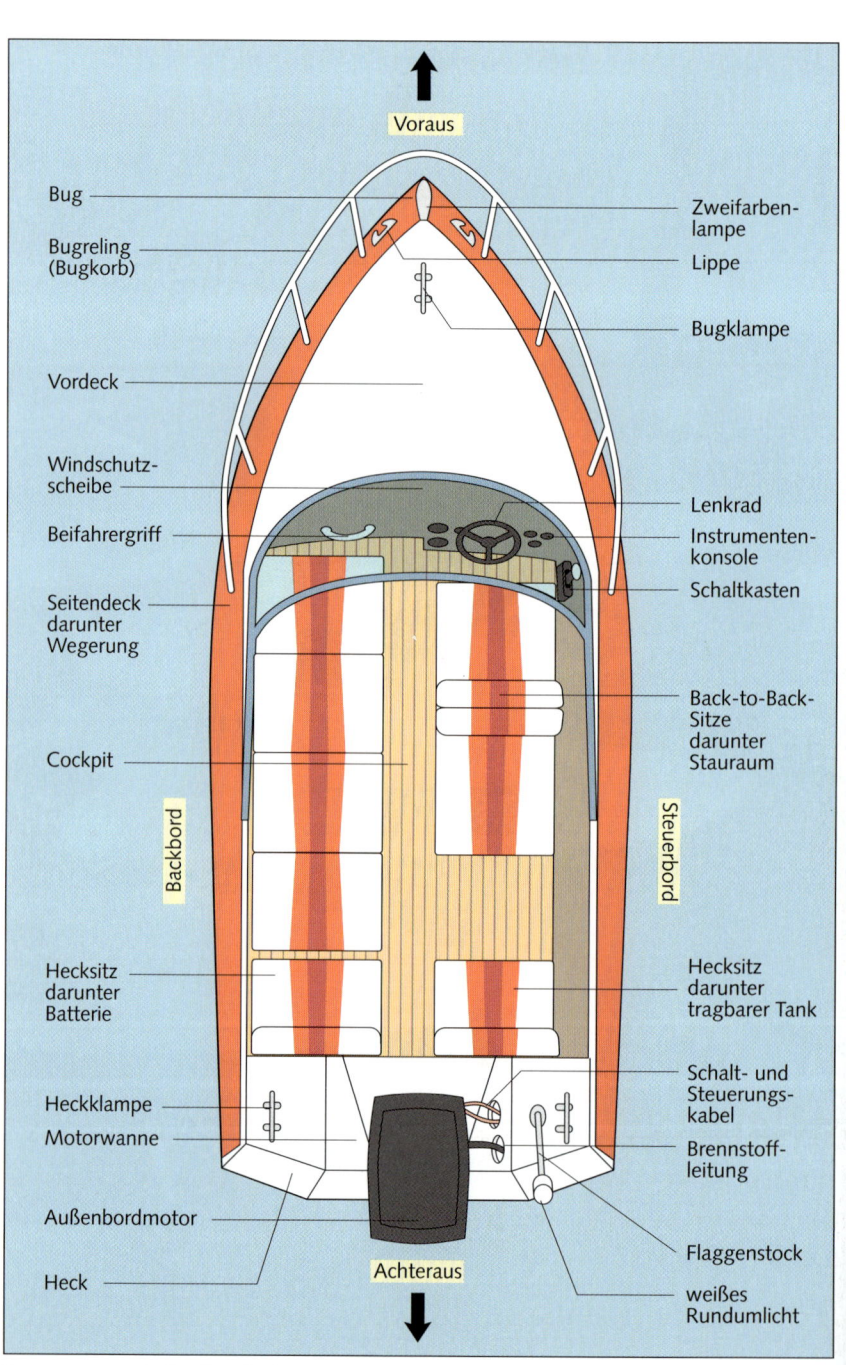

Layout eines Außenborderbootes.

Verdränger und Gleiter

Gleiter: springt in schneller Fahrt über die Wellen.

Verdränger: langsam, aber sparsam im Verbrauch.

Es gibt im Motorbootbau zwei grundsätzliche Konstruktionsprinzipien: den schnellen über die Wasseroberfläche dahingleitenden **Gleiter** und den langsamen durchs Wasser pflügenden **Verdränger**.

Die **Rumpf-** oder **Grenzgeschwindigkeit** eines jeden Bootes ergibt sich aus der Länge der Wasserlinie. Man rechnet:
- Wurzel aus der Wasserlinienlänge in Metern x 4,5 = Geschwindigkeit in Stundenkilometern (km/h).
- Wurzel aus der Wasserlinienlänge in Metern x 2,43 = Geschwindigkeit in Knoten (kn) = Seemeilen pro Stunde.

Die so errechnete Rumpfgeschwindigkeit kann ein Verdränger nicht überschreiten. Er bleibt Gefangener seines eigenen Wellensystems. Verdrängerboote haben eine mehr oder minder runde Bodenform und meist ein rundes Heck.
- Vorteile eines Verdrängers: Er kann seine Höchstgeschwindigkeit mit einer geringen Motorisierung erreichen und ist dementsprechend sparsam im Verbrauch.

Gleiter, mit einer flachen oder V-förmigen Bodenform und einem so genannten Abrissheck, können ihrem Wellensystem entrinnen und ein Mehrfaches ihrer Rumpfgeschwindigkeit erzielen. Je leichter das Boot im Verhältnis zu seiner Motorisierung ist, umso schneller kommt es in Gleitfahrt.
- Nachteile des Gleiters: Bei rauem Wasser schlägt er ziemlich hart, sodass die Geschwindigkeit kaum oder gar nicht ausgefahren werden kann. Er braucht eine starke Motorisierung um überhaupt ins Gleiten zu kommen. Entsprechend hoch ist der Verbrauch. In Revieren mit Geschwindigkeitsbegrenzungen – wie dem Bodensee – fährt er absolut unwirtschaftlich.

Motorenkunde

Benzin- und Dieselmotor

Auch unter den Bootsmotoren gibt es Benzin- oder Ottomotoren und Dieselmotoren.
Benzinmotoren saugen im Vergaser ein Benzin/Luft-Gemisch an, das von einer elektrischen Zündkerze gezündet wird.
Dieselmotoren saugen nur Luft an, die durch hohe Verdichtung so stark erhitzt wird, dass sich das eingespritzte Dieselöl von selbst entzündet. Beim Dieselmotor gibt es also keinen Vergaser und keine elektrische Zündanlage, stattdessen eine Brennstoffpumpe und eine Brennstoffdüse.

- Die Vorteile des Diesels: größere Explosionssicherheit, bedingt durch das Dieselöl und die fehlende Elektrizität. Wartungsärmer, da weniger störanfällige Teile. Höhere Lebensdauer. Geringerer Kraftstoffverbrauch.
- Die Nachteile des Diesels: höherer Preis, höheres Gewicht und größere Einbaumaße als ein gleich starker Benziner. Stärkere Geräuschentwicklung und Vibrationen.
- Die Nachteile des Benziners: eine stets vorhandene Brand- und Explosionsgefahr. Auch wenn dieses Risiko durch eine sorgfältige Installation der gesamten Anlage, einschließlich Tank, weitgehend ausgeschaltet werden kann.

Zweitakter und Viertakter

Unter den Benzinmotoren gibt es Zweitakter und Viertakter.

Einfach ausgedrückt, um den Kolben im Zylinder in Bewegung zu halten, sind vier Arbeitsgänge erforderlich. Das Benzin/Luft-Gemisch muss angesaugt, verdichtet, verbrannt und das verbrannte Gas wieder ausgestoßen werden. Während nun beim Viertakter der Kolben für diese vier Arbeitsgänge vier Wege macht – runter-rauf-runter-rauf –, braucht der Zweitakter-Kolben für dieselbe Arbeit nur zwei Wege, nämlich runter-rauf. Wesentlicher Unterschied:

- Der Zweitakter arbeitet mit einem Benzin/Öl-Gemisch, das die notwendige Schmierung besorgt.
- Der Viertakter verbrennt reines Benzin. Das Öl befindet sich in einer separaten Ölwanne und wird durch eine Ölpumpe an alle zu schmierenden Teile gefördert. Der Viertakter erfordert eine Ölkontrolle und gelegentlichen Ölwechsel.
- Vorteile des Zweitakters: kleinere Einbaumaße und geringeres Gewicht durch den Fortfall von Ventilen, Stößelstangen, Ölpumpe und anderen Aggregaten. Größere Leistung aus dem gleichen Hubraum.
- Vorteil des Viertakters: geringerer Benzinverbrauch und ruhigerer Lauf.

Wichtig für Einbaumaschinen: gute Zugänglichkeit von allen Seiten zur Kontrolle und Wartung und ausreichende Luftzufuhr. Jeder Motorraum sollte mit schallschluckendem, nicht entflammbarem Material ausgekleidet sein. (So sieht es aus, wenn eine Zwillingsanlage in einem zu kleinen Boot installiert wird.)

Propeller

Es gibt 2-, 3-, 4- und mehrflügelige Propeller. 2-flügelige werden meist nur an kleinen Außenbordern gefahren, 4-flügelige an schweren Arbeitsbooten.

Durchmesser und Steigung

Der Propeller enthält – leider nicht immer – zwei Angaben, beispielsweise $9^{1}/_{2}$ x 8 (Zoll) oder 255 x 240 (mm). Die erste Zahl gibt den Propellerdurchmesser an, den Durchmesser des Kreises, den die Außenkanten der Propellerflügel bei einer Umdrehung beschreiben.

Die zweite Zahl bezeichnet die Steigung, den Weg, den ein Propeller bei einer Umdrehung in einem festen Medium – ähnlich einer Schraube im Holz – zurücklegen würde. Propeller unterschiedlichen Durchmessers können durchaus die gleiche Steigung haben und umgekehrt.

❏ Mit einem falschen Propeller kommt der Motor bei Vollgas entweder nicht auf volle Drehzahl, dann ist die Steigung zu hoch, oder aber er dreht zu hoch. Dann ist die Steigung zu gering. Beides führt zu einem schnellen Verschleiß des Motors.

Beschädigte Propeller sind umgehend zu ersetzen. Nicht nur, dass ihre Leistung absinkt und der Verbrauch steigt, sie können auch Getriebeschäden verursachen.

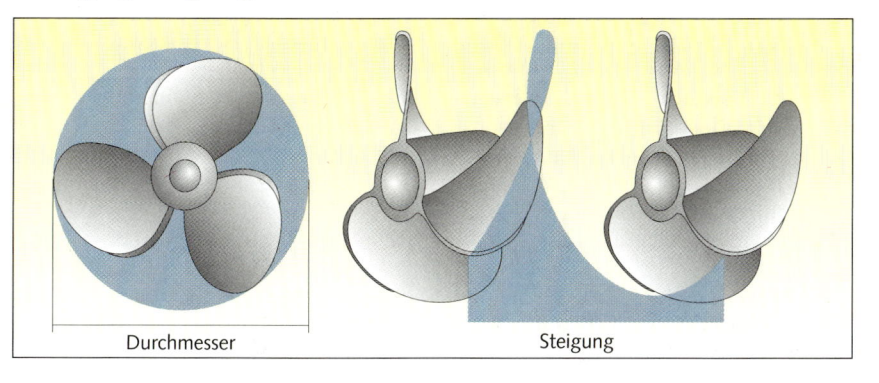

Rechtsgängig und rechtsdrehend

Wenn ein Propeller, von hinten gesehen, bei Vorausfahrt des Bootes rechtsherum – also im Uhrzeigersinn – dreht, ist er rechtsgängig. Ein in Vorausfahrt linksherum drehender Propeller ist linksgängig.

Da bei Rückwärtsfahrt der Propellerdrehsinn umgekehrt wird, dreht ein rechtsgängiger dann linksherum und ein linksgängiger entsprechend rechtsherum. Rechtsgängig und rechtsdrehend ist also keineswegs dasselbe. Motorboote haben fast ausnahmslos rechtsgängige Propeller. Das zu wissen ist wichtig für Manöver mit Booten, die eine starre Welle haben. Motoryachten mit Doppelmaschinenanlage haben

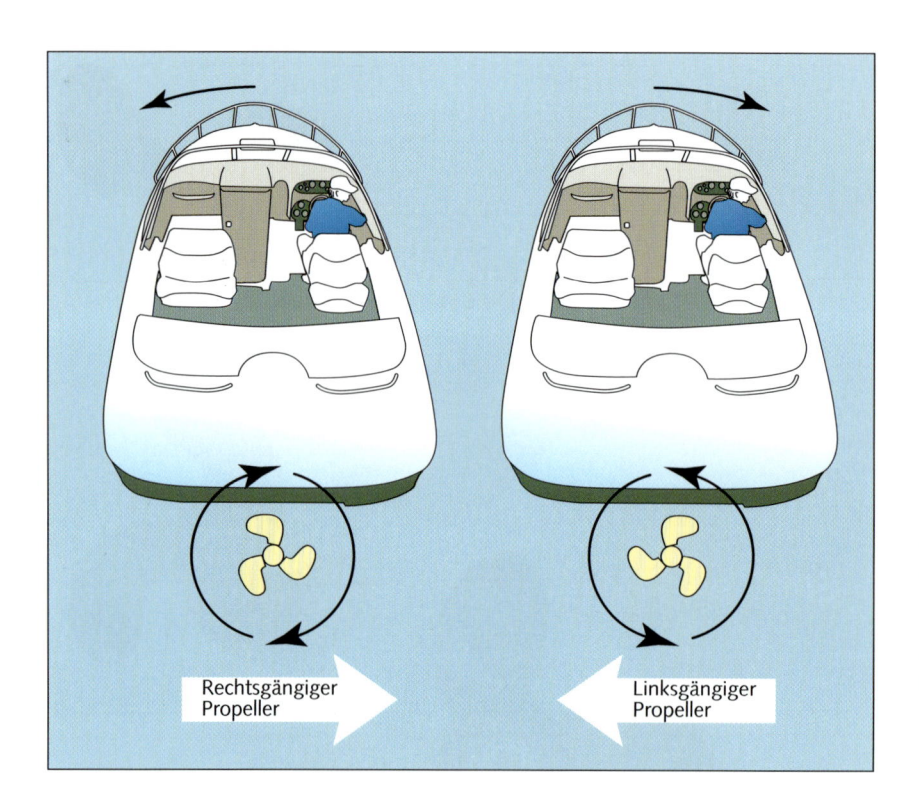

Rechtsgängiger Propeller — **Linksgängiger Propeller**

Die Steuerung

Grundsätzlich ist zwischen zwei recht unterschiedlichen Steuersystemen zu unterscheiden, dem **Steuerpropeller** und dem **Ruder.**
Boote mit Außenborder oder Z-Antrieb werden durch direktes Umlenken der Propellerschubrichtung gesteuert. Das Heck dreht dahin, wohin der vorausgehende Propeller schiebt oder der rückwärtsgehende zieht. Dadurch sind solche Boote sehr manövrierfähig auf engem Raum. Ein Ruder haben sie nicht.

Der **Nachteil:** Je langsamer man fährt, umso geringer wird die Steuerfähigkeit. Mit ausgekuppeltem Propeller hört sie überhaupt auf, weil der Schaft gar keine oder nur eine sehr geringe Ruderwirkung hat.

Bei Innenbordantrieben mit starrer Welle wird zum Steuern das hinter dem Propeller sitzende Ruderblatt gegen den Propellerstrom angestellt. Der dadurch auf das Ruderblatt ausgeübte Druck schiebt das Heck zur entgegengesetzten Seite hinüber. Da aber nur ein Teil des Propellerstromes für die Ruderwirkung ausgenutzt werden kann, ist sie denn auch geringer als mit einem Steuerpropeller. Bei Rückwärtsfahrt ist der Propellerstrom nach vorn gerichtet. Das Ruder reagiert allein auf die Fahrt, die das Boot durchs Wasser macht. Entsprechend schlecht ist denn auch die Ruderwirkung und das Steuern manchmal schwierig.

Der **Vorteil:** Mit einem Ruderblatt hat man so lange »Ruder im Schiff«, wie sich das Boot durchs Wasser fortbewegt. Also auch noch mit dem ausgekuppelten Propeller.

meistens links (an Backbord) einen linksgängigen und rechts (an Steuerbord) einen rechtsgängigen Propeller. Seltener sind nach innen schlagende Propeller, also links ein rechtsgängiger, rechts ein linksgängiger.

Der Radeffekt

Ein Propeller liefert nicht nur den erwünschten Vortrieb, den Schub in Vorausrichtung. Er wandert auch immer etwas zur Seite, so als liefe er wie ein Rad auf dem Grunde. Deshalb nennt man diese Erscheinung auch Radeffekt. Dabei nimmt der Propeller das Heck über sich spürbar in diese Richtung mit. Der Bug wird dadurch in die entgegengesetzte Richtung gedreht.
❏ Ein rechtsgängiger Propeller versetzt dementsprechend das Heck bei Vorausfahrt immer etwas nach rechts.

Das Boot läuft leicht nach links aus dem Kurs. Beim linksgängigen Propeller ist das Verhalten genau entgegengesetzt. Bei Rückwärtsfahrt, wenn der Propeller in entgegengesetzter Richtung dreht, tritt genau der umgekehrte Effekt ein. Aber in verstärktem Maße. Bei Außenbordern und Z-Antrieben kann der Radeffekt durch die verstellbare Trimmflosse an der Kavitationsplatte weitgehend oder ganz aufgehoben werden, sodass er keinen oder nur geringen Einfluss auf die Fahr- und Manövriereigenschaften des Bootes hat.

Bei gegenläufigen Propellern auf Yachten mit Zwillingsmotoren hebt sich der Radeffekt vollständig auf.

Der Steuerpropeller

Boote mit Außenborder werden durch Schwenken des gesamten Motors gesteuert, Boote mit Z-Antrieb durch Schwenken des Außenbordaggregats. Schlägt man nach links ein, drückt der Propellerschub das Heck nach rechts (Steuerbord). Bei Rückwärtsfahrt wird, bei einem Linkseinschlag, das Heck vom Propeller nach links (Backbord) gezogen. Die volle Ausnutzung des direkt umgelenkten Propellerschubs ermöglicht, sehr enge Kurven zu fahren.

> **Merke:** Ein Boot dreht stets nach der Seite, auf der das Ruderblatt (oder der Steuerpropeller) liegt. Das gilt für Vorausfahrt ebenso wie für Fahrt achteraus.

Starre Welle mit Ruder

Das Ruderblatt wird gegen den geradeaus gerichteten Propellerstrom angestellt. Es entsteht ein Staudruck, der das Heck zur entgegengesetzten Seite drückt. Der Ausschlag des Hecks ist aber nie so stark wie bei einem Steuerpropeller. Deshalb ist der Drehkreisdurchmesser eines Bootes mit starrer Welle denn auch etwa doppelt so groß. Anders sieht es auf Yachten mit zwei Maschinen aus. Durch Vorausgehen mit der einen und Achterausgehen mit der anderen lassen sie sich auf der Stelle drehen.

Die Tankanlage

Da auslaufendes Benzin in Verbindung mit Luft ein hochexplosives Gemisch bildet, sind an Tankanlagen hohe Sicherheitsanforderungen zu stellen.

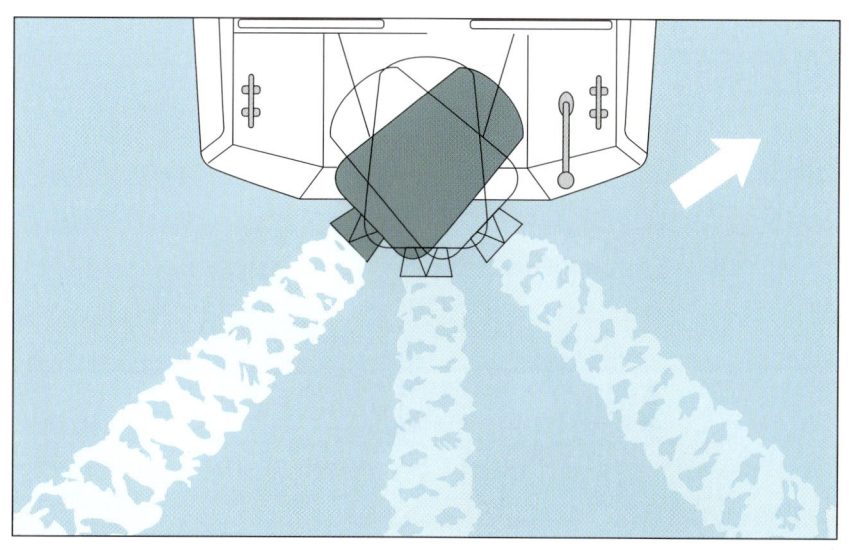

❏ Der Tank sollte sich in einem abgeschotteten Bootsteil befinden, damit sich der Treibstoff bei einem Leck nicht im gesamten Boot verteilt. Der Tank muss so sicher eingebaut sein, dass er sich bei heftigen Schiffsbewegungen, die besonders bei schnellen Gleitbooten auftreten, nicht losreißen kann. Die Außenhaut darf nicht gleichzeitig eine Wand des Tanks bilden. Direkt am Tank muss ein Absperrhahn sitzen, damit bei einem Bruch in der Leitung der Treibstoff nicht in die Bilge läuft. Auch wenn der Motor nicht benutzt wird, sollte der Absperrhahn geschlossen werden.

116 Rund ums Motorboot

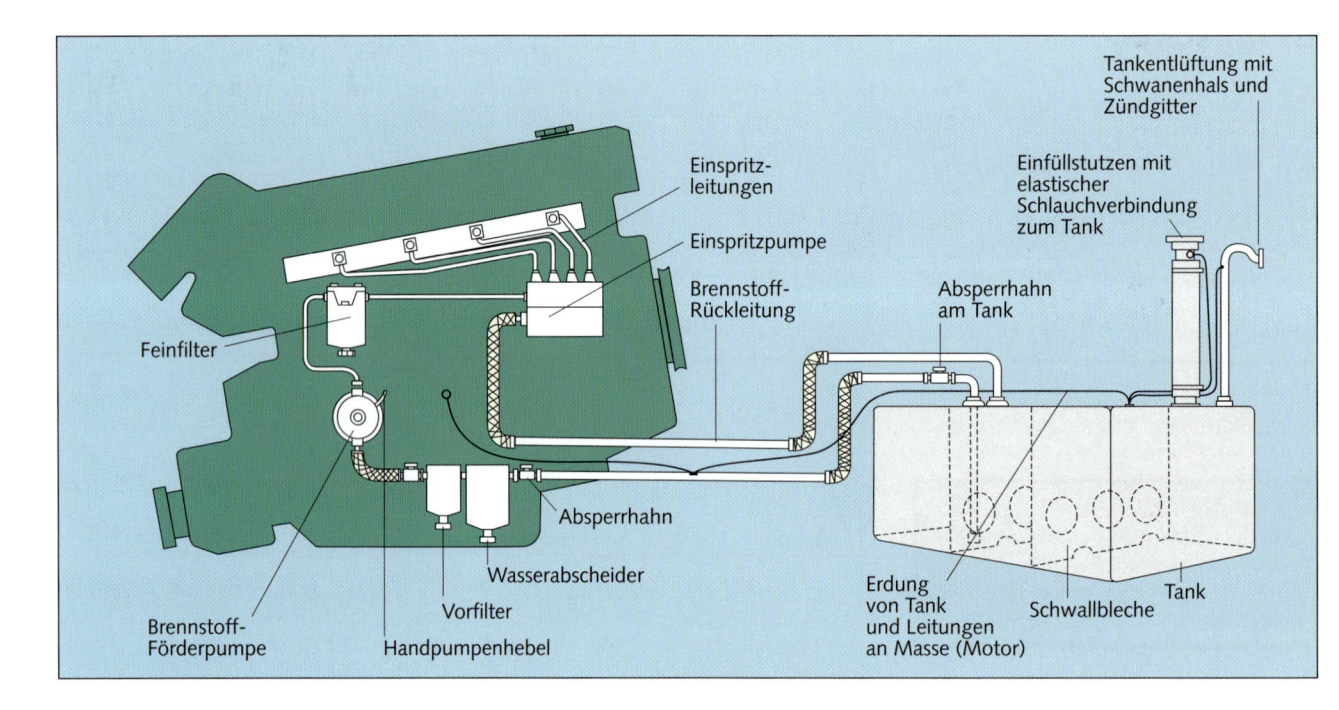

Diagramm-Beschriftungen:
- Einspritzleitungen
- Einspritzpumpe
- Brennstoff-Rückleitung
- Tankentlüftung mit Schwanenhals und Zündgitter
- Einfüllstutzen mit elastischer Schlauchverbindung zum Tank
- Absperrhahn am Tank
- Feinfilter
- Absperrhahn
- Wasserabscheider
- Vorfilter
- Handpumpenhebel
- Brennstoff-Förderpumpe
- Erdung von Tank und Leitungen an Masse (Motor)
- Schwallbleche
- Tank

❑ Die Einfüllöffnung an Deck muss ringsum absolut dicht sein, damit übergelaufener Kraftstoff nicht unter Deck fließen kann.

❑ Die Tankentlüftung muss so nach außenbords geführt sein, dass dort entweichende Gase nicht ins Boot gelangen können. Sie sollte möglichst ein Zündgitter (Flammenschutz) haben.

❑ Die gesamte Tankanlage, einschließlich Einfüllstutzen, muss geerdet sein.

Dieseltanks dürfen nie ganz leer gefahren werden, weil sonst Luft angesaugt wird, die den Motor zum Stehen bringt. Die Entlüftung der Anlage ist zeitraubend und schwierig.

Außenbordertanks sind transportabel. Ein Bajonettverschluss verbindet die flexible Schlauchleitung mit dem Motor. Mit einem Gummiball wird vorm Anlassen Benzin/Öl-Gemisch vom Tank in den Vergaser gepumpt. Der Tank muss unbedingt rutschfest und kippsicher gehalten werden.

Tanken

Die meisten Explosionsunfälle geschehen unmittelbar nach dem Tanken, weil sich im Boot Benzindämpfe gebildet haben. Das Einschalten der Zündung liefert dann oft den zündenden Funken. Deshalb beim Betanken:
❑ Fenster und Luken dicht.
❑ Motor aus, nicht rauchen, keine elektrischen Schalter betätigen.
❑ Nicht von oder an Bord gehen.
❑ Metallischen Kontakt zwischen Tankpistole und Einfüllstutzen herstellen.

Nach dem Tanken:
❑ Luken und Fenster auf.
❑ Verschütteten Treibstoff aufwischen.

Brennstoffsystem eines Diesels: Im Prinzip sind alle Tankanlagen vom Einfüllstutzen bis zur Förderpumpe annähernd gleich. Beim Benziner sitzt anstelle der Einspritzpumpe der Vergaser. Auch entfällt die Brennstoffrückleitung, die überschüssiges Dieselöl von den Einspritzleitungen in den Tank zurückführt.

❑ Einige Minuten lang das Lüftergebläse im Motorraum laufen lassen (sollte vor jedem Start der Maschine geschehen).

Außenbordertanks nie an Bord füllen oder umfüllen, denn dabei entstehen immer Benzindämpfe.

Ist Benzin in die Bilge gelaufen, mit Lappen oder mechanischer Lenzpumpe aufnehmen und anschließend die Bilge kräftig mit Wasser durchspülen. Verunreinigtes, ölhaltiges Bilgenwasser muss an Land abgegeben werden.

Brandschutz

Ein Brand an Bord eines Motorbootes ist niemals vollständig auszuschließen. Deshalb müssen Feuerlöscher einsatzklar an Bord jedes Bootes sein und regelmäßig, mindestens alle zwei Jahre, fachgerecht gewartet werden. Für den Bodensee vorgeschrieben ist mindestens ein 2-kg-Löscher für Boote mit Einbaumaschinen über 4,4 kW (6 PS) und Außenbordmotoren über 7,4 kW (10 PS) und für Boote mit Koch- und Heizeinrichtungen. Für Brennstofftanks von mehr als 100 l Inhalt muss je 100 l ein zweiter oder größerer Feuerlöscher an Bord sein.

ABC-Pulverlöscher (Yacht-Glutbrandpulverlöscher sind nicht für Brandklasse D geeignet) arbeiten mit einem sogenannten antikatalytischen Effekt. Schwelbrände können nicht nachzünden. **Nachteil:** Das abgelöschte Material wird nicht abgekühlt. Es gast weiter.

CO_2-Löscher greifen in die chemische Reaktion des Verbrennungsprozesses ein und unterbrechen sie. Sie löschen weitgehend rückstandsfrei. **Nachteil:** Sammelt sich das Gas in schlecht belüfteten Räumen, besteht die Gefahr einer CO_2-Vergiftung.

Schaumlöscher bilden eine geschlossene Oberfläche, die den Brandherd zusätzlich abkühlt und erneutes Aufflackern des Feuers verhindert. **Nachteil:** Erhebliche Rückstände.

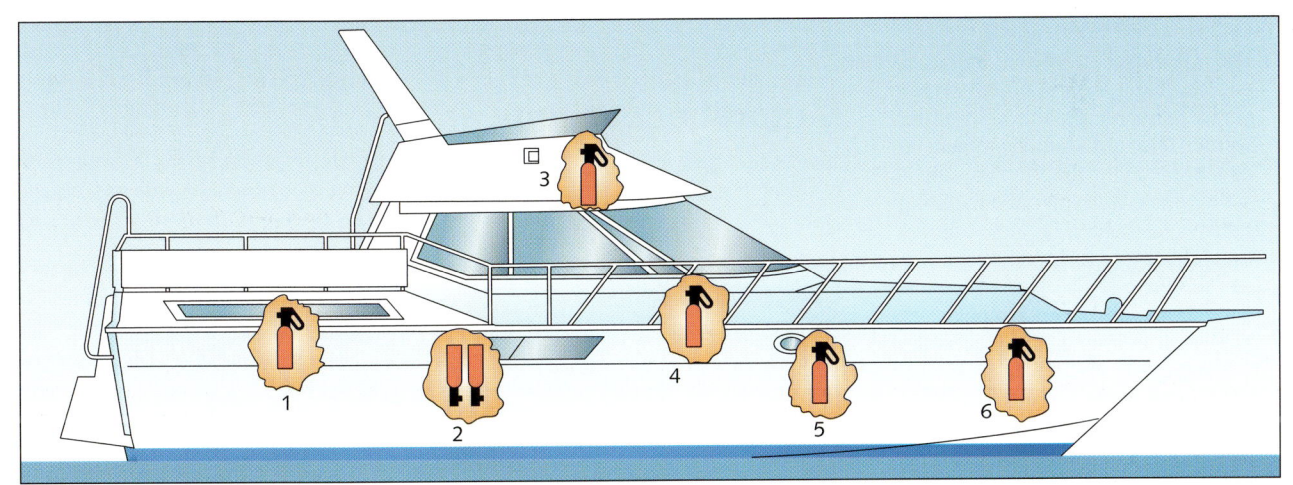

Amtliche Brandklasseneinteilung

▓▓▓ geeignet

	A — Brände fester Stoffe, hauptsächlich organischer Natur, die normalerweise unter Glutbildung verbrennen, z. B. Holz, Papier, Stroh, Kohle, Textilien, Gummi	B — Brände von flüssigen oder flüssig werdenden Stoffen z. B. Benzin, Öle, Fette, Lacke, Harze, Wachse, Teer, Äther, Alkohol, Kunststoffe	C — Brände von Gasen, z. B. Methan, Propan, Wasserstoff, Acetylen, Stadtgas	D — Brände von Metallen, z. B. Lithium, Natrium, Kalium, Aluminium und deren Legierungen, Magnesium
Glutbrandpulverlöscher	▓	▓	▓	
CO_2-Löscher		▓	▓	
Schaumlöscher	▓	▓		

Strategisch wichtige Punkte, an die je nach Größe der Yacht ein Feuerlöscher gehört

1 Ein 2-kg-Löscher in der Achterkajüte, ein zweiter im Waschraum, wenn dort ein Gas-Durchlauferhitzer installiert ist.

2 Im Motorraum fest eingebaute CO_2-Löschanlage, eventuell im Tankraum eine zweite.

3 Ein 2-kg-Löscher am Fahrstand auf der Flybridge.

4 Ein 6-kg-Löscher im Salon am Fahrstand.

5 Ein 6-kg-Löscher für die Pantry und Hauptkajüte.

6 Ein 2-kg-Löscher in der Vorschiffskabine (alles Pulverlöscher).

Gasanlagen

Flüssiggasanlagen (Butan, Propan) erfreuen sich an Bord wachsender Beliebtheit. Da diese Gase in Verbindung mit Luft höchst explosiv sind, kommt der vorschriftsmäßigen Installation große Bedeutung zu. Anlage und Gasbehälter müssen den »Technischen Regeln für Flüssiggasanlagen auf Motoryachten und Segelbooten« entsprechen (Arbeitsblatt G 608). Sie sind vom Deutschen Verein des Gas- und Wasserfaches (DVGW) und dem Verband für Flüssiggas (VfG) erarbeitet worden. Die Anlage darf erstmalig nur in Gegenwart des Installateurs in Betrieb genommen und muss alle zwei Jahre überprüft werden. Eine Bescheinigung über den ordnungsgemäßen Einbau ist an Bord aufzubewahren.

❏ Die Gasflaschen sollen an Deck, außerhalb der Wohnräume, in einem verschließbaren Schrank installiert werden. Nur auf kleinen Booten, auf denen das nicht möglich ist, dürfen sie in einem nur von außen zugänglichen gasdichten Raum untergebracht werden. Entweichendes Gas, das schwerer als Luft ist, muss nach außenbords abfließen können. Deshalb ist an der tiefsten Stelle des Flaschenraumes ein Abflussrohr mit Gefälle nach außenbords zu führen, das aber über der Wasserlinie münden muss. In den Flaschenräumen dürfen keine anderen Gegenstände untergebracht werden.

❏ Es dürfen nur Geräte (Kocher etc.) mit einer einwandfrei arbeitenden Zündsicherung eingebaut werden.

❏ Nach Gebrauch immer alle Hähne und das Flaschenventil schließen. Alle Verbindungsstellen regelmäßig auf Undichtigkeiten überprüfen, indem man sie mit Seifenwasser bepinselt oder entsprechendem Spray besprüht (Blasenbildung).

❏ In der Nähe des Kochers und des Flaschenraumes sind Feuerlöscher griffbereit zu halten.

Gasflaschen-Einbau
1 Von den übrigen Räumen abgeschotteter Kasten
2 Sicherheitsdruckregler
3 Schottverschraubung
4 Sichere Halterung der Flasche
5 Abfluss über der Wasserlinie

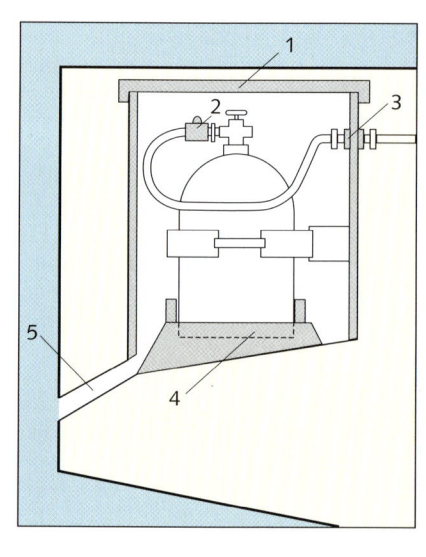

Motorüberwachung

Vor dem Starten	Motorraumgebläse laufen lassen oder Luk auf – Ölstand in Motor und Getriebe kontrollieren – Seeventil für Kühlwassereintritt öffnen – Tankabsperrhahn öffnen
Nach dem Anlassen	Den kalten Motor nicht auf hohe Drehzahl hochfahren – Kontrollleuchten für Ladestrom und Öldruck beobachten, erlischt eine nicht, Motor abstellen und Ursache feststellen – Kontrollieren, ob Motor seine Leerlaufdrehzahl einhält und normale Betriebstemperatur erreicht hat – Kühlwasseraustritt kontrollieren
Nach der Fahrt	Getriebe auf Leerlauf – Kraftstoff- (außer Diesel) und Kühlwasserhähne schließen – Gegebenenfalls Fettpresse der Stopfbuchse nachdrehen – Batteriehauptschalter aus

Fahren mit dem Motorboot

Ablegen

Das Ablegen ist völlig problemlos, wenn weder Wind weht noch Strom steht und vorn und hinten genügend Raum zum Manövrieren ist: Starten, den Motor kurz warm laufen lassen, die Leinen loswerfen, einkuppeln und das Boot, je nach der Situation, mit Voraus- oder Achterausfahrt vom Steg wegoder aus der Stegbox herausziehen. So ideal aber sind die Verhältnisse meistens nicht. Je höher die Aufbauten, umso windanfälliger wird eine flachgehende Motoryacht und umso schwieriger wird das Ablegemanöver. Ähnliche Schwierigkeiten wie der Wind verursacht Strom.
Die hier gezeigten Ablegemanöver werden mit Steuerpropellern (Außenborder- oder Z-Antrieben) gefahren. Da bei diesen Antrieben der Radeffekt des Propellers durch die Trimmflosse weitgehend oder gänzlich neutralisiert ist, spielt der Drehsinn des Propellers kaum eine Rolle. Mit welcher Motor-

Ablegen vom Steg – Wind schräg von vorne
1 *Achterleine los, Vorleine auf Slip, Fender noch draußen lassen. Den Antrieb zum freien Wasser hin einschlagen. Rückwärtsgang einkuppeln. Vorleine los.*
2 *Das Boot zieht achteraus vom Steg weg, bis es etwa die Position...*
3 *...erreicht. Maschine stopp. Antrieb weiterhin eingeschlagen lassen. Maschine voraus und auf Kurs gehen.*

Bei ablandigem Wind ist das Manöver erheblich einfacher. Das Vor- oder Achterschiff – je nachdem ob der Wind mehr von vorne oder von hinten kommt – mit dem Bootshaken oder den Beinen kräftig absetzen. Absetzen mit den Händen ist gefährlich, weil dabei der Körperschwerpunkt außenbords kommt. Wenn Bug oder Heck etwa 15° bis 20° vom Steg abgeschoren sind, Antrieb mittschiffs und mit langsamer Fahrt voraus, beziehungsweise achteraus das Boot vom Steg wegziehen.

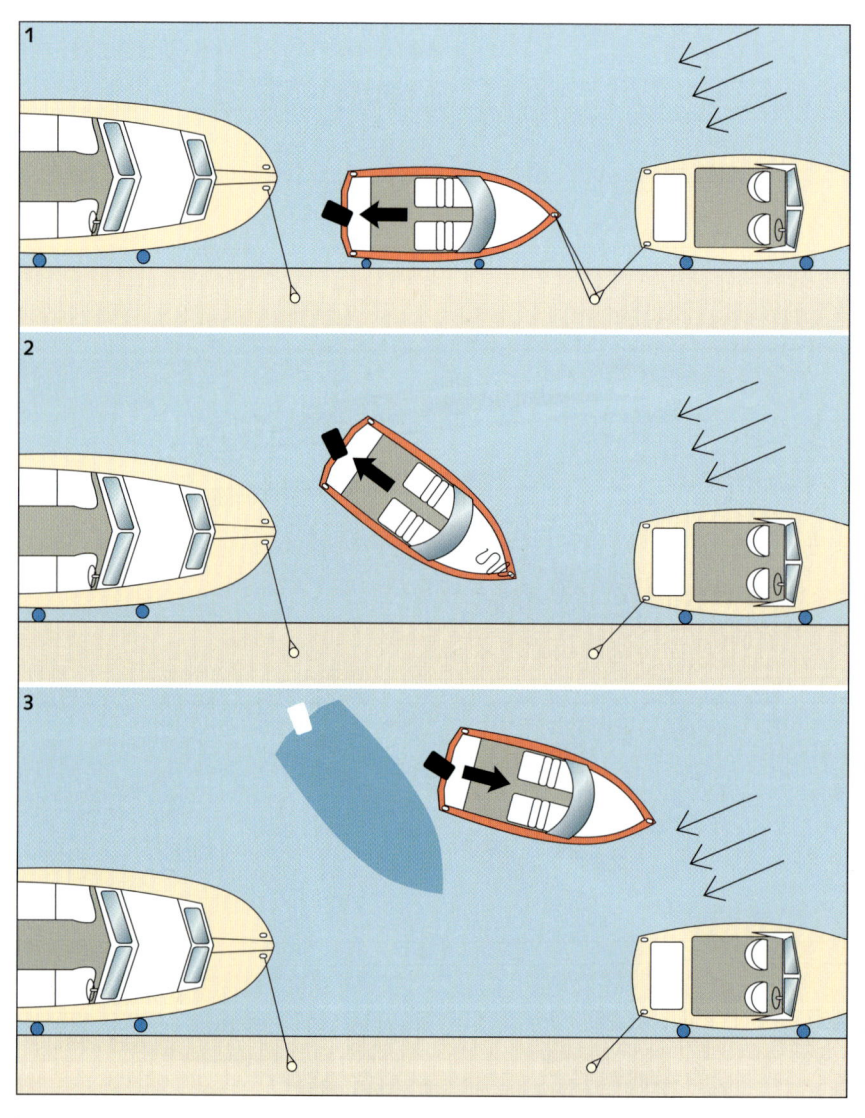

Würde man sofort den Antrieb einschlagen, könnten Bug oder Heck leicht mit dem Steg kollidieren.

> **Merke:** Mit Steuerpropellern bei Richtungsänderungen erst Ruder legen, dann einkuppeln und Gas geben.

Ablegen vom Steg – Wind schräg von hinten
1. *Vorleine los, aber die vordere Spring belegt lassen. Am Bug solide Fender ausbringen.*
2. *Antrieb zum Steg hin einschlagen und mit der Maschine langsam voraus gehen. Gegebenenfalls die Spring etwas fieren, damit sie genügend Spiel hat, sodass sich der Bug am Steg herumziehen kann.*
3. *Liegt das Boot mit dem Heck ungefähr im Wind, Maschine stopp. Antrieb mittschiffs. Die Spring loswerfen und...*
4. *...Fahrt achteraus aufnehmen. Die weiteren Manöver hängen von dem zur Verfügung stehenden Raum und der Lage des Steges zum freien Wasser ab. Entweder das Boot weiter achteraus ziehen oder aber nach Steuerbord oder Backbord mit Fahrt voraus ablaufen und auf Kurs gehen.*

drehzahl das jeweilige Boot solche Manöver am besten absolviert, muss vorher ausprobiert werden. Steuerpropeller verlangen etwas Fingerspitzengefühl.
Boote mit starrer Welle und Ruder reagieren etwas anders, können aber den Radeffekt für ihre Manöver wirkungsvoll nutzen. Sie haben eine ausgesprochene »Schokoladenseite«. Es ist die Backbordseite bei rechtsgängigen Propellern.

Ablegen von der Boje

Beim Ablegen von einer Boje das Boot mit ausgekuppeltem Propeller – die Vorleine auf Slip – so weit achteraus sacken lassen, dass man sicher sein kann, vom Bojengeschirr klar zu sein. Erst dann die Leine loswerfen, den Propeller einkuppeln und auf Kurs gehen.

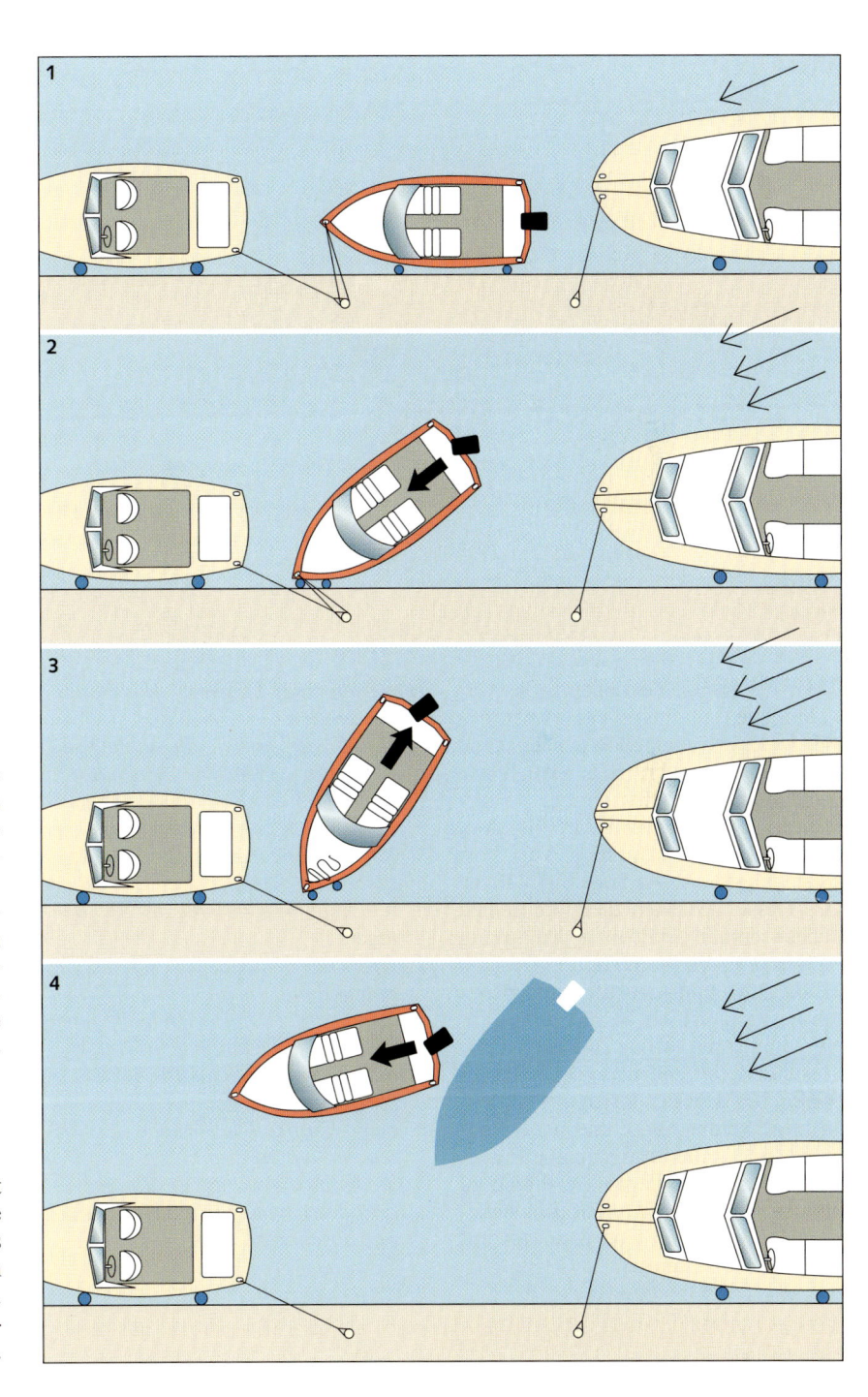

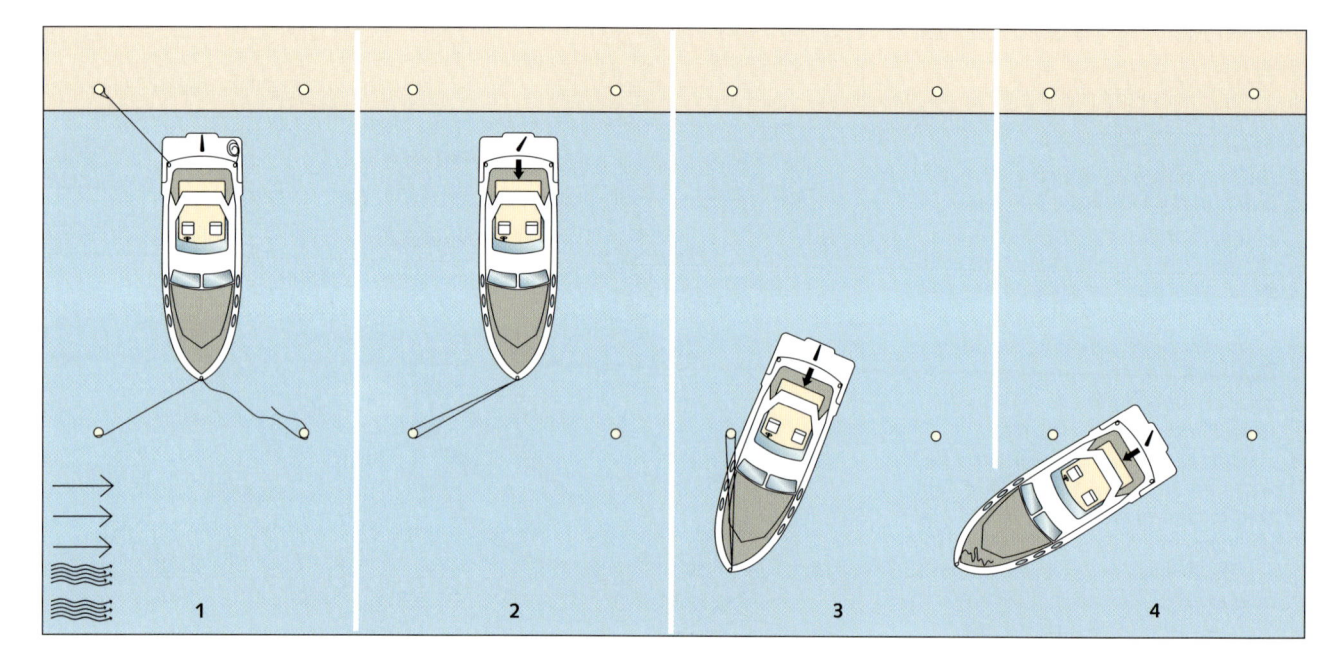

Bootsliegeplätze sind knapp. Das verständliche Bemühen aller Hafenbetreiber ist es, so viele Boote wie irgend möglich unterzubringen. Das führte zunehmend zur Einrichtung so genannter Stegboxen mit jeweils zwei Pfählen zum Festmachen von Vor- beziehungsweise Achterschiff. Oft ist die Gasse zwischen den Pfahlreihen recht schmal, und man hat wenig Spielraum zum Manövrieren. Deshalb ist das Ein- und Auslaufen in die Box für einen noch nicht so versierten Fahrer manchmal schon etwas nervig. Besonders mit einem Boot mit starrer Welle, bei dem der Radeffekt berücksichtigt werden muss, und bei Seitenwind. Er hat die unangenehme Eigenschaft, das Boot gegen die Pfähle zu drücken und querzustellen. Ein sicheres Manöver kann man dann nur mit Leinenhilfe fahren.

Verlassen einer Stegbox – Wind oder Strom seitlich
1. *Den Motor starten, die Achterleine in Lee loswerfen. Die Leinen in Luv fieren und das Boot an den Lee-Pfahl holen oder treiben lassen. Lee-Vorleine los. Das Boot an den beiden Luv-Leinen nach Luv rüberholen und die Vorleine auf Slip belegen.*
2. *Die Achterleine los und schnell einholen, damit sie nicht in den Propeller kommt. Den Antrieb leicht nach Lee einschlagen, um dem Wind- oder Stromdruck auf das Achterschiff entgegenzuhalten. Langsame Fahrt voraus. Die Vorleine steif halten und nur so weit fieren, wie es für die Vorausbewegung des Bootes erforderlich ist. Nicht den Bug nach Lee abscheren lassen.*
3. *Die Vorleine ist auf etwa $^2/_3$ der Bootslänge gefiert, das Heck frei vom Lee-Pfahl. Maschine stopp.*
4. *Antrieb zum Drehpfahl hin einschlagen und langsame Fahrt voraus. Vorleine loswerfen und schnell einholen, damit sie nicht in den Propeller gerät. Auf Kurs gehen. Dieses an einer Leine kontrollierte Ausscheren aus einer schmalen Stegbox ist auch mit großen Yachten bei allen Wind- und Stromverhältnissen möglich und sicher. Bei Booten mit starrer Welle ist noch der Radeffekt einzukalkulieren. Er erfordert beim Verholen zum Drehpfahl entweder gar keinen oder einen stärkeren Rudereinschlag, je nachdem, welches die Luvseite ist.*

Wenden auf engem Raum

Dieses Manöver muss man unbedingt mit einem Boot mit starrer Welle beherrschen. Es ist stets nach der Seite einzuleiten, nach der der Propeller dreht. Also bei einem rechtsgängigen nach Steuerbord, weil der Propeller achteraus dann entgegen der Propellerrichtung dreht und so den größten Radeffekt bewirkt. Der aber ermöglicht überhaupt erst ein Wendemanöver auf einem Raum, der enger ist als der Drehkreisdurchmesser des Bootes bei Vorausfahrt.

Zwei grundsätzliche Verhaltensweisen offenbart dieses Wendemanöver, die für alle anderen Manöver einkalkuliert und richtig genutzt werden müssen:

❑ Auf kräftiges, kurzes Vorausgehen bei Ruderlage reagiert das Boot unmittelbar mit einer Drehung, entsprechend der Ruderlage. Es nimmt aber kaum Fahrt auf.

❑ Kräftiges, kurzes Achterausgehen bewirkt einen starken Heckausschlag in Drehrichtung des Propellers (Radeffekt), während das Ruder überhaupt keine Wirkung zeigt. Das Boot kommt dabei zunächst zum Stillstand und nimmt danach keine nennenswerte Achterausfahrt auf.

Grundsätzlich gilt: Bei Fahrt achteraus ist die Ruderwirkung bei geringem Rudereinschlag besser als bei starkem Einschlag.

Zweimaschinen-Yachten werden auf engem Raum durch Vorausgehen mit dem einen und Achterausgehen mit dem anderen Motor gewendet. Das Ruder bleibt in Mittschiffslage. Mit geschickt dosierter unterschiedlicher Drehzahl auf den Motoren lässt sich das Boot auf der Stelle drehen. Die rückwärts gehende Maschine hat jeweils die größere Drehwirkung.

1 Mit einem rechtsgängigen Propeller Anlauf auf der linken Seite mit langsamer Fahrt. Hart Steuerbord-Ruder. Das Boot dreht in Position...

2 ...Voll zurück, bis die Fahrt aus dem Boot ist und es achteraus zu gehen beginnt. Das Ruder bleibt auf Steuerbord liegen. Es hätte jetzt ohnehin keine Wirkung. Das Boot dreht allein durch den Radeffekt des rückwärts gehenden Propellers etwa in Position...

3 ...Stopp. Voll voraus, um die Achterausfahrt abzubremsen, bis das Boot etwa Position...

4 ...erreicht hat. Voll zurück. Das Ruder bleibt weiter in Steuerbordlage. Der Radeffekt des rückwärtsgehenden Propellers drückt das Heck etwa in Position...

5 ...Stopp. Mit $^1\!/_2$ Gas voraus. Ruder mittschiffs und auf Kurs gehen.

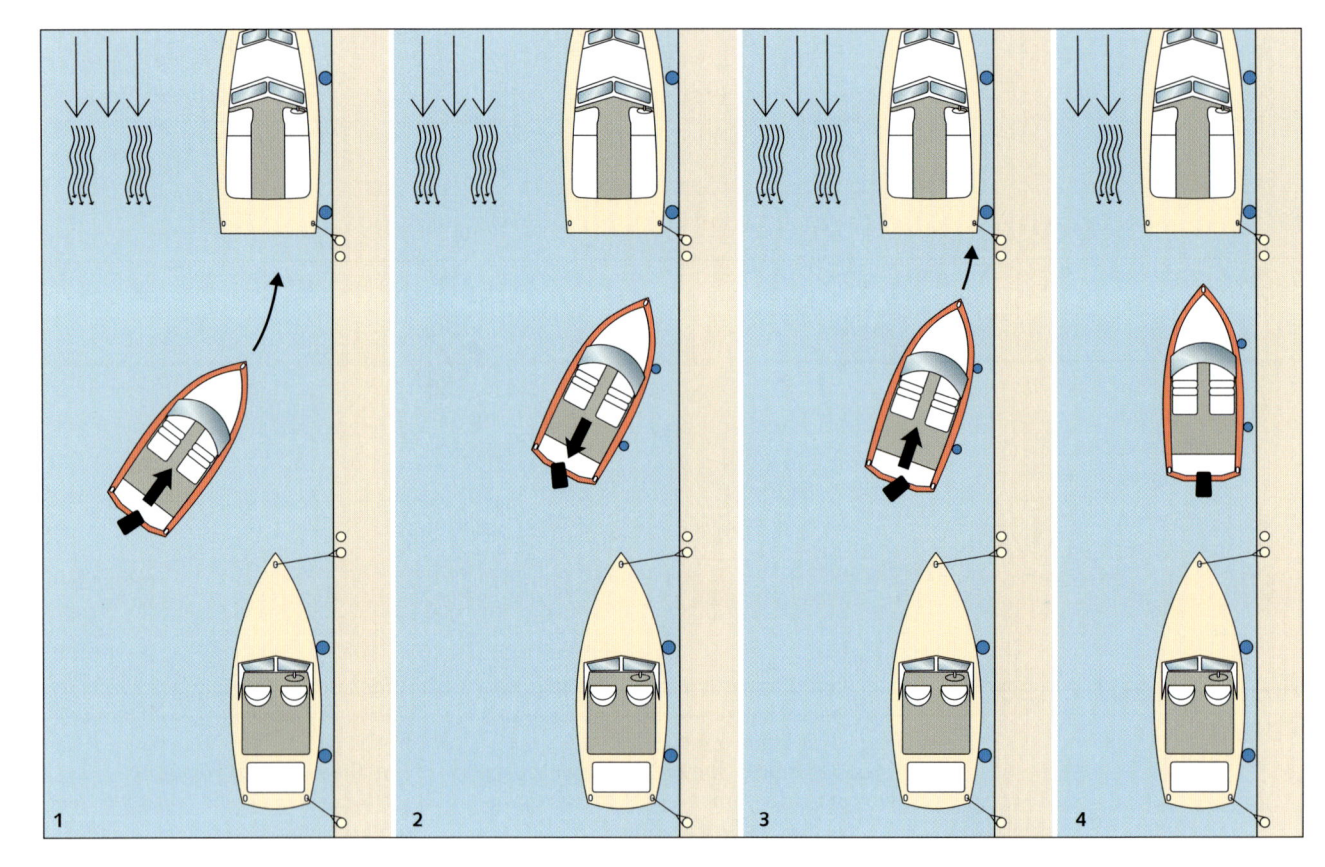

Anlegen

Motorboote haben keine Bremsen. Aufgestoppt werden kann die Fahrt nur durch einen kurzen Gasstoß achteraus (beziehungsweise voraus). Grundsätzlich sollte, wenn irgend möglich, stets gegen den Strom oder Wind angelegt werden.
Wenn beide aus entgegengesetzten Richtungen kommen, gegen den, der den stärksten Einfluss auf das Boot hat. Strom (Wind) von vorne stoppt das Boot auf natürliche Weise ab, während Strom (Wind) von hinten beim Anlegen unerwünschten Schub voraus erzeugt. Starker seitlicher Wind kann es unmöglich machen, längsseits an einen Steg heranzugehen.
Beim Anlegen kann sich unter Umständen der Radeffekt des Propellers recht günstig auswirken. Beim längsseits Anlegen mit rechtsgängigem Propeller ist Backbord die so genannte Schokoladenseite.
Legt man zum Abstoppen der Fahrt den

Anlegen längsseits gegen Strom und Wind

1 In so spitzem Winkel wie möglich bis auf eine knappe halbe Bootslänge den Liegeplatz anlaufen. Abdrehen.
2 Antrieb zum Steg einschlagen. Rückwärtsgang einlegen. Das Boot wird zunächst abgestoppt und beginnt dann mit dem Heck achteraus in Richtung Steg zu ziehen.
3 Maschine stopp. Antrieb entgegengesetzt einschlagen. Maschine voraus. Das Heck schwingt zum Steg, das Boot nimmt Fahrt voraus auf.
4 Antrieb mittschiffs. Maschine stopp. Wird das Boot nicht sofort von Strom oder Wind aufgestoppt, einen leichten Pull rückwärts, und stehen.

Anlegen

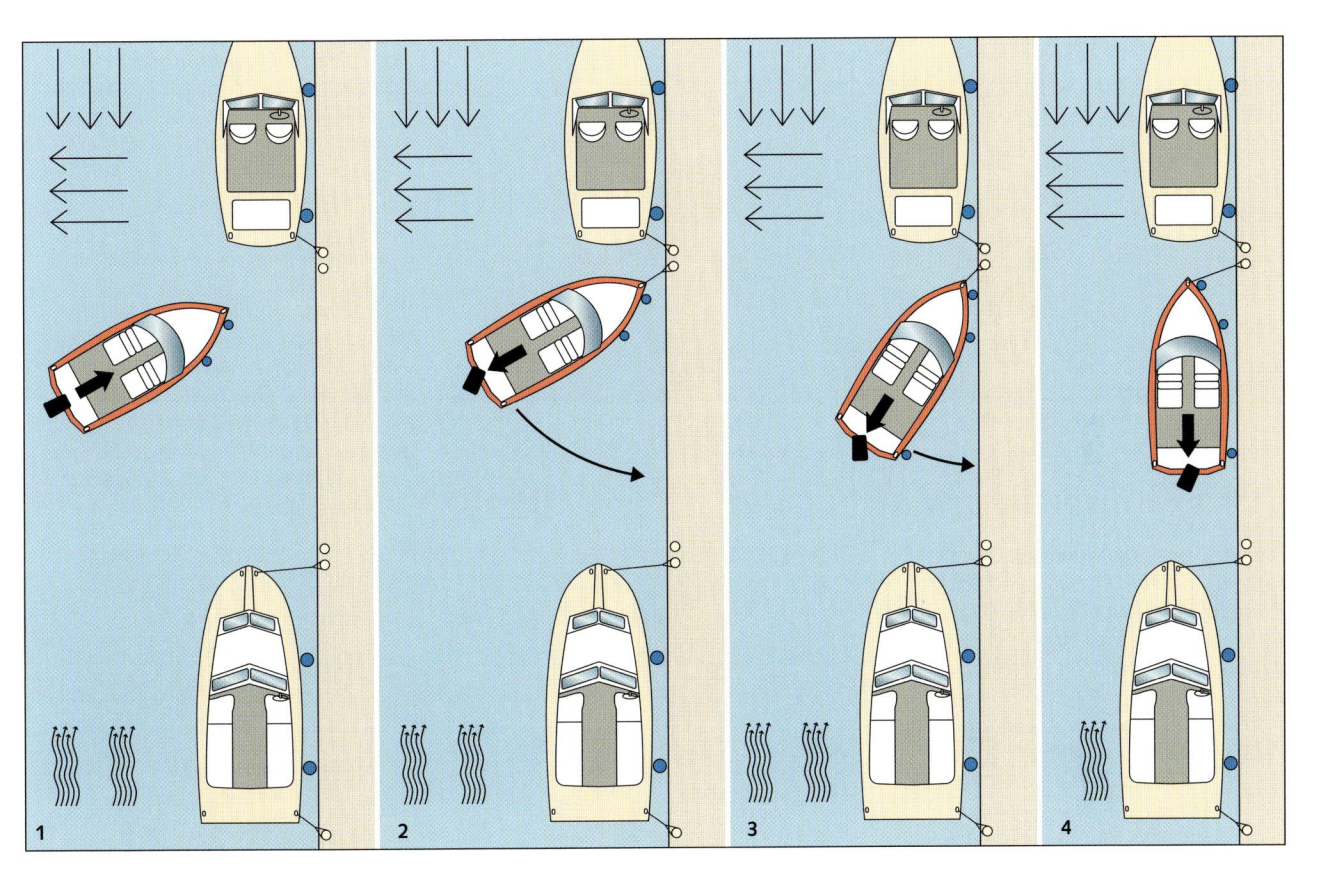

Anlegen längsseits nicht möglich
Entweder steht Wind gegen Strom parallel zum Steg oder es bläst ein kräftiger Wind vom Steg her.
1. Im steilen Winkel den Steg anlaufen. Am Bug kräftige Fender ausbringen. Maschine stopp oder kurz zurück. Vorleine an Land.
2. Antrieb zum Steg einschlagen, Maschine langsam zurück.
3. Das Heck wird zum Steg gezogen, das Abscheren des Bugs durch die Vorleine verhindert. Die Leine nur so weit fieren, dass der Bug drehen kann.
4. Liegt das Boot annähernd parallel zum Steg, kurz Gegenruder geben, um die Drehbewegung aufzufangen. Maschine stopp. Achterleine festmachen.

Rückwärtsgang ein, holt der Radeffekt das Heck fast automatisch an den Steg heran. Auch bei Z-Antrieben kann manchmal ein Radeffekt auftreten, wenn auch niemals so ausgeprägt wie bei einer starren Welle.
- Alle Manöver grundsätzlich nur mit so viel Gas fahren, wie erforderlich ist, um manövrierfähig zu sein.
- Leinenmanöver niemals aus der Hand fahren, sondern stets einen Törn um eine Klampe oder einen Poller nehmen.

Anlegen an der Boje

Aufpassen, dass man nicht das Bojengeschirr überfährt und in den Propeller bekommt. Deshalb eine Boje stets von Lee anlaufen.
- In stehenden Gewässern gegen den Wind an die Boje herangehen, da sie in Windrichtung liegt.
- In strömenden Gewässern gegen den Strom an die Boje herangehen, weil er ihre Lage bestimmt und nicht der Wind. Es sei denn, der Strom ist nur schwach und dagegen steht ein starker Wind.

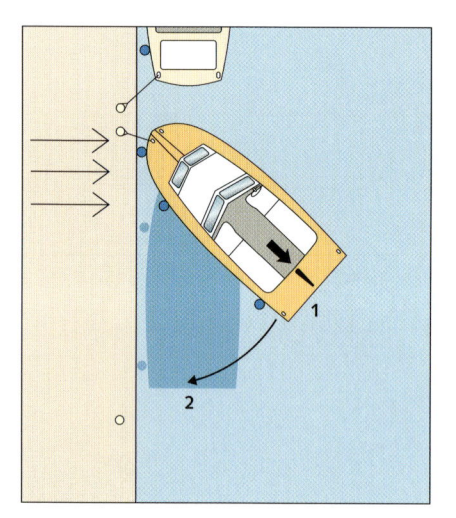

Anlegen gegen ablandigen Wind (Strom) *mit der ungünstigen Seite*
1 Im Winkel von etwa 45° anlaufen, Vorschiff gut abfendern, Vorleine an Land. Ruder zum Wasser, langsame Fahrt voraus.
2 Das Heck wird durch die zur Vorspring werdende Vorleine an den Steg geholt.
Würde man in diesem Fall mit der Maschine zurückgehen, würde das Heck durch den Radeffekt vom Steg weggezogen. Das Ruder bliebe ohne Wirkung. Hier wird der Unterschied zwischen einem Steuerpropeller und einer starren Welle mit Ruderblatt besonders deutlich.

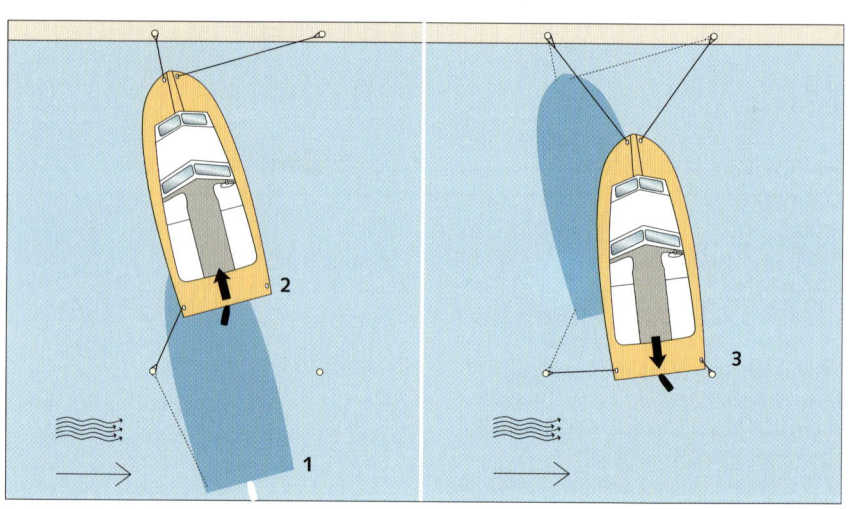

Anlegen gegen ablandigen Wind (Strom) *mit starrer Welle und Ruder*
Wenn möglich mit der »Schokoladenseite« anlegen, also mit einem rechtsgängigen Propeller an der Backbordseite.
1 Im Winkel von etwa 45° anlaufen. Das Vorschiff gut abfendern. Vorleine an Land. Ruder mittschiffs – es hat keine Wirkung – und mit der Maschine voll zurück gehen.
2 Der Radeffekt holt das Heck an den Steg.

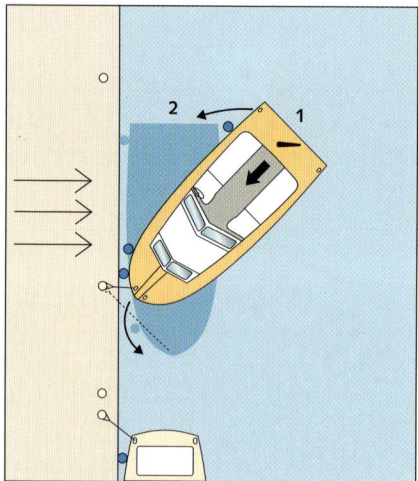

Einlaufen in eine Stegbox bei seitlichem Strom (Wind) *mit Z-Antrieb*
1 In spitzem Winkel den Luv-Pfahl anlaufen, Antrieb leicht nach Luv einschlagen und eine Achterspring ausbringen. Fahrt voraus. Die Spring entsprechend dichtholen, damit das Heck nicht ausscheren kann.
2 Mit Luv-Ruder den seitlichen Strom oder Winddruck aufs Achterschiff ausgleichen. Maschine stopp.

Zunächst die Luv-Vorleine an Land festmachen.
Dann die Lee-Leine ausbringen. Beide Vorleinen auf Slip setzen, sodass sie von Bord aus gefiert werden können.
3 Antrieb zum Lee-Pfahl, mit der Maschine achteraus gehen und das Heck zum Lee-Pfahl ziehen. Maschine stopp. Lee-Achterleine ausbringen. Vor- und Achterleinen von Hand regulieren, bis das Boot richtig in seiner Box liegt. Maschine aus.

Mann über Bord

Fällt jemand an Steuerbord ins Wasser, sofort das Ruder nach Steuerbord legen, um ihn frei vom Propeller zu halten. Beim Sturz über Backbord das Ruder entsprechend nach Backbord legen. So wird es in der Prüfung abgefragt (Prüfungsfrage 87). Das ist jedoch reine Theorie. Es mag vielleicht für den Fall gelten, dass auf großen langsamen Motoryachten jemand vom Vorschiff fällt. Doch normalerweise hält sich dort niemand während der Fahrt auf. Wenn hingegen auf Sportbooten oder Daycruisern jemand über Bord fällt, geschieht das hinten aus dem Cockpit. Und bevor selbst der reaktionsschnellste Fahrer Ruder legen kann, ist der gefährliche Propeller längst einige Meter an dem Schwimmer vorbei.

Der Ruf »Mann über Bord!« informiert alle Mitfahrer über den Notfall. Auf einem großen, schwerfällig manövrierenden Boot sofort einen Rettungsring hinterherwerfen. Auf einem leichten Boot erübrigt sich diese Maßnahme, da der Drehkreisdurchmesser nur wenige Bootslängen beträgt und das Manöver nur Sekunden dauert. Man läuft mit Fahrt voraus im Bogen zurück.

❏ Niemals achteraus laufen. Die Verletzungsgefahr des Schwimmers durch den Propeller wäre viel zu groß.

Das Boot gegen Strom oder Wind neben dem über Bord Gefallenen zum Stehen bringen. Den Propeller auskuppeln und die Zündung aus.

❏ Es genügt nicht, nur den Propeller auszukuppeln. Beim Bergen kann allzu leicht jemand an die Schaltung kommen oder etwas dahinter haken und einkuppeln. Der Propeller aber ist ein grauenvoller Fleischwolf.

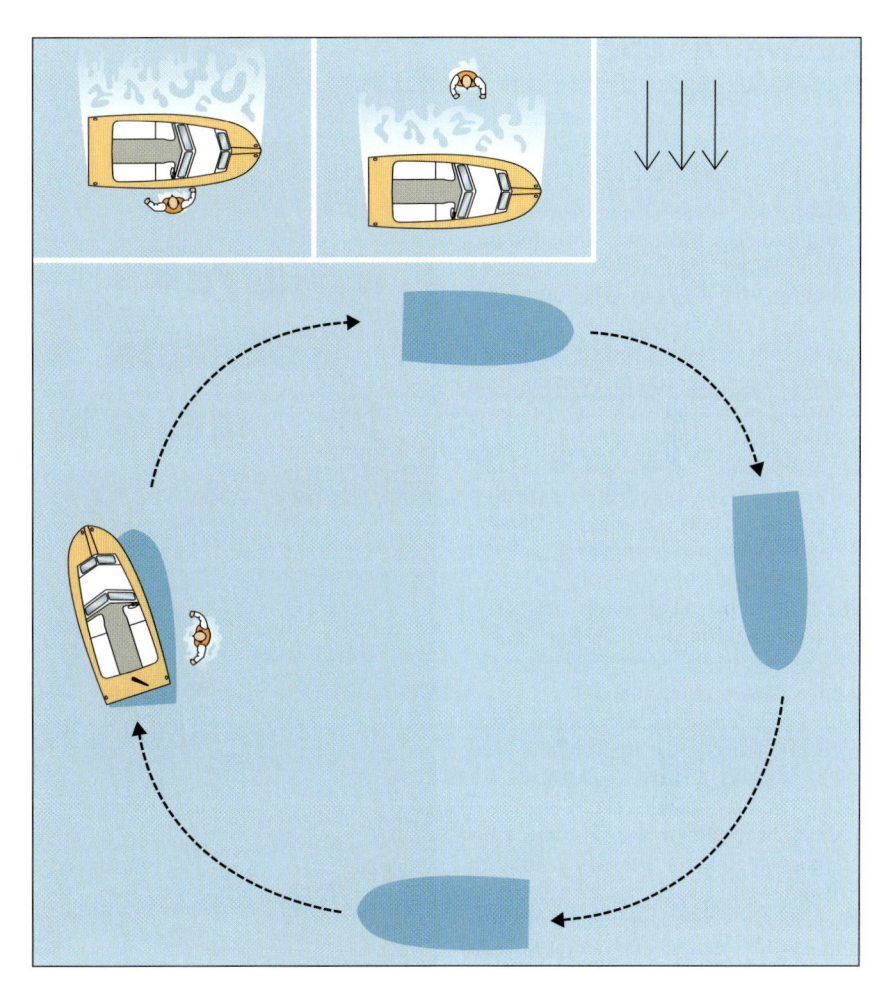

Bei einer Freibordhöhe von mehr als etwa 80 Zentimeter ist es nicht mehr möglich, jemanden ohne besondere Hilfsmittel wieder an Bord zu bekommen. Diese Tatsache verdeutlicht, wie außerordentlich wichtig es ist, auch bereits relativ kleine Sportboote mit einer Bade-(Rettungs-)Leiter und einer Heckplattform auszurüsten. Sie schützt zudem auch noch den Z-Antrieb.

Niemals das Boot in Luv neben dem Schwimmer zum Stehen bringen. Er könnte von dem schnell treibenden Boot unter den Boden gedrückt werden und in eine ziemlich gefährliche Lage geraten.

Wird das Boot in Lee zum Stehen gebracht, treibt es womöglich schneller ab, als man den über Bord Gefallenen auffischen kann. Dann muss ein neuer Drehkreis gefahren werden.

Ausweich- und Fahrregeln

Wer – wie auch immer – ausweichpflichtig ist, muss seinen Kurs rechtzeitig und entschlossen ändern und das andere Boot hinter seinem Heck passieren. Ist dies aus irgendwelchen Gründen nicht möglich, so muss er – durch ein entsprechendes Kursänderungssignal – unmissverständlich anzeigen, wie er ausweichen will. Grundsätzlich gilt:
- Sportboote (»Vergnügungsfahrzeuge«) haben Vorrangschiffen (grüner Ball), Schleppverbänden und Berufsfischern (weißer Ball) auszuweichen.
- Motorboote (Fahrzeuge mit Maschinenantrieb) – auch Segelboote unter (mitlaufender) Maschine zählen dazu – untereinander:

Auf Gegenkurs müssen beide nach rechts (Steuerbord) ausweichen. Auf sich kreuzenden Kursen gilt, rechts vor links, wie im Straßenverkehr.
Polizei, Rettungsboote, Öl- und Feuerwehr haben keine Vorrechte. Erst im Einsatz, wenn sie das blaue Funkellicht eingeschaltet haben, gelten sie als Vorrangschiffe, denen alle anderen ausweichen müssen.
- Segelboote untereinander: Bekommen sie den Wind von verschiedenen Seiten, hat Vorfahrt, wer mit Wind von Steuerbord (rechts) segelt.

Bekommen beide Boote den Wind von der gleichen Seite, hat das Leeboot Vorfahrt vor dem in Luv befindlichen.

An Landestellen und vor Hafenausfahrten kann es manchmal schon turbulent zugehen: Fahrgastschiff, Segler, Tretboot – wer muss hier wem ausweichen?

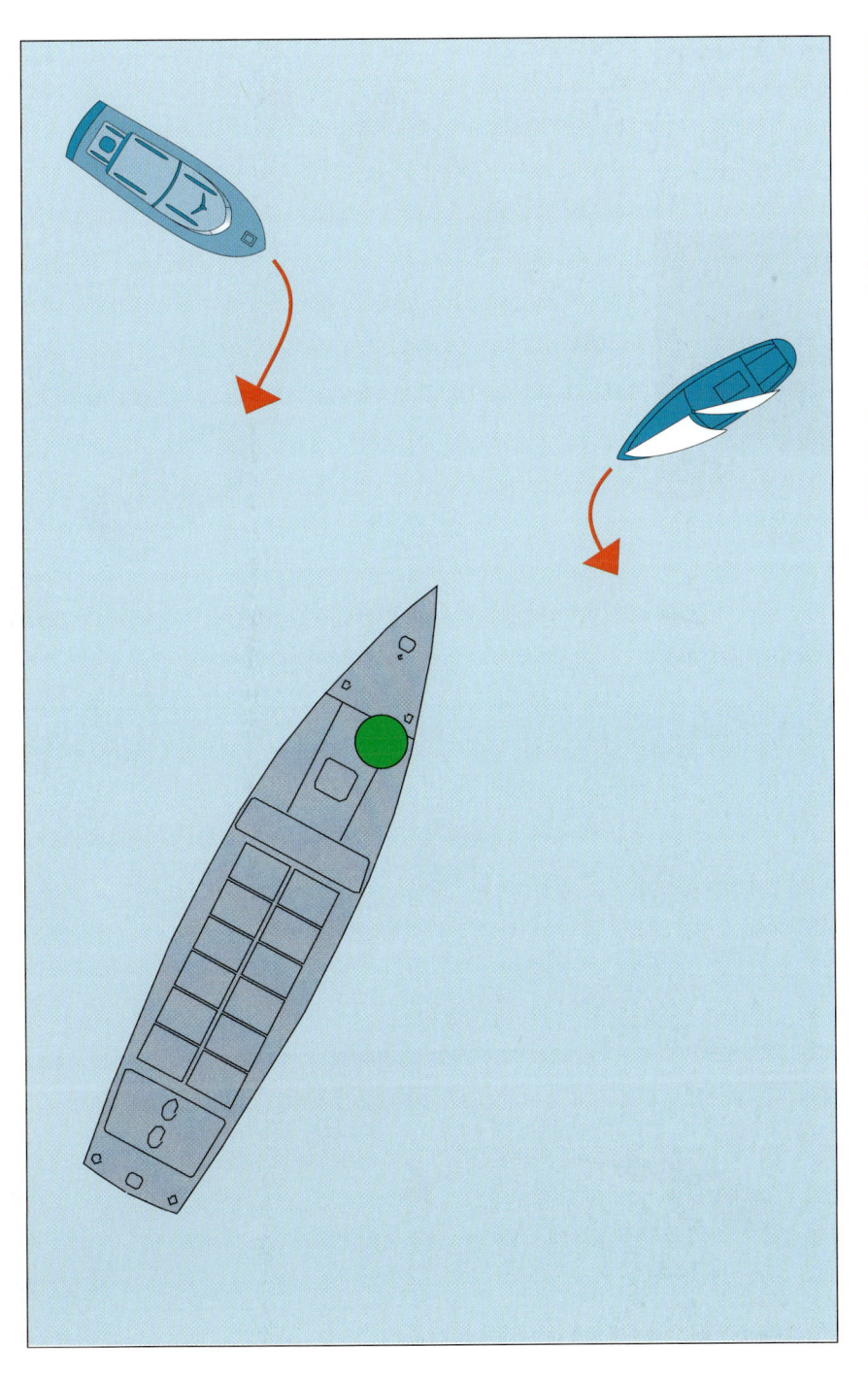

Vorrangschiffe (grüner Ball) haben grundsätzlich immer Vorfahrt.

> *Merke: Wind von rechts (Steuerbord) vor Wind von links (Backbord). L(**e**)e vor L(**u**)v.*

Segelt ein Leeboot auf Steuerbordbug, und kann es nicht mit Sicherheit ausmachen, auf welchem Bug das Luvboot segelt, so muss es ihm ausweichen.

Windsurfer gelten als Segelboote und unterliegen den gleichen Ausweichregeln.

❏ Motor-, Segel- und Ruderboote untereinander:

Das Motorboot muss dem Segelboot und dem Ruder- oder Tretboot ausweichen.

Das Ruder- oder Tretboot muss dem Segelboot ausweichen. Der Segler muss jedoch einkalkulieren, dass Ruderer oder Paddler die Ausweichregeln nicht kennen und annehmen, sie hätten Vorfahrt.

Erkennt man, dass der andere seiner Ausweichpflicht nicht oder nur so ungenügend nachkommt, dass die unmittelbare Gefahr eines Zusammenstoßes (Kollision) besteht, muss man selbst ausweichen und unverzüglich das **Manöver des letzten Augenblicks** einleiten. Man bringt sein Boot auf einen sicheren Parallelkurs zum Ausweichpflichtigen.

Begegnende Motorboote: Beide weichen nach rechts aus.

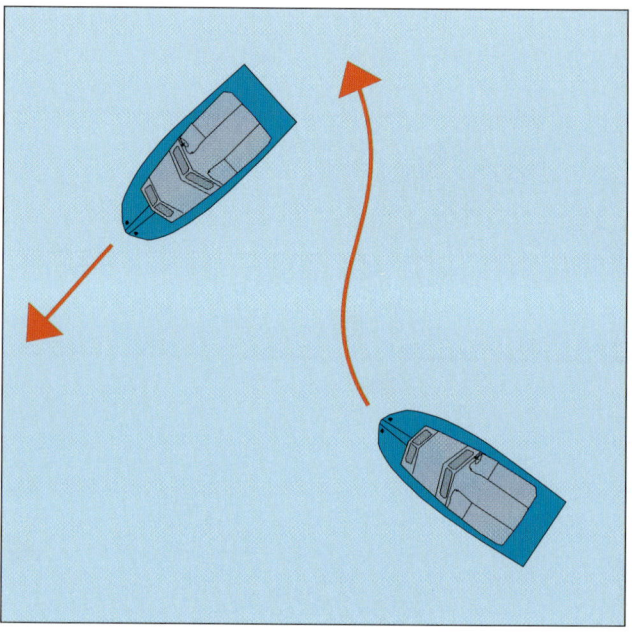

Kreuzende Motorboote: Rechts vor links.

Berufsfischer (weißer Ball): 50 beziehungsweise 200 m Abstand halten.

Mindestabstände Gegenüber Vorrangschiffen, Schleppverbänden und Berufsfischern mit dem weißen Ball haben alle Übrigen einen Mindestabstand von 50 m einzuhalten.
200 m beträgt der Mindestabstand **hinter** Berufsfischern.
Wasserskiläufer und ihr schleppendes Boot müssen von allen anderen Booten und von Badenden mindestens 50 m Abstand halten.

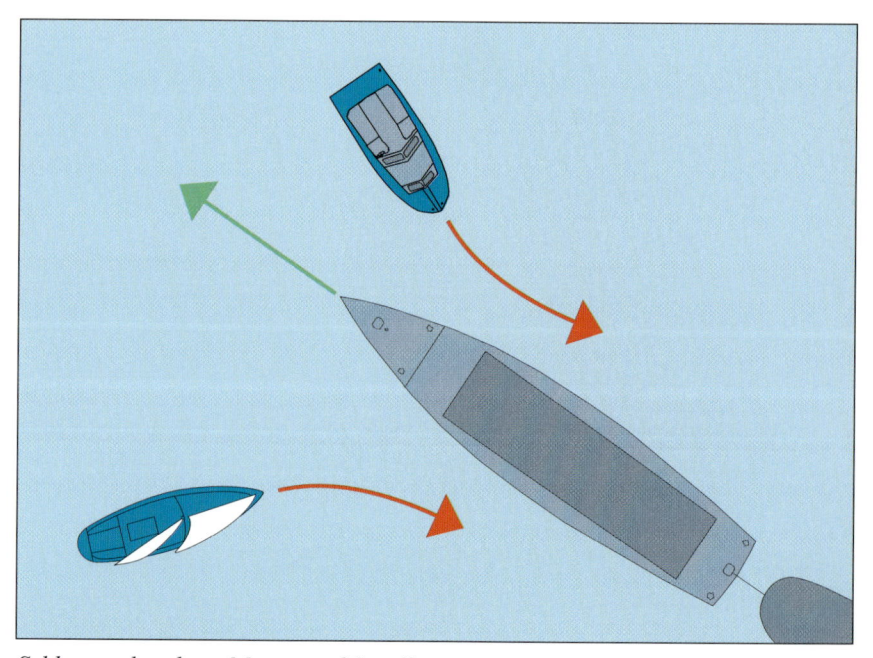

Schleppverband vor Motor- und Segelbooten.

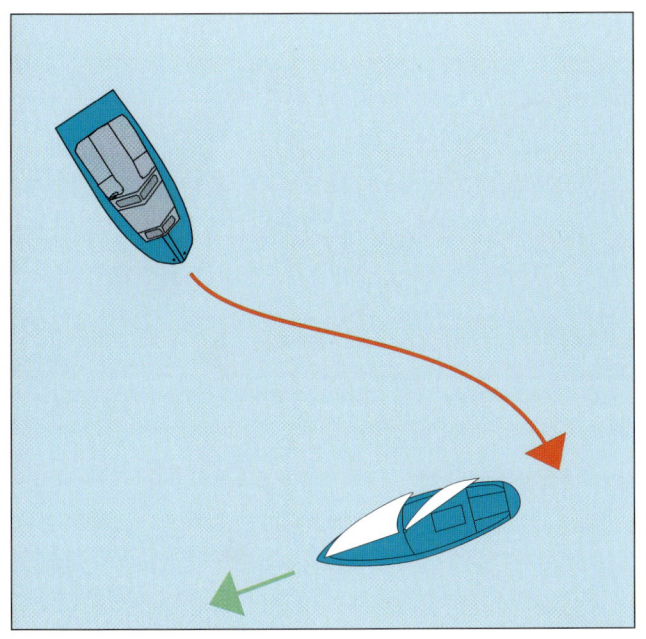

A+D Ausweich- und Fahrregeln **131**

Segelboot vor Motorboot.

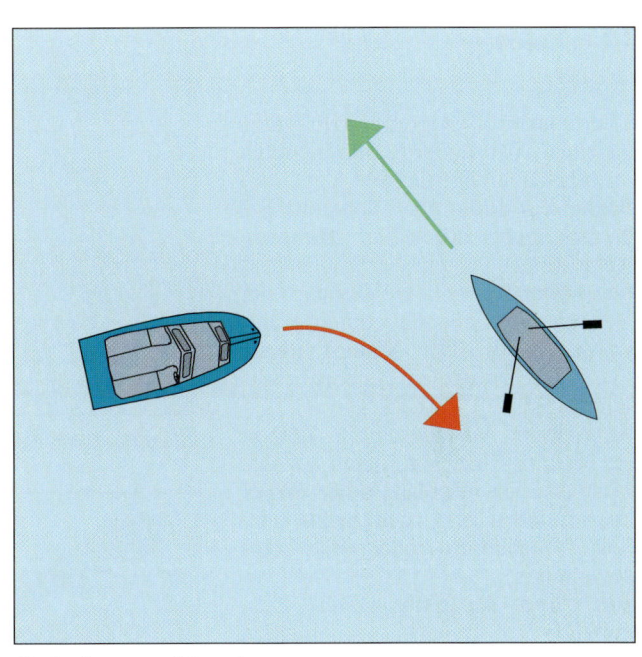

Ruderboot vor Motorboot.

Segler: Wind von Steuerbord vor Wind von Backbord (aber mit etwas mehr Abstand!).

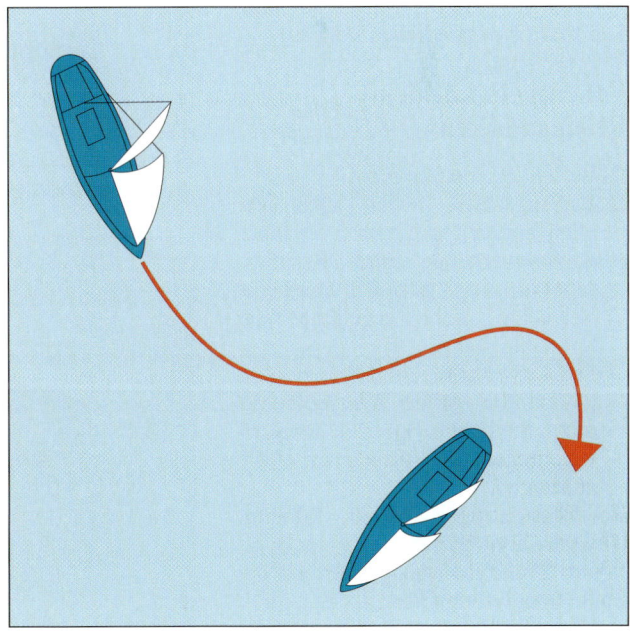

Segler: Lee-Boot vor Luv-Boot.

Überholen

Überholer müssen grundsätzlich ausweichen. Also auch in dem ziemlich unwahrscheinlichen Fall, dass ein Segler ein Motorboot überholt. Sie können rechts oder links überholen, wenn sie sich vergewissert haben, dass dieses Manöver ohne Gefährdung oder Behinderung anderer durchgeführt werden kann. Der Vorausfahrende muss das Überholen gegebenenfalls erleichtern.

Ausnahme: Vorrangschiffe. Kommt ein Vorrangschiff von hinten auf, hat beispielsweise ein langsamer Segler auszuweichen und nach rechts oder links (Steuerbord oder Backbord) abzudrehen.

Ein- und Ausfahrt Häfen Auslaufende Schiffe haben grundsätzlich Vorfahrt gegenüber einlaufenden. Ausnahmen bilden einlaufende Vorrangschiffe, Schleppverbände und Schiffe in Not. Sie haben Vorfahrt.

Fahrregeln auf den Rheinstrecken

Es besteht Rechtsfahrgebot.
- Vorrangschiffe haben auch hier allen anderen gegenüber Vorfahrt. Schleppverbände und Berufsfischer hingegen genießen hier keine Vorrechte mehr gegenüber der Sportschifffahrt.
- Die Ausweichregeln der Segler untereinander gelten hier ebenfalls nicht. Sie haben sich nach den Ausweichregeln der Maschinenschiffe zu richten.

Bei **Begegnungen** hat der Talfahrer (flussabwärts) Vorfahrt, weil der Bergfahrer (flussaufwärts) leichter auf der Stelle manövrieren kann.
- Verboten ist das Begegnen oder Überholen in unmittelbarer Nähe

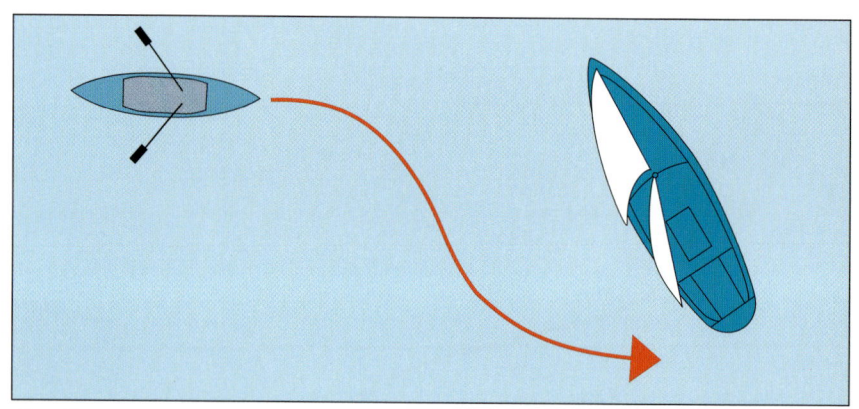

Segelboot vor Ruderboot.

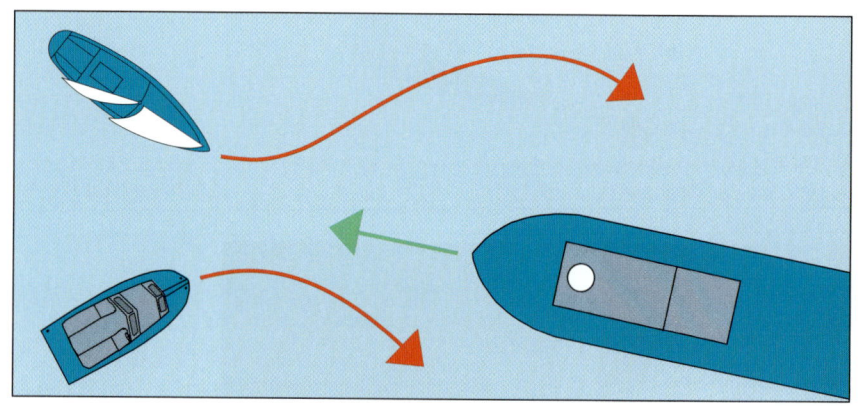

Berufsfischer (weißer Ball) vor Segel- und Motorbooten.

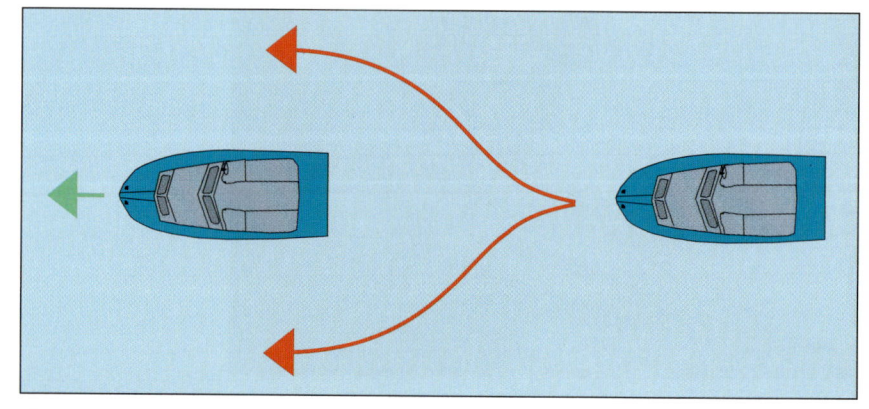

Überholen: Rechts oder links möglich.

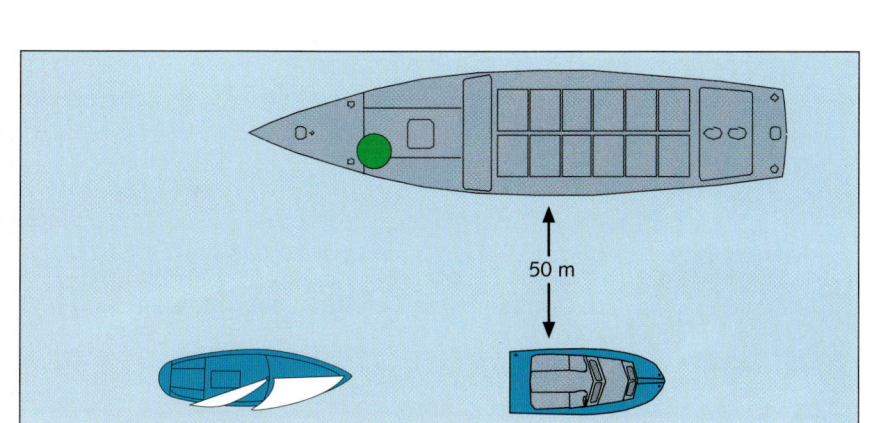

Mindestabstand von Vorrangschiffen (grüner Ball), Schleppverbänden und Berufsfischern (weißer Ball): 50 m.

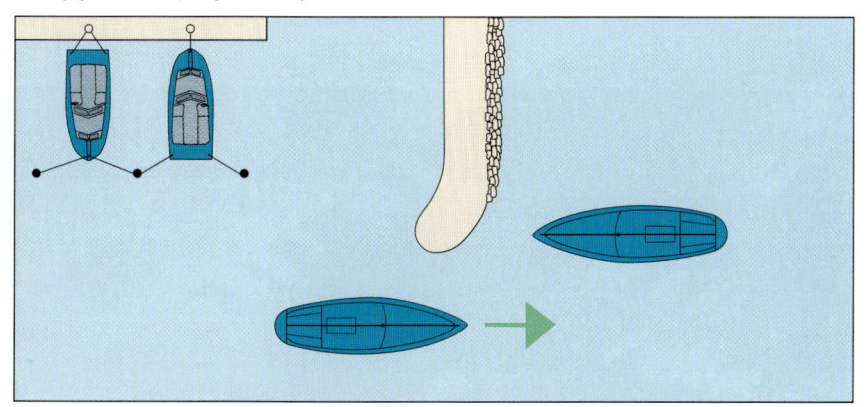

Häfen: Wer von draußen kommt muss warten, ausgenommen Vorrangschiffe, Schleppverbände und Schiffe in Not.

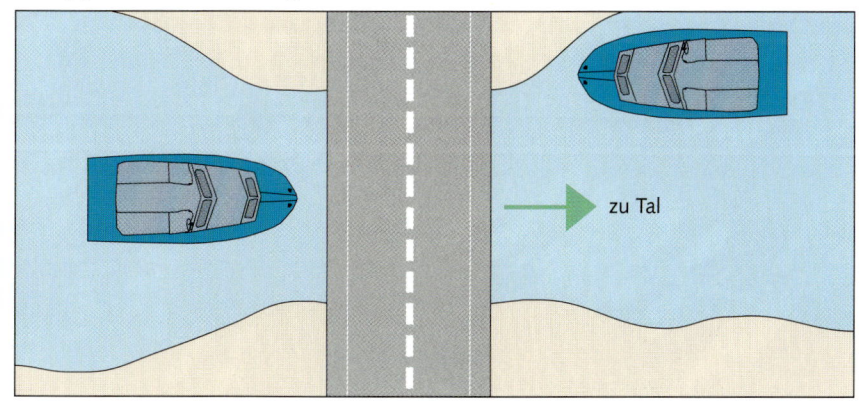

Auf den Rheinstrecken: Der Bergfahrer muss an engen Passagen warten.

von oder unter Brücken. Es sei denn, das Fahrwasser bietet hinlänglich Raum, um gefahrlos aneinander vorbei zu kommen. Andernfalls muss der Bergfahrer unterhalb der Brücke warten.

Queren: Schiffe, die den Rhein queren – Ruderboote ausgenommen –, haben den Tal- und Bergfahrern auszuweichen.

Alle querenden Schiffe müssen vom Bug eines zu Tal fahrenden Vorrangschiffes 200 m, vom Bug eines bergfahrenden 100 m Abstand halten.

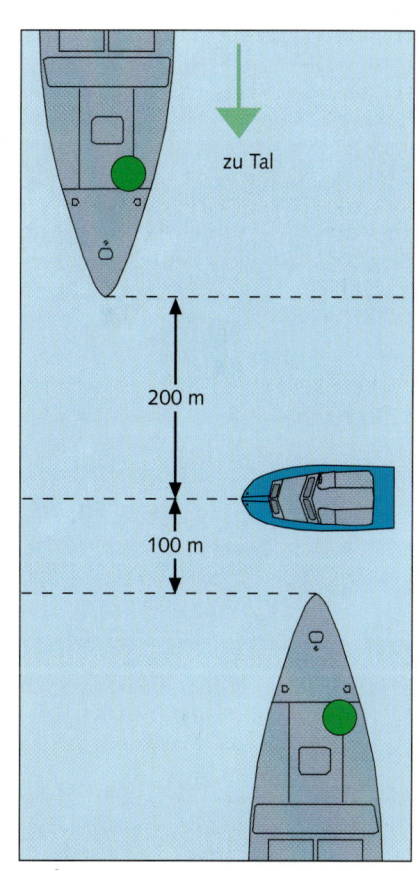

Beim Queren: 100 bzw. 200 m Abstand von berg- und talfahrenden Vorrangschiffen halten.

Die Prüfungsfragen mit Antworten

Der Yachthafen von Unteruhldingen

Theorieprüfung

Geprüft wird im so genannten Multiple-choice-Verfahren (Ankreuzsystem): Unter drei vorgegebenen Antworten ist die eine richtige anzukreuzen. Unser Fragen- und Antwortenkatalog enthält jeweils nur die richtige Antwort, auf die allein Sie sich konzentrieren müssen. Jede richtige Antwort wird mit Punkten gewertet. Für jedes Prüfungsgebiet gibt es eine Mindestpunktzahl, die erreicht werden muss. Erreicht man sie auf einem der Prüfungsgebiete nicht, muss man die gesamte Prüfung wiederholen. Frühestens nach 4 Wochen, spätestens innerhalb von 12 Monaten. Für die Beantwortung der Prüfungsfragen des Allgemeinen Teiles stehen 60 Minuten zur Verfügung, für die Segelfragen 20 Minuten.

So, und nun können Sie anhand der nachstehenden Fragen und richtigen Antworten Ihren Wissensstand überprüfen. Das geht nach der altbewährten Methode: Zunächst die Antworten abdecken und erst nachsehen, wenn man's beim besten Willen nicht weiß.

Allgemeines · Zulassung, Bau und Ausrüstung

1 **Welche allgemeinen Pflichten hat ein Schiffsführer im Sinne der BodenseeSchO zu erfüllen, ohne dass sie im Einzelnen geregelt sind?**
☒ Allgemeine Sorgfaltspflicht, keine Behinderung und Gefährdung anderer

2 **Dürfen Sie von den Vorschriften der BodenseeSchO abweichen?**
☒ Ja, zur Abwendung einer unmittelbaren Gefahr

3 **Welche Urkunden hat der Schiffsführer an Bord mitzuführen? (gemäß BodenseeSchO)**
☒ Schifferpatent, Zulassungsurkunde oder Bootsausweis

4 **Mit welchen Maßnahmen kann der Sportbootfahrer zur Reinhaltung des Bodensees beitragen?**
☒ Keine wassergefährdenden Stoffe in den Bodensee einbringen

5 **Wie hat sich ein Schiffsführer, der an einem Unfall beteiligt war, zu verhalten?**
☒ Angaben über seine Person und über die Art der Beteiligung ermöglichen

6 **Welchen Abstand müssen Sie bei Längsfahrten mit Ihrem Motorboot (ausgenommen Boote mit Elektroantrieb bis 2 kW) vom Ufer einhalten?**
☒ Mindestens 300 m

7 **Was müssen Sie beim Reinigen Ihrer Wasserfahrzeuge beachten?**
☒ Nur mit Wasser reinigen

8 **Worauf sollten Sie beim Anbringen eines Unterwasseranstriches an Ihrem Boot achten?**
☒ Nur wenn erforderlich streichen, gewässerschonende Farbe verwenden

9 **Welche Anforderungen werden an die Maschinenanlage auf Ihrem Fahrzeug hinsichtlich des Umweltschutzes gestellt?**
☒ Lärm- und Abgasgrenzwerte einhalten

10 **Welche Fahrzeuge sind »fahrend« oder »in Fahrt« befindlich?**
☒ Fahrzeuge, die weder mittelbar noch unmittelbar vor Anker liegen, nicht am Ufer festgemacht haben oder festgefahren sind

11 **Welche Fahrzeuge sind »stillliegend«?**
☒ Fahrzeuge, die unmittelbar oder mittelbar vor Anker liegen oder am Ufer festgemacht sind

12 **Innerhalb welcher Frist ist der Verkauf eines Wasserfahrzeuges der zuständigen Behörde zu melden?**
☒ Innerhalb von 14 Tagen

13 **Muss bei Verlegung des Liegeplatzes in den Bereich einer anderen für die Zulassung zuständigen Behörde die Ausstellung einer neuen Zulassungsurkunde beantragt werden?**
☒ Ja, innerhalb von 2 Monaten

14 **Welche Angaben sind der zuständigen Behörde beim Verkauf eines Wasserfahrzeuges zu machen?**
☒ Anschrift des Erwerbers und zukünftiger Standort

15 **Welche Pflichten zur Hilfeleistung bei der Rettung von Menschen und in Seenot geratener Fahrzeuge bestehen für den Schiffsführer und seine Besatzung?**
☒ Unverzüglich Hilfe leisten

16	Welche Fahrgeschwindigkeit darf mit Wasserfahrzeugen auf dem Bodensee höchstens gefahren werden?	☒	40 km/h
17	Welche Geschwindigkeitsbeschränkungen für Vergnügungsfahrzeuge gelten auf den Rheinstrecken »Alter Rhein« und »Seerhein«?	☒	10 km/h
18	Ist das Wasserskifahren auf den Rheinstrecken erlaubt?	☒	Nein
19	Welche Einschränkungen bestehen für die maschinenbetriebene Schifffahrt im Uferbereich?	☒	Beim An- bzw. Ablegen kürzesten Weg nehmen, Höchstgeschwindigkeit 10 km/h
20	Welche Regeln müssen beim Ankern auf dem Bodensee außerhalb bewilligter Liegeplätze beachtet werden?	☒	Ohne Erlaubnis nicht länger als 24 Stunden am gleichen Ort
21	Welche Staaten grenzen heute an den Bodensee?	☒	Deutschland, Österreich, Schweiz
22	Wo gibt es auf dem Obersee Hoheitsgrenzen?	☒	In der Konstanzer Bucht
23	Wie sind die Hoheitsgrenzen auf den Rheinstrecken festgelegt?	☒	In der Gewässermitte
24	Was verstehen Sie unter einem Kondominium?	☒	Gemeinsam verwaltetes Hoheitsgebiet
25	Was verstehen Sie unter einer Realteilung in Bezug auf den Bodensee?	☒	Gewässerteilung in der Mitte
26	Welche besonderen Aufgaben nehmen die Schifffahrtsbehörden/Schifffahrtsämter wahr?	☒	Erteilung von Zulassungen und Patenten
27	Was für Aufgaben obliegen den Wasserschutzpolizeien/Seepolizeien?	☒	Überwachung und Kontrolle der Schifffahrt
28	Welche Aufgaben obliegen den Zolldienststellen?	☒	Grenzkontrolle von Personen und Waren
29	Welche grundsätzlichen Zoll- und Passvorschriften müssen Sie bei einem Grenzübertritt mit Ihrem Fahrzeug am Bodensee beachten?	☒	Gültige Ausweispapiere für Personen und Boot mitführen, erforderlichenfalls beim Zoll melden
30	Welche Behörden sind für den Vollzug der Bodensee-SchO am deutschen Ufer zuständig?	☒	Landratsämter Bodenseekreis, Konstanz, Lindau und Wasserschutzpolizei
31	Welche in den Bodenseeanliegerstaaten einheitlich erlassene Bestimmung regelt die Schifffahrt auf dem Bodensee?	☒	BodenseeSchO
32	Welche Behörden sind am deutschen Ufer für die Erteilung von Schifferpatenten und für die Zulassung von Wasserfahrzeugen zuständig?	☒	Landratsämter Bodenseekreis, Konstanz und Lindau
33	Für welche Seeteile und Rheinstrecken gilt die BodenseeSchO?	☒	Bodensee einschließlich Untersee, Alter Rhein und Rheinstrecken zwischen Konstanz und Schaffhausen
34	Wie heißen die drei größten Inseln im Bodensee?	☒	Mainau, Reichenau, Lindau
35	Wie groß ist die Fläche des Bodensees?	☒	571 km^2
36	Wie groß ist die Entfernung zwischen Ludwigshafen und Bregenz?	☒	63 km
37	Wie breit ist der Bodensee zwischen Friedrichshafen und Arbon?	☒	14 km
38	Wo befindet sich die größte Tiefe des Obersees?	☒	Zwischen Fischbach und Uttwil
39	Wie tief ist die tiefste Stelle des Bodensees?	☒	254 m
40	Wie wird der Seeboden eingeteilt?	☒	Ufer, Hang, Wysse, Halde, Schweb, Tiefhalde, Tiefer Schweb
41	Wie groß ist die Entfernung zwischen Konstanz und Bregenz?	☒	46 km
42	Wie groß ist die Entfernung zwischen Ludwigshafen und der Insel Mainau?	☒	17 km
43	Wie groß ist die Entfernung zwischen Konstanz und Stein am Rhein?	☒	27 km
44	Nennen Sie die wichtigsten Naturschutzgebiete am Bodensee.	☒	Eriskircher Ried, Wollmatinger Ried, Halbinsel Mettnau

45	Wie sind Naturschutzgebiete gekennzeichnet?	☒ Durch weiße Dreiecktafeln, grüner Rand, schwarzer Adler und der Aufschrift »Naturschutzgebiet«
46	Welche Vorschriften müssen Sie als Sportbootfahrer bei Naturschutzgebieten beachten?	☒ Abstand halten, nicht hinein fahren, »Anlanden verboten«
47	Welchen Mindestabstand müssen Sie zu Beständen von Wasserpflanzen wie Binsen, Schilf und Seerosen einhalten?	☒ 25 m
48	Welche Bestimmungen müssen ein Sportbootfahrer und seine Mitfahrer beachten, wenn sie den Fischfang als Sportfischer ausüben wollen?	☒ Erlaubnis und Befähigung muss vorhanden sein
49	Welches ist die größte Breite des Bodensees und wo befindet sich diese?	☒ 14 km zwischen Friedrichshafen und Arbon
50	In welchen besonders gekennzeichneten Gebieten dürfen Sie mit Ihrem Vergnügungsfahrzeug nicht anlanden?	☒ In Naturschutzgebieten
51	Wie heißt die Verbindung zwischen Obersee und Untersee?	☒ Seerhein
52	Welche Aufgaben und Pflichten hat ein Mitglied der Schiffsmannschaft zu erfüllen?	☒ Alle Anordnungen des Schiffsführers im Rahmen seiner Verantwortung sind zu befolgen
53	Welche Anweisungen des Schiffsführers haben die an Bord befindlichen Personen zu befolgen, die nicht zur Schiffsmannschaft gehören?	☒ Alle Anordnungen, die der Sicherheit und Ordnung an Bord dienen
54	Welche Fahrzeuge müssen mit einem amtlichen Kennzeichen versehen sein?	☒ Alle Fahrzeuge über 2,50 Meter Länge, ausgenommen Surfbretter, Paddelboote und Rennruderboote ohne Motor
55	Wer erteilt die Kennzeichen für Wasserfahrzeuge am deutschen Bodenseeufer?	☒ Landratsämter Bodenseekreis, Konstanz und Lindau
56	Wie hoch müssen die Kennzeichen mindestens sein?	☒ 8 cm
57	Wo müssen die Kennzeichen angebracht sein?	☒ An gut sichtbarer Stelle auf beiden Seiten des Schiffes
58	Wie müssen Segelsurfbretter, Paddelboote und Rennruderboote gekennzeichnet sein?	☒ Mit Namen und Anschrift des Eigners
59	Für welche Vergnügungsfahrzeuge ist ein Schifferpatent erforderlich?	☒ Für Motorfahrzeuge über 4,4 kW Maschinenleistung und für Segelfahrzeuge über 12 m² Segelfläche
60	Welche Wasserfahrzeuge dürfen Sie mit einem Schifferpatent der Kategorie »A« führen?	☒ Alle motorbetriebenen Vergnügungsfahrzeuge
61	Dürfen Sie mit einem Schifferpatent der Kategorie »D« auch Segelboote unter Motor führen, deren Maschinenleistung 4,4 kW übersteigt?	☒ Nein
62	Welche Voraussetzungen sind für den Erwerb eines Schifferpatentes der Kategorie »A« und »D« zu erfüllen?	☒ Mindestalter, Eignung und Befähigung
63	Kann ein Schifferpatent entzogen werden?	☒ Ja, nach erheblicher Pflichtverletzung als Schiffsführer und im Straßenverkehr
64	Kann ein Schifferpatent entzogen oder eingeschränkt werden?	☒ Ja, wenn Eignung und Befähigung nicht mehr gegeben oder eingeschränkt sind
65	Welches Mindestalter ist für Patentbewerber für Vergnügungsfahrzeuge mit Maschinenantrieb über 4,4 kW erforderlich?	☒ 18 Jahre
66	Welches Mindestalter ist für Patentbewerber für Segelfahrzeuge über 12 m² Segelfläche erforderlich?	☒ 14 Jahre
67	Darf ein Patentinhaber der Kategorie »A« ein Fahrgastschiff führen?	☒ Ja, wenn er 21 Jahre alt ist und das Fahrzeug für maximal 12 Fahrgäste zugelassen ist

68	Welches Mindestalter ist für Patentinhaber der Kategorie A erforderlich, um Fahrgastschiffe mit maximal 12 Personen Zulassung zu führen?	☒ 21 Jahre
69	Welche Fahrzeuge unterliegen der Untersuchungs- und Zulassungspflicht?	☒ Alle motorbetriebenen Fahrzeuge sowie alle Fahrzeuge mit Wohn-, Koch- oder sanitärer Einrichtung
70	Wann erlischt die Zulassung von Vergnügungsfahrzeugen mit Maschinenantrieb?	☒ Nach 3 Jahren
71	Wann müssen zugelassene Fahrzeuge erneut untersucht werden?	☒ In der Regel nach 3 Jahren oder bei baulichen Änderungen
72	Welche wichtigen Ausrüstungsgegenstände müssen sich an Bord eines zugelassenen Wasserfahrzeuges auf dem Bodensee befinden?	☒ Die in der Zulassungsurkunde vorgeschriebenen
73	Welche Anforderungen hinsichtlich des Umweltschutzes werden an die für den Bodensee zugelassenen Fahrzeuge gestellt?	☒ Lärm- und Abgasgrenzwerte müssen eingehalten werden, Abwasserentsorgung nur an Land zugelassen
74	Wie viele Rettungsmittel müssen sich an Bord eines Vergnügungsfahrzeuges befinden?	☒ So viele, wie Personen an Bord sind
75	Welchen Wert darf das Betriebsgeräusch eines Motors in dB(A) nicht überschreiten?	☒ 72 dB(A) in 25 m seitlicher Entfernung
76	Welche Fahrzeuge müssen mit Behältern zur Aufnahme von Fäkalien, Abwässern und Abfällen ausgerüstet sein?	☒ Fahrzeuge mit Koch- oder Sanitäreinrichtung
77	Was gilt für Fahrzeuge mit Maschinenantrieb bei erstmaliger Zulassung seit dem 1. Januar 1993 auf dem Bodensee?	☒ Abgastypenprüfbescheinigung für den Motor erforderlich
78	Wann kann die zuständige Behörde die Zulassung entziehen?	☒ Wenn das Fahrzeug nicht mehr den Vorschriften entspricht
79	Ab welcher Bootslänge muss ein Boot ohne Maschinenantrieb, Wohn-, Koch- oder sanitärer Einrichtung bei der Zulassungsstelle registriert werden?	☒ Alle Fahrzeuge ab einer Länge von 2,50 Meter, ausgenommen Surfbretter, Paddel- und Rennruderboote ohne Motor
80	Welche Anforderungen hinsichtlich des Gewässerschutzes werden an die für den Bodensee zugelassenen Fahrzeuge gestellt?	☒ Fäkalien, Abwasser und Abfall müssen ordnungsgemäß an Land entsorgt werden
81	Ist für das Manövrieren unter Motor die Kenntnis über die Drehrichtung des Propellers (Schiffsschraube) wichtig?	☒ Ja, um den Radeffekt beim An- und Ablegen ausnutzen zu können
82	Sind die Drehkreise bei Schiffen mit starrer Antriebswelle verschieden groß?	☒ Ja, weil der Radeffekt des Propellers eine Drehrichtung unterstützt und der anderen entgegenwirkt
83	Bei einem Schiff mit rechtsdrehendem Propeller (Schiffsschraube) legen Sie den Rückwärtsgang ein; nach welcher Seite dreht sich das Heck?	☒ Nach Backbord
84	Bei einem Schiff mit linksdrehendem Propeller nehmen Sie Fahrt achteraus auf, nach welcher Seite wird das Schiff abdrehen?	☒ Nach Steuerbord
85	Warum ist beim Starten einer Maschine die Getriebestellung stets auf »neutral« zu stellen?	☒ Damit das Fahrzeug nicht unkontrolliert und ruckartig anfährt
86	Ihr Boot hat eine Motorenanlage mit linksdrehender Schraube (Propeller); welches ist die günstigste Anlegeseite?	☒ Die Steuerbordseite
87	Es ertönt der Ruf »Mann über Bord«; was tun Sie als Rudergänger auf einem Motorboot?	☒ Auskuppeln, Ruder auf die Seite legen, an der die Person über Bord gegangen ist
88	Wie sollten Sie Ihr Boot unter Motor zum Stehen bringen, um bei Starkwind eine Person an Bord zu nehmen?	☒ Gegen den Wind/Strömung anfahren, auskuppeln, Person aufnehmen
89	Wie legen Sie unter Motor bei starkem Wind an?	☒ Wenn möglich gegen den Wind

Schallzeichen · Lichterführung · Optische Signale

90	Nennen Sie die Sichtweite eines »Hellen Lichtes« weißer Farbe.	☒	4 km
91	Nennen Sie die Sichtweite eines »Hellen Lichtes« roter und grüner Farbe.	☒	3 km
92	Nennen Sie die Sichtweite eines »Gewöhnlichen Lichtes« weißer Farbe.	☒	2 km
93	Nennen Sie die Sichtweite eines »Gewöhnlichen Lichtes« roter und grüner Farbe.	☒	1,5 km
94	Nennen Sie die Sektorenbereiche der einzelnen Fahrtlichter.	☒	Topplicht 225 Grad, Seitenlichter 112,5 Grad, Hecklicht 135 Grad
95	Welches sind die erforderlichen Fahrtlichter von Vergnügungsfahrzeugen mit Maschinenantrieb über 4,4 kW gemäß BodenseeSchO? (Sektoren, Sichtweite, Farbe)	☒	Topplicht 225 Grad, 2 km weiß, Seitenlichter 112,5 Grad, 1,5 km, Backbord rot, Steuerbord grün; Hecklicht 135 Grad, 2 km weiß
96	Welche Lichterführung ist für Segelfahrzeuge unter Motor bis 4,4 kW bei Fahrt in der Nacht oder unsichtigem Wetter vorgeschrieben?	☒	Ein weißes Rundumlicht
97	Welche Lichterführung ist für Segelfahrzeuge bei Nacht und unsichtigem Wetter unter Segel vorgeschrieben?	☒	Ein weißes Rundumlicht
98	Welche Erleichterungen für Vergnügungsfahrzeuge mit Maschinenantrieb bis 4,4 kW bestehen hinsichtlich der Lichterführung?	☒	Es genügt ein weißes Rundumlicht
99	Wie sind stillliegende Fahrzeuge zur Nachtzeit oder bei unsichtigem Wetter außerhalb von Häfen zu kennzeichnen? (Ankerliegen)	☒	Durch ein weißes Rundumlicht
100	Welche Lichterführung ist für ein geschlepptes Fahrzeug vorgeschrieben und wie muss das Schleppfahrzeug gekennzeichnet sein?	☒	Ein weißes Rundumlicht, Schlepper die Lichter seiner Fahrzeugart
101	Welche Lichterführung ist für Wasserfahrzeuge ohne Maschinenantrieb in der Nacht vorgeschrieben?	☒	Ein weißes Rundumlicht
102	Woran ist während der Nacht ein Vorrangfahrzeug zu erkennen?	☒	An einem grünen Rundumlicht
103	Ein blaues Blinklicht kommt auf Ihrem Fahrkurs in Sicht; was ist gegeben und welche Maßnahmen müssen Sie erforderlichenfalls treffen?	☒	Einsatzfahrt der Polizei, Ölwehr, Rettungsdienst, ausweichen und genügend Raum geben, notfalls anhalten
104	Woran können Sie erkennen, dass sich ein fremdes Schiff in einer Notlage befindet und Hilfe benötigt?	☒	Durch Lichtsignale, Folge langer Töne
105	Welche Form und Mindestgröße müssen die in der BodenseeSchO genannten Flaggen aufweisen?	☒	Rechteckig, mindestens 60 cm x 60 cm
106	Wie ist ein Vorrangschiff während der Tagzeit gekennzeichnet?	☒	Durch einen grünen Ball, Durchmesser mindestens 50 cm
107	Woran können Sie die Fahrzeuge der Berufsfischer beim Fang erkennen?	☒	Weißer Ball, Durchmesser mindestens 30 cm
108	Wie sind die Fahrzeuge der Sportfischer, die mit einer Schleppangel fischen, zu erkennen?	☒	An einer weißen Flagge, mindestens 60 cm x 60 cm
109	Auf Ihrem Fahrkurs kommt ein Baggerschiff in Sicht; es hat zwei weiße Flaggen übereinander gesetzt. Worauf ist besonders bei der Vorbeifahrt zu achten?	☒	Gefahr durch Anker, Abstand halten

110	Auf Ihrem Fahrkurs sehen Sie ein Motorboot, auf dem ein Besatzungsmitglied eine rote Flagge im Kreis schwenkt. Welche Situation ist gegeben und welche Maßnahmen müssen Sie treffen?	☒ Fahrzeug in Not, Hilfe leisten oder holen
111	Sie fahren während der Nacht in Ufernähe; auf Ihrem Fahrkurs kommen zwei weiße Lichter übereinander in Sicht. Was für eine Situation ist gegeben?	☒ Fahrzeuge bzw. schwimmende Anlagen mit gefährlicher Verankerung
112	Auf Ihrem Fahrkurs sehen Sie bei Nacht ein Licht kreisen; in größeren Zeitabständen steigen in der Nähe des Lichtes rote Leuchtkugeln auf; welche Situation liegt an und was müssen Sie tun?	☒ Schiff in Not, Hilfe leisten oder Hilfe holen
113	Im Fachen zwischen Ermatingen und Gottlieben auf der Bergfahrt kommt ein Arbeitsschiff in Sicht, das an seiner Backbordseite und an seiner Steuerbordseite je eine rot/weiße Flagge gesetzt hat. Wie müssen Sie sich verhalten?	☒ Ich kann an beiden Seiten langsam vorbeifahren
114	Im Winterweg des Schwanenhalses liegt ein verankertes Baggerschiff, das an seiner Backbordseite eine rote Flagge und an seiner Steuerbordseite eine rot/weiße Flagge gesetzt hat. Wie müssen Sie sich verhalten?	☒ Ich kann nur an der Steuerbordseite vorsichtig vorbeifahren
115	Im Seerhein vor Gottlieben kommen auf Ihrem Fahrkurs talwärts bei Nacht etwas über der Wasseroberfläche zwei rote Lichter, darunter zwei weiße Lichter in Sicht. Welche Situation liegt an und wie müssen Sie sich verhalten?	☒ Gefahrenstelle, beidseitig vorsichtiges Vorbeifahren möglich
116	Sie sehen am Ufer einen weiß/blauen Doppelstander aufgestellt. Was bedeutet dies?	☒ Tauchstelle von Land aus, Mindestabstand 50 m
117	Ein stillliegendes Fahrzeug auf dem Bodensee hat einen weiß/blauen Doppelstander gesetzt. Welche Bedeutung hat diese Flagge?	☒ Tauchstelle vom Fahrzeug aus, 50 m Mindestabstand
118	Sie sehen voraus mehrere weiße Blitzlichter. Welche Bedeutung haben diese?	☒ Schifffahrtshindernisse oder Absperrungen kommen in Sicht
119	Wozu dient die Lichterführung in der Schifffahrt?	☒ Um Art und Kurs eines anderen Fahrzeugs zu erkennen
120	Sie sehen nachts ein weißes Licht voraus; was kann dies sein?	☒ Hecklicht eines vorausfahrenden Fahrzeugs
121	Was verstehen Sie unter dem Begriff »Stillliegen«?	☒ Fahrzeug, das unmittelbar oder mittelbar vor Anker liegt oder am Ufer festgemacht hat
122	Wann müssen Lichter geführt werden?	☒ Von Sonnenuntergang bis Sonnenaufgang und bei unsichtigem Wetter
123	Wie sind zur Nachtzeit und bei unsichtigem Wetter die Hafeneinfahrten gekennzeichnet?	☒ Von See gesehen Backbord rotes und Steuerbord grünes Licht
124	Wie sind zur Nachtzeit und bei unsichtigem Wetter die Landestellen, die dem öffentlichen Verkehr dienen, gekennzeichnet?	☒ Grünes Licht, darüber rotes Licht, gelbes Ansteuerlicht möglich
125	Wann muss ein Fahrzeug in Fahrt zwei Hecklichter führen?	☒ Wenn ein Hecklicht nicht über den gesamten Horizontbogen von 135 Grad sichtbar ist
126	Ein entgegenkommendes Schiff gibt einen kurzen Ton; welche Absicht will es Ihnen kundtun?	☒ Richte meinen Kurs nach Steuerbord
127	Sie befinden sich mit Ihrem Fahrzeug in der Schifffahrtslinie; der Motor lässt sich nicht starten und ein anderes Fahrzeug nähert sich Ihnen. Welche Signalgebung ist erforderlich?	☒ 4 kurze Töne

128	Sie geraten mit Ihrem Vergnügungsfahrzeug in ein größeres Nebelfeld; welche Signalgebung und andere Maßnahmen sind erforderlich?	☒ Langsam fahren, Ausguck stellen, Lichter führen, 1 langer Ton pro Minute geben, Ruhe an Bord
129	Sie hören auf der Fahrt mit Ihrem Vergnügungsfahrzeug eine Folge langer Töne; welche Situation ist gegeben und welche Maßnahmen leiten Sie ein?	☒ Fahrzeug ist in Seenot, helfen oder Hilfe holen
130	Wie lautet das Hafeneinfahrtssignal der Vorrangfahrzeuge?	☒ 3 lange Töne
131	Welche Bedeutung hat das Signal zwei kurze Töne dreimal in der Minute?	☒ Nebelsignal der Häfen, Landestellen und Nebelwarnanlagen
132	Ein Fahrzeug kommt Ihrem Fahrzeug so entgegen, dass die Gefahr eines Zusammenstoßes besteht; es gibt einen langen Ton. Was beabsichtigt der Entgegenkommende und wie sollten Sie darauf reagieren?	☒ Er will seinen Kurs beibehalten, ich weiche aus; Signalgebung: ein kurzer Ton nach Steuerbord, zwei kurze Töne nach Backbord
133	Sie wollen mit Ihrem Vergnügungsfahrzeug rückwärts ablegen. Welches Signal müssen Sie erforderlichenfalls geben?	☒ 3 kurze Töne
134	Sie wollen einem entgegenkommenden Schiff nach Backbord ausweichen; welches Signal ist erforderlichenfalls zu geben?	☒ 2 kurze Töne
135	Mit welchen optischen Signalen können Sie eine Notsituation auf Ihrem Fahrzeug anderen anzeigen?	☒ Schwenken eines Lichts, roter Flagge, Abschießen einer roten Rakete oder Ähnliches
136	Mit welchen akustischen Signalen können Sie eine Notsituation auf Ihrem Fahrzeug anderen Fahrzeugen anzeigen?	☒ Folge langer Töne
137	Ein Schleppverband gibt in der Nähe eines Hafens drei lange Töne; was beabsichtigt der Schleppverband und wie müssen Sie sich verhalten?	☒ Der Schleppverband will in den Hafen einlaufen, Vorfahrt gewähren
138	Auf Grund der Fahrwasserverhältnisse wollen Sie mit einem entgegenkommenden Fahrzeug eine Vorbeifahrt »Steuerbord an Steuerbord« durchführen; wie geben Sie Ihre Absicht dem entgegenkommenden Schiff bekannt?	☒ Ich gebe 2 kurze Töne
139	An welchen Signalen können Sie erkennen, dass Sie sich in der Nähe eines Hafens befinden? Es herrscht Nebel.	☒ 2 kurze Töne, 3 x pro Minute oder Glockenschläge
140	Welche Bedeutung haben vier kurze Töne nach der BodenseeSchO?	☒ Schiff ist manövrierunfähig
141	Wie können Sie einem anderen Fahrzeug akustisch signalisieren, dass Sie Ihren Kurs beibehalten wollen?	☒ 1 langer Ton
142	In unmittelbarer Nähe hören Sie von einem Schiff drei kurze Töne; welches Manöver wird angezeigt und worauf müssen Sie achten?	☒ Schiff will rückwärts fahren, ich muss mich freihalten
143	Sie nähern sich einem anderen Fahrzeug, das vier kurze Töne abgibt, welche Situation liegt vor und wie sollten Sie sich verhalten?	☒ Schiff ist manövrierunfähig, ich weiche aus
144	Bei Nebelfahrt hören Sie zwei lange Töne in der Minute. Welche Bedeutung hat dieses Signal und wie müssen Sie sich verhalten?	☒ Nebelsignal der Vorrangschiffe, besondere Aufmerksamkeit ist geboten
145	Sie wollen mit Ihrem Fahrzeug den Hafen verlassen; welche Signalgebung ist gegebenenfalls erforderlich?	☒ 1 langer Ton
146	Einem entgegenkommenden Fahrzeug wollen Sie nach Steuerbord ausweichen; wie geben Sie dies besonders zu erkennen?	☒ Ich gebe 1 kurzen Ton
147	Wie lautet das Brückendurchfahrtssignal?	☒ 1 langer Ton

148 Ein Fahrzeug in der Nähe gibt drei lange Töne; was beabsichtigt es und wie müssen Sie sich erforderlichenfalls verhalten?	☒ Vorrangschiff will in den Hafen einlaufen, Vorrang gewähren	**159** Welche Bedeutung hat dieses Schifffahrtszeichen?	☒ Verbot der Durchfahrt oder gesperrte Wasserfläche für Fahrzeuge mit Maschinenantrieb
149 Wie lange dauert ein kurzer Ton?	☒ 1 Sekunde		
150 Sie hören im Nebel einen langen Ton in der Minute; welche Bedeutung hat dieses Signal und wie müssen Sie sich verhalten?	☒ Nebelsignal eines Vergnügungsfahrzeuges, ebenfalls Signal geben, vorsichtig fahren	**160** Welche Bedeutung hat dieses Schifffahrtszeichen?	☒ Verbot des Wasserskifahrens
151 Sie hören auf der Fahrt bei Nebel ein anhaltendes Läuten einer Glocke; worauf können Sie schließen, und wie sollten Sie sich verhalten?	☒ Ich befinde mich in der Nähe eines Hafens, vorsichtig	**161** Welche Bedeutung hat dieses Schifffahrtszeichen?	☒ Verbot des Segelsurfbrettfahrens
152 Welche Bedeutung hat ein kurzer Ton?	☒ Richte meinen Kurs nach Steuerbord		
153 Welches Nebelsignal gibt ein Vergnügungsfahrzeug?	☒ 1 langer Ton pro Minute		
154 Wie lautet das Signal »Meine Maschine geht rückwärts«?	☒ 3 kurze Töne	**162** Welche Bedeutung hat dieses Schifffahrtszeichen?	☒ Überholverbot
155 Wie lange dauert ein langer Ton?	☒ 4 Sekunden		
156 Wie lautet das Notsignal?	☒ Eine Folge langer Töne	**163** Welche Bedeutung hat dieses Schifffahrtszeichen?	☒ Überhol- und Begegnungsverbot

Schifffahrtszeichen

157 Welche Bedeutung hat dieses Schifffahrtszeichen?	☒ Verbot der Durchfahrt oder gesperrte Wasserfläche für Fahrzeuge aller Art	**164** Welche Bedeutung hat dieses Schifffahrtszeichen?	☒ Liegeverbot
158 Welche Bedeutung hat dieses Schifffahrtszeichen?	☒ Nachtbezeichnung für Verbot der Durchfahrt oder gesperrte Wasserfläche für Fahrzeuge aller Art		

Schifffahrtszeichen

165 Welche Bedeutung hat dieses Schifffahrtszeichen?
☒ Ankerverbot

166 Welche Bedeutung hat dieses Schifffahrtszeichen?
☒ Festmacheverbot

167 Welche Bedeutung hat dieses Schifffahrtszeichen?
☒ Wendeverbot

168 Welche Bedeutung hat dieses Schifffahrtszeichen?
☒ Verbot schädlichen Sog oder Wellenschlag zu erzeugen

169 Welche Bedeutung hat dieses Schifffahrtszeichen?
☒ Verbot außerhalb der angezeigten Begrenzung zu fahren

170 Welche Bedeutung hat dieses Schifffahrtszeichen?
☒ Gebot die durch den Pfeil angezeigte Richtung einzuschlagen

171 Welche Bedeutung hat dieses Schifffahrtszeichen?
☒ Gebot unter bestimmten Umständen anzuhalten

172 Welche Bedeutung hat dieses Schifffahrtszeichen?
☒ Gebot, die in km/h angegebene Geschwindigkeit nicht zu überschreiten

173 Welche Bedeutung hat dieses Schifffahrtszeichen?
☒ Gebot ein Schallzeichen zu geben

174 Welche Bedeutung hat dieses Schifffahrtszeichen?
☒ Gebot besondere Vorsicht walten zu lassen

175 Welche Bedeutung hat dieses Schifffahrtszeichen?
☒ Beschränkte Durchfahrtshöhe

176 Welche Bedeutung hat dieses Schifffahrtszeichen?
☒ Beschränkte Durchfahrtsbreite

177	Welche Bedeutung hat dieses Schifffahrtszeichen?	☒ Empfohlene Durchfahrtsöffnung bei Brücken für Verkehr in beiden Richtungen
178	Welche Bedeutung hat dieses Schifffahrtszeichen?	☒ Empfohlene Durchfahrtsöffnung bei Brücken für Verkehr nur in der Richtung, in der die Zeichen sichtbar sind
179	Welche Bedeutung hat dieses Schifffahrtszeichen?	☒ Empfehlung, sich auf der mit »grün« bezeichneten Seite zu halten
180	Welche Bedeutung hat dieses Schifffahrtszeichen?	☒ Erlaubnis zum Stillliegen
181	Welche Bedeutung hat dieses Schifffahrtszeichen?	☒ Erlaubnis zum Ankern
182	Welche Bedeutung hat dieses Schifffahrtszeichen?	☒ Ende eines Verbots oder Gebots
183	Welche Bedeutung hat dieses Schifffahrtszeichen?	☒ Erlaubnis zum Wasserskifahren
184	Welche Bedeutung hat dieses Schifffahrtszeichen?	☒ Segelsurfbrettfahren erlaubt
185	Welche Bedeutung hat dieses Schifffahrtszeichen?	☒ Pfeil zeigt an, in welcher Richtung das Schifffahrtszeichen »Erlaubnis zum Stillliegen« gilt
186	Welche Bedeutung hat dieses Schifffahrtszeichen?	☒ Anhalten zwecks Zollabfertigung
187	Welche Bedeutung hat dieses Schifffahrtszeichen?	☒ Nach 30 m beginnt das Liegeverbot
188	Welche Bedeutung hat dieses Schifffahrtszeichen?	☒ Kennzeichen der Mindestwassertiefe. Bei 2,5 m am Konstanzer Pegel ist seewärts der markierten Stelle eine Mindestwassertiefe von 2 m. Die Zahl auf der Tafel entspricht der in der Bodensee-Schifffahrtskarte der Vereinigten Schifffahrtsverwaltungen eingetragenen Ordnungsnummer

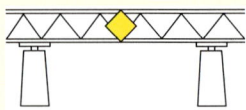

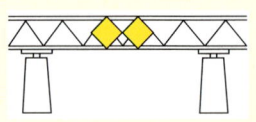

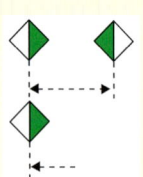

189 Worauf muss ein Schiffsführer in der Nähe dieser Schifffahrtszeichen besonders achten?	☒ Auf Untiefen und Schifffahrtshindernisse	199 Aus welchen Materialien ist dehnungsfähiges Tauwerk?	☒ Natur- oder Kunststofffasern
		200 Wozu wird ein Palstek verwendet?	☒ Um ein festes Auge, das sich nicht zusammenzieht, herzustellen
		201 Wozu verwenden Sie einen Schotstek?	☒ Zum Verbinden zweier ungleich starker Leinenenden
190 Welchen Schutz genießen die Schifffahrtszeichen?	☒ Festmachen, Verändern, Beschädigen und Entfernen verboten	202 Wozu wird der Roringstek verwendet?	☒ Zum Festmachen an einem Ring
191 Welche Bedeutung hat dieses Schifffahrtszeichen?	☒ Das Fahrwasser ist eingeengt, die Zahl auf dem Zeichen gibt den Abstand in Metern an, in dem sich die Fahrzeuge vom Ufer entfernt halten sollen	203 Wozu wird der Kreuzknoten verwendet?	☒ Zum Verbinden zweier gleich starker Leinenenden
		204 Wozu wird der Achtknoten hauptsächlich verwendet?	☒ Am Ende von Schoten, um das Ausrauschen an Blöcken und Ösen zu verhindern
		205 Wie lang müssen Sie die Ankerkette stecken?	☒ Mindestens 3fache Wassertiefe
		206 Wo dürfen Sie im Bodensee nicht ankern?	☒ Unter Brücken, vor Häfen und Landestellen

Umweltschutz · Seemannschaft

192 Welches sind die Merkmale eines Verdrängerbootes?	☒ Boot mit großem Tiefgang	207 Wie viel Meter Ankerkette sollten Sie beim Ankern auf 4 m Wassertiefe stecken?	☒ 12 m
193 Welches ist der wesentliche Unterschied zwischen einem Gleitboot und einem Verdrängerboot?	☒ Gleitboot gleitet leicht und schnell über das Wasser	208 Welches Tauwerk muss eine hohe Bruchlast und Elastizität aufweisen?	☒ Ankerleinen, Festmacher und Schleppleinen
194 Wie verhalten sich Gleitboote bei geringer Fahrstufe?	☒ Sie werden zum Verdränger und erzeugen starkes Gewell	209 Welchen Anforderungen müssen seemännische Knoten gerecht werden?	☒ Schnell und einfach machen und zu lösen, zuverlässig halten
195 Was müssen Sie beim Schleppen eines anderen Fahrzeuges beachten?	☒ Geschwindigkeit an das geschleppte Fahrzeug anpassen, nicht ruckartig anfahren, Schleppleine nicht vertörnen	210 Was ist beim Ausbrechen eines Feuers an Bord unbedingt zu tun?	☒ Ruhe bewahren, Rettungsmittel anlegen, rechtzeitig Notsignale geben, versuchen das Feuer zu löschen
		211 Wie verhalten Sie sich bei Vergaserbränden?	☒ Benzinhahn schließen, Vollgas geben, abdecken und den Brand mit einem Feuerlöscher löschen
196 Wo wird am zweckmäßigsten die Schleppleine beim Geschleppten befestigt?	☒ Am Mast oder am Mittschiffspoller	212 Wo sind Feuerlöscher an Bord unterzubringen?	☒ An gut zugänglichen Orten, an denen Feuerausbruch unwahrscheinlich ist
197 Wann können Sie ein Fahrzeug nicht längsseits schleppen?	☒ Bei grober See und ungleichen Fahrzeugtypen	213 Was hat der Bootsführer vor Anlassen des Motors zu tun?	☒ Motorenraum und Bilge auf Booten mit Benzinmotoren gut belüften, auskuppeln
198 Was bezeichnet man als Tauwerk?	☒ Bezeichnung für sämtliche in der Schifffahrt verwendete Leinen		

214	Was ist bei Gasanlagen an Bord zu beachten?	☒ Dass diese fachgerecht eingebaut und alle 2 Jahre überprüft werden
215	Welche besonderen Gefahren können bei Flüssiggasanlagen auftreten?	☒ Flüssiggas ist schwerer als Luft, kann sich deshalb in der Bilge ansammeln, hohe Explosionsgefahr
216	Wo sollen Gasbehälter (Flaschen) gelagert bzw. installiert werden?	☒ In einem geschlossenen Raum mit einer Öffnung nach außenbords über der Wasserlinie
217	Wie kann die Brand- und Explosionsgefahr auf Sportbooten mit Koch- und Heizeinrichtungen vermindert werden?	☒ Sorgfältige Bedienung und ständige Wartung
218	Welche Sicherheitsmaßnahmen trifft der Bootsführer vor Hereinbrechen eines Sturmes?	☒ Luken und Öffnungen schließen, lose Gegenstände verstauen, Rettungswesten anziehen, ggf. Segel reffen
219	Wie verhalten Sie sich, wenn Sie vor Hereinbrechen eines Sturmes keinen Schutzhafen mehr aufsuchen können?	☒ Windgeschütztes Ufer aufsuchen oder freien Seeraum gewinnen, nicht auf Legerwall geraten
220	Wann dürfen Sie nach Kollisionen Ihre Fahrt fortsetzen?	☒ Wenn keine Gefahr für Boot und Besatzung des anderen besteht und die Adressen ausgetauscht sind
221	Was müssen Sie bei Unglücksfällen grundsätzlich beachten?	☒ Zuerst Rettung von Personen, dann Bergung der Boote, Wasserschutzpolizei verständigen
222	Welche Sicherheitsmaßnahmen sind beim Tanken von Benzin unbedingt erforderlich?	☒ Feuer, offenes Licht und Rauchen verboten, Motor abstellen
223	Wie heißt dieser Ankertyp?	☒ Danforth-Anker
224	Müssen Sie bei Nebel und unsichtigem Wetter die vorgeschriebenen Lichter führen?	☒ Ja, immer
225	Kann ich von einem auf dem Bodensee zugelassenen Schiff den Motor in ein anderes Schiff einbauen?	☒ Ja, aber nur mit einer gültigen Abgastypenprüfbescheinigung
226	Mit welchen Fahrzeugen dürfen Sie näher als 300 m parallel zum Ufer fahren?	☒ Mit Fahrzeugen mit Elektromotor bis 2 kW
227	Welche Sonderregelungen gelten für elektrobetriebene Fahrzeuge?	☒ Sie dürfen näher als 300 m parallel zum Ufer fahren, wenn die Motorleistung 2 kW nicht übersteigt
228	Wie verhalten Sie sich nach einer Kenterung?	☒ Gegebenenfalls Notsignale geben, beim Boot bleiben
229	Wie muss sich ein Schiffsführer verhalten, wenn sein Schiff gesunken ist?	☒ Kennzeichnung der Unfallstelle, wenn die übrige Schifffahrt gefährdet wird
230	Welche Anforderungen gelten für abgastypengeprüfte Verbrennungsmotoren?	☒ Bei der Nachuntersuchung müssen Dieselmotoren sowie Ottomotoren einer äußeren Besichtigung unterzogen werden, bei Ottomotoren muss zusätzlich eine Abgasnachmessung vorgenommen werden
231	Wie können Sie dazu beitragen, möglichst wenig Kraftstoff zu verbrauchen?	☒ Motoren richtig einstellen lassen und richtiges Mischungsverhältnis fahren
232	Was muss beim Herstellen einer Schleppverbindung besonders beachtet werden?	☒ Ausreichende Stärke, Schleppleine nicht in die eigene Schraube bringen
233	Wie muss Abfall entsorgt werden?	☒ Im Hafen ordnungsgemäß entsorgen
234	Wie hat sich ein Schiffsführer bei einem Brand auf seinem Schiff zu verhalten?	☒ Rettung von Personen
235	Wie muss sich ein Schiffsführer verhalten, wenn sein Sportboot festgefahren ist?	☒ Das Fahrzeug entsprechend kennzeichnen
236	Wie lang muss eine Ankerleine gesteckt sein, wenn bei normalen Grund- und Wetterverhältnissen geankert wird?	☒ Mindestens 5fache Wassertiefe

237	Welchen Abstand zu Schilfufern müssen Sie mindestens einhalten?	☒ Mindestens 25 m
238	Was hat der Schiffsführer zu beachten, wenn er sein Schiff treiben lässt?	☒ Die allgemeinen Fahrregeln und Sorgfaltspflichten, denn sein Schiff befindet sich in Fahrt
239	Welchen Geräuschpegel darf ein motorbetriebenes Schiff nicht überschreiten?	☒ 72 dB(A) in 25 m seitlichem Abstand
240	Wann ist die Gefahr einer Kollision gegeben?	☒ Wenn sich die Peilung zu einem anderen Fahrzeug nicht oder nur unwesentlich ändert
241	Wann ist mit einer großen Fluchtdistanz von Wasservögeln zu rechnen?	☒ Bei großen Vogelansammlungen
242	Welche Vogelgruppen sind im Winter besonders gefährdet?	☒ Überwinternde Wasservögel
243	Welche Gegenstände gehören zur vorgeschriebenen Mindestsicherheitsausrüstung?	☒ Mundsignalhorn, Notflagge, Kompass, Rettungsmittel, Festmacherleinen, Lenzeinrichtung, Anker, Paddel, Notbeleuchtung, Feuerlöscher
244	Welche Anforderungen werden hinsichtlich des Gewässerschutzes an Kraftstoffbehälter auf Wasserfahrzeugen gestellt?	☒ Geeigneter Werkstoff, sichere Befestigung, die Schiffsaußenhaut darf nicht gleichzeitig eine Wand des Kraftstoffbehälters bilden
245	Welche Anforderungen müssen die Rettungsmittel für Kinder unter 12 Jahren erfüllen?	☒ Für Kinder unter 12 Jahren sind nur Rettungswesten mit Kragen erlaubt
246	Welche Maßnahmen muss der Bootsführer bei Nebelfahrten auf den Rheinstrecken treffen, wenn eines der beiden Ufer nicht mehr sichtbar ist?	☒ Auf den Rheinstrecken die Fahrt einstellen
247	Was müssen Sie bei Nebel und unsichtigem Wetter tun?	☒ Die vorgeschriebenen Lichter führen, Nebelsignale geben, Geschwindigkeit der verminderten Sicht anpassen, Ausguck stellen
248	Dürfen Bestände von Wasserpflanzen wie Schilf etc. befahren werden?	☒ Nein, in keinem Fall
249	Wie darf ein Boot im Wasser gereinigt werden?	☒ Nur mit Wasser
250	Womit dürfen Sie Ihr Boot im Wasser reinigen?	☒ Nur mit Wasser
251	Wem müssen Sie eine Gewässerverunreinigung melden?	☒ Der nächsten Polizeidienststelle
252	Wo dürfen Sie Wasserski fahren?	☒ Nur außerhalb der Uferzone oder in dafür vorgesehenen Wasserskistartgassen
253	Wer ist für Fahrzeug und Ausrüstung verantwortlich?	☒ Der Schiffsführer
254	Wie viele Personen müssen auf dem Fahrzeug sein, das einen Wasserskifahrer schleppt?	☒ Ein Schiffsführer und eine geeignete Person

Navigation und Wetterkunde

255	Wozu dienen am Bodensee Schifffahrtskarten?	☒ Zur Bestimmung von Standorten und Kursen
256	Wie viel Zentimeter auf der Seekarte entsprechen einem Kilometer bei einem Maßstab von 1:50 000?	☒ 2,0 cm
257	Sie entnehmen aus der Bodenseeschifffahrtskarte eine Distanz von 4 cm. Wie viel km entspricht diese Strecke bei einem Maßstab von 1:50 000?	☒ 2 km
258	Was verstehen Sie unter Navigationsbesteck?	☒ Kursdreieck, Lineal, Zirkel, Bleistift und Radiergummi
259	Wie lang ist eine Seemeile?	☒ 1852 m
260	Wo werden die Distanzen (Wegstrecken) in der Seekarte abgenommen?	☒ Seitlich am Kartenrand

261	Welche Informationen können Sie einer Bodenseeschifffahrtskarte entnehmen?	☒ Längen-, Breitengrade, Tiefenangaben, Entfernungen
262	Welche Art der Navigation wird in der Regel am Bodensee angewandt?	☒ Terrestrische Navigation
263	Welche Hilfsmittel sind für die Navigation am Bodensee erforderlich?	☒ Kompass, Seekarte, Stoppuhr, Steuertafel, Logbuch, Handpeilkompass
264	Nennen Sie die am Bodensee gebräuchlichste Kompassart.	☒ Magnetkompass
265	In wie viel Grad wird eine Kompassrose unterteilt?	☒ 360 Grad
266	Welche Richtung zeigt die Nadel eines Magnetkompasses an?	☒ Magnetisch Nord
267	Wodurch wird die Magnetkompassnadel abgelenkt?	☒ Schiffsmagnetismus und Erdmagnetismus
268	Bei welcher Gradzahl liegt Westen?	☒ 270 Grad
269	Bei welcher Gradzahl liegt Osten?	☒ 90 Grad
270	Bei welcher Gradzahl liegt Norden?	☒ 0 Grad / 360 Grad
271	Bei welcher Gradzahl liegt Süden?	☒ 180 Grad
272	Nennen Sie die gebräuchlichste Standortbestimmung.	☒ Kreuzpeilung
273	Welche Peilpunkte verwenden Sie bei Ihrer Peilung?	☒ Kirchtürme, Objekte, die auch in der Karte eingetragen sind
274	Was verstehen Sie unter Ortsmissweisung?	☒ Abweichung der Kompassnadel von geographisch Nord durch den Erdmagnetismus am jeweiligen Ort
275	Was verstehen Sie unter Ablenkung?	☒ Ablenkung der Kompassnadel durch Schiffsmagnetismus
276	Was ist eine Deviationstabelle?	☒ Tabellarische Auflistung der Ablenkung der Kompassnadel von der Nordrichtung durch Einfluss des Schiffsmagnetismus von 10 zu 10 Grad
277	Welches sind die vorherrschenden Winde am Bodensee?	☒ Westliche Winde
278	Wann treten insbesondere Landwinde auf?	☒ Nachts
279	Woran können Sie das Nahen eines Gewitters erkennen?	☒ An fallendem Luftdruck und Wolkenbildung
280	Woran erkennen Sie eine Föhnlage?	☒ Strahlender Sonnenschein, klare Sicht auf die Alpenkette, Föhnwolken
281	In welchem Seeteil weht der Föhn besonders häufig?	☒ Im südöstlichen Teil des Obersees
282	Weshalb können Föhnwinde für die Sportschifffahrt besonders gefährlich werden?	☒ Durch plötzlich und unregelmäßig auftretende heftige Böen
283	Was schließen Sie aus jäh fallendem Luftdruck und starker Wolkenbildung?	☒ Wetterverschlechterung, Sturm oder Gewitter
284	Wann treten insbesondere Seewinde auf?	☒ Tagsüber
285	In welcher Zeit wird der Sturmwarndienst durchgeführt?	☒ Sturmwarndienst ganzjährig
286	Wie erfolgt die Warnung vor aufkommenden Stürmen?	☒ Durch Sturmwarnfeuer an markanten Uferstellen
287	Welche Farbe haben die Sturmwarnfeuer?	☒ Orangefarbene Blinklichter
288	Welche Bedeutung hat das Aufblinken von orangefarbenen Blinklichtern mit 40 Blitzen pro Minute?	☒ Starkwindwarnung
289	Wie werden am Bodensee die Starkwindwarnung und die Sturmwarnung signalisiert?	☒ Starkwindwarnung = 40 Blitze pro Minute, Sturmwarnung = 90 Blitze pro Minute
290	Wie hat sich ein Schiffsführer bei Sturmwarnung zu verhalten?	☒ Schiff sturmfest machen, Rettungsmittel anlegen, notfalls Hafen aufsuchen
291	Wo verläuft die Trennlinie zwischen den Warngebieten West und Mitte?	☒ Meersburg–Konstanz
292	Wo verläuft die Trennlinie zwischen den Warngebieten Mitte und Ost?	☒ Langenargen–Arbon

293	Nennen Sie die Anzahl der Blitze pro Minute bei einer Starkwindwarnung.	☒ 40 Blitze
294	Nennen Sie die Anzahl der Blitze pro Minute bei einer Sturmwarnung.	☒ 90 Blitze
295	Wo verlaufen die Trennlinien zwischen den Warngebieten?	☒ Linien Konstanz–Meersburg und Arbon–Langenargen
296	Sie beobachten eine heranziehende Gewitterfront, können jedoch keine Warnung durch Sturmwarnleuchten ausmachen. Wie verhalten Sie sich?	☒ Ich mache mein Schiff sturmfest, ziehe Rettungsmittel an und laufe ggf. den nächsten Hafen an
297	Worauf weist die Starkwindwarnung hin und was haben Sie als Schiffsführer zu beachten?	☒ Orientierung über das wahrscheinliche Aufkommen eines Starkwindes, Wetterentwicklung beobachten
298	Was verstehen Sie unter einer Seenotlage?	☒ Schiff und Besatzung befinden sich in drohender oder akuter Gefahr, die nicht selber abgewendet werden kann
299	Wann dürfen Sie die Seenotsignalmittel einsetzen?	☒ Wenn sich Schiff und Besatzung in einer Seenotlage befinden
300	Welche Seenotsignalmittel unterliegen einer Beschränkung beim Erwerb?	☒ Signalpistolen, Raketen
301	Was sollen Sie als Schiffsführer unternehmen, wenn Sie durch schlechtes Wetter oder andere Umstände längere Zeit an einem fremden Ort aufgehalten und möglicherweise vermisst werden könnten?	☒ Angehörige, Hafenmeister oder Polizei verständigen
302	Was tun Sie, wenn ein Mitglied Ihrer Crew über Bord geht?	☒ Ruf »Mann über Bord«, Rettungsmittel zuwerfen, und versuchen, Person an Bord zu nehmen

Ausweich- und Fahrregeln

303	Wer darf zuerst in den Hafen einfahren (weiß oder schwarz)?	☒ Weiß, weil von Steuerbord kommend
304	Wer muss ausweichen (weiß oder schwarz)?	☒ Weiß
305	Wie wird nach der Regel ausgewichen?	☒ Nach Steuerbord
306	Was ist zu beachten, wenn entgegen der Regel ausgewichen wird?	☒ Rechtzeitig 2 kurze Töne geben
307	Wer muss ausweichen?	☒ Weißes Motorboot
308	Wer muss ausweichen?	☒ Motorboot

150 Ausweich- und Fahrregeln — A+D

309 Wie hat sich das Motorboot gegenüber dem Boot, das das blaue Blinklicht zeigt, zu verhalten?
☒ Vorfahrt gewähren, notfalls anhalten

310 Wer muss ausweichen?
☒ Motorboot

311 Wie wird überholt und was muss der Überholte beachten?
☒ An beiden Seiten mit Abstand, der zu Überholende muss Kurs und Geschwindigkeit beibehalten

312 Wie hat sich ein Motorboot gegenüber dem Fischerboot, das einen weißen Ball gesetzt hat, zu verhalten?
☒ Ausweichen, achtern Mindestabstand 200 m

313 Welchen Sicherheitsabstand haben Sportfahrzeuge (Vergnügungsfahrzeuge) gegenüber Fahrzeugen, die einen weißen Ball führen, einzuhalten?
☒ Grundsätzlich 50 m, achtern 200 m Mindestabstand

314 Wie hat sich ein Motorboot gegenüber einem Fischerboot zu verhalten, das eine weiße Flagge gesetzt hat?
☒ Nach den allgemeinen Fahrregeln, Abstand halten, da achtern Schleppangeln

315 Wie hat sich ein Motorboot gegenüber einem Ruderboot zu verhalten?
☒ Dem Ruderboot ausweichen

316 Welche Einschränkungen sind beim Wasserskifahren zu beachten?
☒ Zur Nachtzeit und bei unsichtigem Wetter verboten

317 Welchen Sicherheitsabstand haben Motorboote gegenüber Schleppverbänden einzuhalten?
☒ Mindestabstand 50 Meter

318 Wie hat sich ein Motorboot gegenüber einem Schleppverband zu verhalten?
☒ Ausweichen, Vorfahrt gewähren

319 Wie haben Sie sich mit Ihrem Motorboot beim Wasserskifahren gegenüber Badenden zu verhalten?
☒ Mindestabstand 50 Meter

320 Welche Regeln sind beim Ein- und Ausfahren in und aus Häfen zu beachten?
☒ Ausfahrt vor Einfahrt bei gleichrangigen Fahrzeugen

321 Wer ist gegenüber Ruderbooten ausweichpflichtig?
☒ Vergnügungsfahrzeuge mit Maschinenantrieb

322 Wie sieht die Befeuerung der öffentlichen Häfen von See kommend bei Nacht aus?
☒ Backbord rotes Licht, Steuerbord grünes Licht, evtl. gelbes Ansteuerlicht

323 Wo befindet sich der amtliche Pegel am Bodensee?
☒ Im Hafen Konstanz

324	Auf welchen Pegelstand beziehen sich die Tiefenangaben in der Bodenseeschifffahrtskarte?	☒ 2,50 Meter
325	Geben Sie die Wassertiefe bei 3,50 Meter Wasserstand (Pegel) und einer Kartentiefe von 5 Metern an.	☒ 6,00 Meter
326	Welche Durchfahrtshöhen haben die Brückenbögen der alten Rheinbrücke bei Konstanz bei einem Pegel von 2,50 Meter?	☒ 5,75 Meter; 6,15 Meter; 6,33 Meter

327	Wie viel lichte Durchfahrtshöhe haben Sie bei einem Pegel von 3,80 Meter bei der mittleren Brückendurchfahrt der alten Rheinbrücke Konstanz?	☒ 4,85 Meter
		
		Rechenweg: 3,80 6,15
		             −2,50 −1,30
		             ───── ─────
		              1,30 4,85

328	Nennen Sie die Untiefe bei Wallhausen (Seezeichen 22).	☒ Teufelstisch
329	Nennen Sie die Untiefen vor Lindau.	☒ Schachener Berg/Allwinder Berg
330	Kann eine Motoryacht (Höhe über Wasserlinie 3,15 Meter) durch den mittleren Brückenbogen der alten Rheinbrücke (Straßen- und Eisenbahnbrücke) bei Konstanz fahren? – Pegelstand: 4,50 Meter	☒ Ja
331	Wie sind bei Nacht und unsichtigem Wetter die Landestellen gekennzeichnet?	☒ Rotes Licht, darunter grünes Licht, Ansteuerlicht gelb möglich

332	Die Wassertiefe am Ankerplatz beträgt laut Seekarte 2 m. Ihr Fahrzeug hat einen Tiefgang von 1,50 m. Wie viel Wasser haben Sie bei einem Pegelstand von 3 m unter dem Kiel?	☒ 1,00 Meter
		
		Rechenweg: 2,00
		           +0,50
		           ─────
		            2,50
		           −1,50
		           ─────
		            1,00

333	Welchen Schutz genießen die Schifffahrtszeichen?	☒ Festmachen, Verändern, Beschädigen und Entfernen verboten
334	Wie verläuft die Nummerierung der Seezeichen in den Uferbereichen Deutschland und Österreich am Obersee?	☒ Deutschland–Österreich: 1 bis 99, beginnend in Konstanz
335	Wie verläuft die Nummerierung der Seezeichen in den Uferbereichen der Schweiz?	☒ 1 bis 40 b von Rheinmündung bis Kreuzlingen

Rheinstrecken (Alter Rhein/Seerhein)

336	Welche Fahrregeln sind bei der Durchfahrt von Wasserfahrzeugen unter Brücken zu beachten, wenn nicht genügend Raum zum Begegnen vorhanden ist?	☒ Talfahrer hat Wegerecht
337	Wie hoch ist die Höchstgeschwindigkeit für Fahrgastschiffe auf dem Alten Rhein?	☒ 10 km/h
338	Wie haben sich Motorboote und Segelboote auf den Rheinstrecken beim Begegnen und Überholen grundsätzlich zu verhalten?	☒ Segelboote haben keinen besonderen Vorrang
339	Nachts treffen Sie auf der Fahrt von Konstanz nach Ermatingen ein Hindernis an, das auf der einen Seite mit einem roten und auf der anderen Seite mit einem roten über einem weißen Licht gekennzeichnet ist. An welcher Seite können Sie passieren?	☒ Die gefahrlose Vorbeifahrt ist nur auf der mit rot/weiß gekennzeichneten Seite möglich
340	Wie haben sich Vergnügungsfahrzeuge und Segelfahrzeuge beim Begegnen auf den Rheinstrecken zu verhalten, wenn genügend Raum vorhanden ist?	☒ In der Regel nach Steuerbord ausweichen

341	Welchen Mindestabstand haben Vergnügungsfahrzeuge beim Queren der Rheinstrecken vor dem Bug eines zu Tal bzw. zu Berg fahrenden Fahrgastschiffes mit Vorrang einzuhalten?	☒ Zu Tal 200 m / zu Berg 100 m Abstand
342	Wie haben sich Vergnügungsfahrzeuge mit Maschinenantrieb gegenüber einem Ruderboot zu verhalten, das die Rheinstrecke quert?	☒ Das Ruderboot ist vorfahrtsberechtigt
343	Im Sommerweg des Schwanenhalses sehen Sie während der Talfahrt bei Nacht voraus ein rotes Licht in Sicht kommen; rechts daneben in gleicher Höhe sehen Sie ein weiteres rotes Licht, unter diesem ein weißes Licht. Welche Situation ist gegeben?	☒ Schwimmendes Gerät, Fahrzeug bei der Arbeit oder gesunkenes Fahrzeug vor mir an der rot/weißen Seite vorbeifahren
344	Mit welcher Höchstgeschwindigkeit dürfen Sie auf dem Alten Rhein und dem Seerhein mit Ihrem Vergnügungsfahrzeug fahren?	☒ Maximal 10 km/h
345	Wie hoch sind die Brückendurchfahrten der Konstanzer alten Rheinbrücke? (Pegelstand 2,50 m)	☒ Links 5,75 m, Mitte 6,15 m, rechts 6,33 m
346	Was hat ein querendes Vergnügungsfahrzeug auf den Rheinstrecken bei gleichrangigen Fahrzeugen zu beachten?	☒ Das querende Vergnügungsfahrzeug ist gegenüber dem Berg- und Talfahrer ausweich- oder wartepflichtig
347	Was haben querende Vergnügungsfahrzeuge gegenüber Fahrgastschiffen mit Vorrang auf den Rheinstrecken zu beachten?	☒ Beim Queren halten Vergnügungsfahrzeuge zum Bug des Talfahrers mindestens 200 m und zum Bug des Bergfahrers 100 m Abstand
348	Wie haben sich Vergnügungsfahrzeuge, auch Segelfahrzeuge, gegenüber einem querenden Ruderboot auf den Rheinstrecken zu verhalten?	☒ Sie sind ausweich- oder wartepflichtig
349	Wie viel Brücken überspannen den Seerhein?	☒ 3 Brücken
350	Wo ist das Ankern auf den Rheinstrecken grundsätzlich verboten?	☒ Im Bereich von Brücken, öffentlichen Landestellen sowie in Fahrrinnen und Fahrwasserengen
351	Mit welchen Schifffahrtszeichen wird auf dem Seerhein das Fahrwasser gekennzeichnet?	☒ Mit grün/weißen auf dem Kopf stehenden Vierecktafeln
352	Sie fahren von Ermatingen kommend Richtung Konstanz auf die neue Rheinbrücke für Radfahrer zu. Wie ist die empfohlene Brückendurchfahrt gekennzeichnet?	☒ Mit einem gelben Schifffahrtszeichen
353	Wie ist die Geschwindigkeit auf den Rheinstrecken zu messen?	☒ Jeweils zum Ufer (Fahrt über Grund)
354	Dürfen Sie auf dem Rhein einem entgegenkommenden Schiff nach Backbord ausweichen, wenn dies nach Steuerbord nicht möglich ist?	☒ Ja, nach rechtzeitiger Abgabe der vorgeschriebenen Schallzeichen
355	Sie begegnen mit Ihrem Vergnügungsfahrzeug bei der Talfahrt einem den Rhein querenden Ruderboot. Wer muss ausweichen?	☒ Ich mit meinem Vergnügungsfahrzeug
356	Bei einer Engstelle auf den Rheinstrecken ist das gefahrlose Begegnen mit einem anderen gleichrangigen Schiff nicht möglich. Wer hat sich wie zu verhalten?	☒ Talfahrer hat Wegerecht, Bergfahrer wartet
357	Muss sich der Führer eines Vergnügungsfahrzeuges zwingend an die grün gekennzeichnete Fahrwasserseite halten?	☒ Nein, das Fahrwasserzeichen hat empfehlenden Charakter
358	Sie befinden sich im Konstanzer Trichter und wollen die Alte Rheinbrücke im mittleren Bogen durchfahren. Heutiger Pegelstand 3,50 m. Schiffshöhe ab Wasserlinie 3 m. Wie viel lichte Höhe haben Sie zwischen Boot und Brücke?	☒ 2,15 m Rechenweg: 6,15 −1,00 ――― 5,15 −3,00 ――― 2,15

359 Sie wollen mit Ihrem Vergnügungsfahrzeug bei Nacht den Rhein queren. Es nähert sich ein Wasserfahrzeug von Backbord, welches zu seiner üblichen Lichterführung ein grünes helles Rundumlicht zeigt. Wer ist ausweichpflichtig?
☒ Ich mit meinem Vergnügungsfahrzeug

360 Wer hat beim Zusammentreffen im Bereich von Brücken immer das Wegerecht?
☒ Bei gleichrangigen Fahrzeugen der Talfahrer

361 Auf der Rheinstrecke zwischen Gottlieben und Ermatingen sehen Sie ein festgekommenes Schiff. Das Fahrzeug hat an seiner Backbordseite eine rot/weiße Flagge gesetzt; die Steuerbordseite ist mit einer roten Flagge gekennzeichnet. An welcher Stelle ist das Passieren möglich?
☒ An Backbord

362 Wie viel lichte Durchfahrtshöhe haben Sie bei einem Pegel von 3,40 m bei der linken Brückendurchfahrt der alten Rheinbrücke in Konstanz, wenn Ihr Wasserfahrzeug eine Höhe ab der Wasserlinie des Fahrzeuges von 3,00 m aufweist?
☒ 1,85 m

Rechenweg: 5,75
           −3,00
           ────
            2,75
           −0,90
           ────
            1,85

363 Wie viel lichte Durchfahrtshöhe haben Sie bei einem Pegel von 4,10 m bei der rechten Rheinbrückendurchfahrt?
☒ 4,73 m

Rechenweg: 4,10   6,33
           −2,50 −1,60
           ────   ────
            1,60   4,73

364 Wie viel lichte Durchfahrtshöhe haben Sie bei einem Pegelstand von 3,10 m vor der mittleren Brückendurchfahrt der alten Rheinbrücke Konstanz, wenn Ihr Wasserfahrzeug eine Höhe ab der Wasserlinie 3,74 m aufweist?
☒ 1,81 m

Rechenweg: 6,15
           −0,60
           ────
            5,55
           −3,74
           ────
            1,81

365 Wie viel lichte Durchfahrtshöhe haben Sie bei einem Pegelstand von 3,23 m vor der mittleren Brückendurchfahrt der alten Rheinbrücke Konstanz?
☒ 5,42 m

Rechenweg: 3,23   6,15
           −2,50 −0,73
           ────   ────
            0,73   5,42

366 Wie viel lichte Durchfahrtshöhe haben Sie bei einem Pegelstand von 4,42 m bei der rechten Brückendurchfahrt der alten Rheinbrücke Konstanz?
☒ 4,41 m

Rechenweg: 4,42   6,33
           −2,50 −1,92
           ────   ────
            1,92   4,41

367 Wie viel lichte Durchfahrtshöhe haben Sie bei einem Pegelstand von 2,45 m bei der linken Brückendurchfahrt der alten Rheinbrücke Konstanz?
☒ 5,80 m

Rechenweg: 2,45   5,75
           −2,50 +0,05
           ────   ────
           −0,05   5,80

Segeln allgemein

368 Erklären Sie die wesentlichen Merkmale (hinsichtlich Bauart) der Kielyachten.
☒ Segelfahrzeuge mit Ballastkiel (gewichtsstabil)

369 Erklären Sie die wesentlichen Merkmale (hinsichtlich Bauart) der Jollen.
☒ Kleinere offene Segelboote mit Schwert (formstabil)

370 Nennen Sie die Arten der Stabilität der Jollen.
☒ Formstabil

371 Nennen Sie die Arten der Stabilität bei Kielbooten.
☒ Gewichtsstabil

372 Was verstehen Sie unter dem »Rigg«?
☒ Die gesamte Takelage eines Schiffes

373 Welches sind die Haupt-Takelungsarten in der Sportschifffahrt?
☒ Cat-, Sluptakelung

374 Welches ist die heute gebräuchlichste Takelungsart am Bodensee?
☒ Sluptakelung

375 Was sind die Merkmale einer Hochtakelung?
☒ Großsegel reicht bis zur Mastspitze und hat Dreiecksform

376	Was sind die Merkmale einer Gaffeltakelung?	☒ Großsegel hat Vierecksform und reicht nicht bis zur Mastspitze
377	Was ist der Unterschied zwischen Slup- und Cattakelung?	☒ Slup = ein Mast mit Groß- und Vorsegel Cat = nur ein Segel
378	Was verstehen Sie unter »Backstagen« oder »Preventer«?	☒ Lösbare seitliche Abstützung des Mastes nach achtern
379	Welche Funktion hat die Saling?	☒ Versteifung des Mastes durch Absprengen der Wanten
380	Welche Teile eines Segelbootes gehören zur Takelage?	☒ Mast, feste und bewegliche Spieren, stehendes und laufendes Gut
381	Was verstehen Sie unter »festen Spieren«?	☒ Z. B. Saling und Klüverbaum
382	Was verstehen Sie unter »beweglichen Spieren«?	☒ Z. B. Großbaum, Fockbaum, Gaffel, Spinnakerbaum
383	Was zählt zum stehenden Gut?	☒ Wanten, Stagen
384	Was zählt zum laufenden Gut?	☒ Alles Tauwerk, das durch Rollen, Ösen oder Blöcke läuft
385	Womit wird der Mast nach vorn und achtern abgestützt?	☒ Vorstag, Achterstag, Backstagen
386	Wozu dient das laufende Gut?	☒ Zum Bedienen und Führen der Segel, des Ruders und des Schwerts
387	Wie erfolgt die seitliche Verstagung des Mastes?	☒ Durch Wanten wie Oberwant, Unterwant
388	Wie heißen die drei Ecken eines Segels?	☒ Schothorn, Kopf, Hals
389	Wo befinden sich die drei Ecken eines Segels?	☒ Kopf oben, Hals vorne unten, Schothorn hinten zur Aufnahme der Schot
390	Wie heißen die drei Kanten eines Segels?	☒ Vorliek, Unterliek, Achterliek
391	Wo befinden sich die drei Kanten des Segels?	☒ Vorliek = vorne, Achterliek = hinten, Unterliek = unten
392	Wo befindet sich das Schothorn am Vorsegel?	☒ Achtern, zwischen Achterliek und Unterliek
393	Wo befindet sich der Hals am Großsegel?	☒ Zwischen Vorliek und Unterliek
394	Welche Vorsegel finden auf Segelbooten Verwendung?	☒ Normalfock, Genua, Sturmfock, Spinnaker
395	Wozu dienen Spreizlatten?	☒ Zur Versteifung der Segel
396	Wie nennt man das Verkleinern der Segelfläche?	☒ Reffen
397	Was verstehen Sie unter abtakeln?	☒ Stehendes und laufendes Gut sowie Mast abbauen
398	Wie heißen die Sturmsegel?	☒ Sturmfock, Trysegel
399	Mit welchem Wind segelt ein Boot?	☒ Mit dem scheinbaren Wind
400	Was bedeutet der Begriff »Killen«?	☒ Flattern der Segel
401	Beschreiben Sie ein Ankermanöver unter Segel in seinem Ablauf.	☒ Fock einholen, Aufschießen fahren, Anker fallen lassen, achteraus treiben lassen bis Anker hält, notfalls Groß backhalten
402	Welche Fahrzeuge sind gegenüber Segelfahrzeugen ausweichpflichtig?	☒ Ruderboote und Motorboote
403	Welche Fahrzeuge sind gegenüber Segelfahrzeugen ausweichpflichtig?	☒ Vergnügungsfahrzeuge mit Maschinenantrieb und Ruderboote
404	Was ist beim Bruch eines Luvwants zu tun?	☒ Sofort auf den anderen Bug gehen, nach Möglichkeit reparieren
405	Was verstehen Sie unter »Luv«?	☒ Richtung aus der der Wind kommt
406	Was verstehen Sie unter »Lee«?	☒ Richtung in die der Wind weht
407	Was verstehen Sie unter »luvgierig«?	☒ Schiff hat das Bestreben, ohne Ruderlage mit dem Bug in den Wind zu drehen
408	Was verstehen Sie unter »leegierig«?	☒ Schiff hat das Bestreben, ohne Ruderlage mit dem Bug aus dem Wind zu gehen
408a	Warum soll ein Boot leicht luvgierig sein?	☒ Aus Sicherheitsgründen
409	Woraus ergibt sich der »scheinbare Wind«?	☒ Resultierende aus Fahrtwind und wahrem Wind
410	Wozu dienen die Schoten?	☒ Zum Führen und Bedienen der Segel

411	Was sind Lieken?	☒ Kanten der Segel	
412	Wann wird in der Regel gerefft?	☒ Bei Sturmanzeichen, Gewitter oder Sturmwarnung	
413	Nennen Sie verschiedene Spantenformen.	☒ Rundspant, Knickspant, S-Spant	
414	Was verstehen Sie unter dem Begriff »Trysegel«?	☒ Sturmgroßsegel	
415	Nennen Sie einige Bugformen.	☒ Löffelbug, gerader Steven, Klippersteven	
416	Nennen Sie einige Heckformen.	☒ Plattgattheck, Spiegelheck, Yachtheck, Spitzgattheck	
417	Was verstehen Sie unter »anluven«?	☒ Boot zum Wind drehen	
418	Was verstehen Sie unter »abfallen«?	☒ Vom Wind weiter weg gehen	
419	Was verstehen Sie unter »schiften«?	☒ Unter Beibehaltung des Vorwindkurses Segel auf die andere Seite nehmen	
420	Was verstehen Sie unter einer »Wende«?	☒ Kursänderung mit dem Bug durch den Wind	
421	Was verstehen Sie unter einer »Halse«?	☒ Kursänderung mit dem Heck durch den Wind	
422	Erklären Sie einen »Aufschießer«!	☒ Boot in den Wind stellen, Schoten los	
423	Was ist ein Spinnaker, wo wird er verwendet?	☒ Großes Vorsegel auf Raum- und Vorwindkursen	
424	Welchen Windkurs müssen Sie segeln, um »schiften« zu können?	☒ Vor dem Wind	

Segeln · Fahrregeln

425	Wer muss ausweichen (schwarz oder weiß) und wie lautet die Begründung?	☒ Schwarz, weil Lee vor Luv	
426	Wer muss ausweichen (schwarz oder weiß) und wie lautet die Begründung?	☒ Weiß, weil Steuerbordbug	
427	Wer muss ausweichen (schwarz oder weiß) und wie lautet die Begründung?	☒ Weiß, weil Steuerbordbug	
428	Wer muss ausweichen (schwarz oder weiß) und wie lautet die Begründung?	☒ Weiß, weil Steuerbordbug	
429	In welcher Reihenfolge darf gefahren werden?	☒ 1, 2, 3	

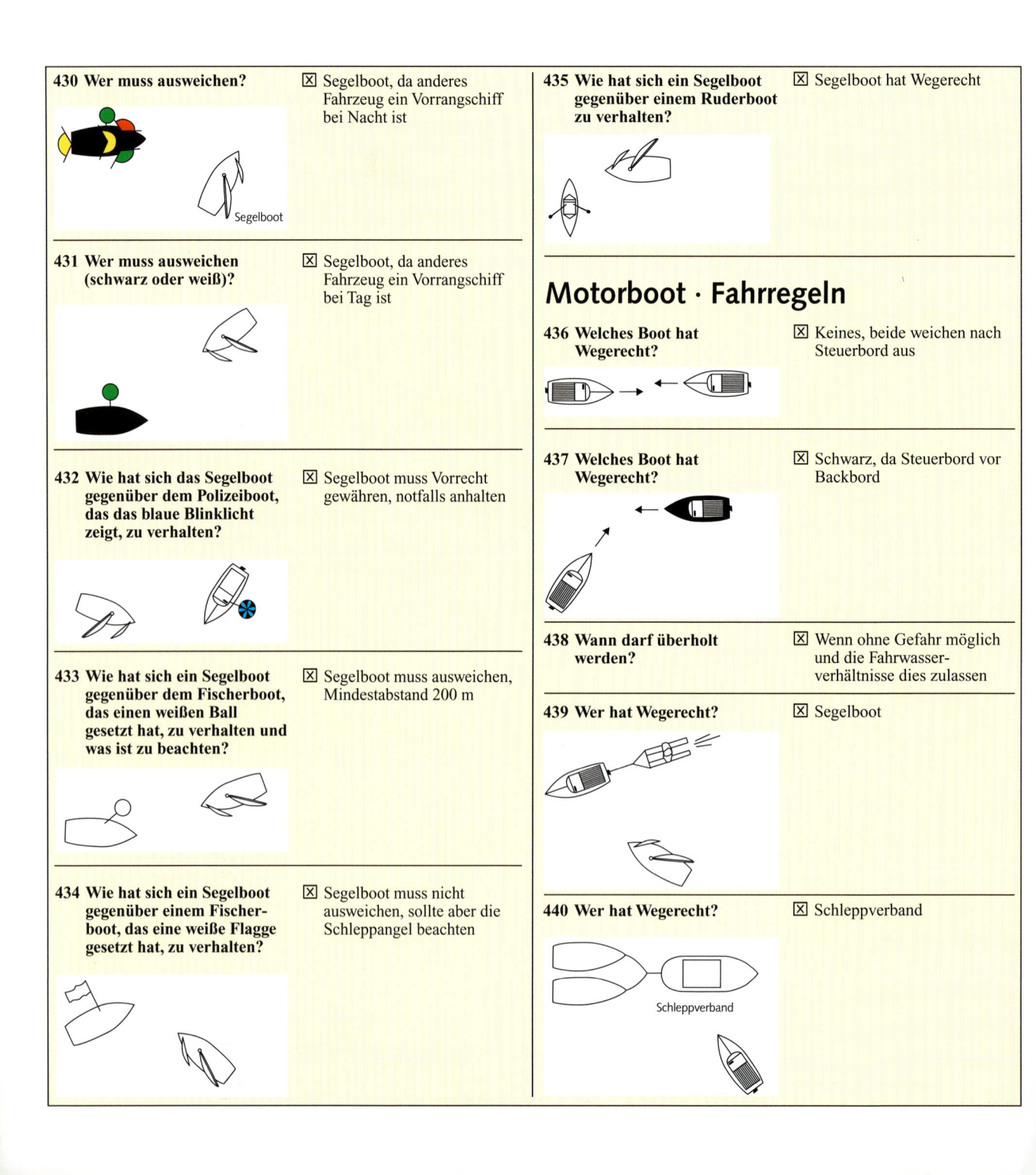

430	Wer muss ausweichen?	☒ Segelboot, da anderes Fahrzeug ein Vorrangschiff bei Nacht ist
431	Wer muss ausweichen (schwarz oder weiß)?	☒ Segelboot, da anderes Fahrzeug ein Vorrangschiff bei Tag ist
432	Wie hat sich das Segelboot gegenüber dem Polizeiboot, das das blaue Blinklicht zeigt, zu verhalten?	☒ Segelboot muss Vorrecht gewähren, notfalls anhalten
433	Wie hat sich ein Segelboot gegenüber dem Fischerboot, das einen weißen Ball gesetzt hat, zu verhalten und was ist zu beachten?	☒ Segelboot muss ausweichen, Mindestabstand 200 m
434	Wie hat sich ein Segelboot gegenüber einem Fischerboot, das eine weiße Flagge gesetzt hat, zu verhalten?	☒ Segelboot muss nicht ausweichen, sollte aber die Schleppangel beachten
435	Wie hat sich ein Segelboot gegenüber einem Ruderboot zu verhalten?	☒ Segelboot hat Wegerecht

Motorboot · Fahrregeln

436	Welches Boot hat Wegerecht?	☒ Keines, beide weichen nach Steuerbord aus
437	Welches Boot hat Wegerecht?	☒ Schwarz, da Steuerbord vor Backbord
438	Wann darf überholt werden?	☒ Wenn ohne Gefahr möglich und die Fahrwasserverhältnisse dies zulassen
439	Wer hat Wegerecht?	☒ Segelboot
440	Wer hat Wegerecht?	☒ Schleppverband

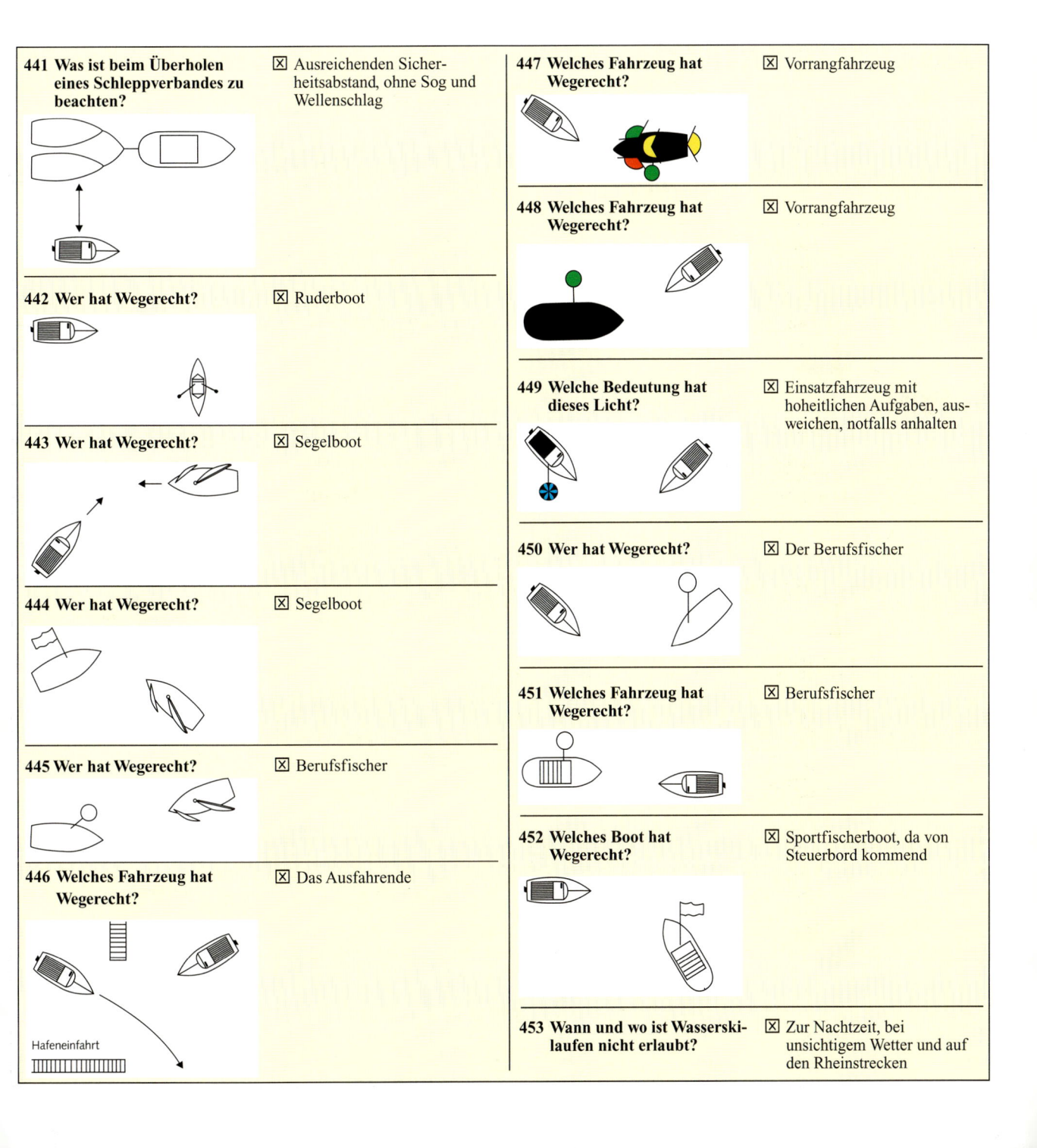

441	Was ist beim Überholen eines Schleppverbandes zu beachten?	☒ Ausreichenden Sicherheitsabstand, ohne Sog und Wellenschlag
442	Wer hat Wegerecht?	☒ Ruderboot
443	Wer hat Wegerecht?	☒ Segelboot
444	Wer hat Wegerecht?	☒ Segelboot
445	Wer hat Wegerecht?	☒ Berufsfischer
446	Welches Fahrzeug hat Wegerecht?	☒ Das Ausfahrende
447	Welches Fahrzeug hat Wegerecht?	☒ Vorrangfahrzeug
448	Welches Fahrzeug hat Wegerecht?	☒ Vorrangfahrzeug
449	Welche Bedeutung hat dieses Licht?	☒ Einsatzfahrzeug mit hoheitlichen Aufgaben, ausweichen, notfalls anhalten
450	Wer hat Wegerecht?	☒ Der Berufsfischer
451	Welches Fahrzeug hat Wegerecht?	☒ Berufsfischer
452	Welches Boot hat Wegerecht?	☒ Sportfischerboot, da von Steuerbord kommend
453	Wann und wo ist Wasserskilaufen nicht erlaubt?	☒ Zur Nachtzeit, bei unsichtigem Wetter und auf den Rheinstrecken

454 Welches Fahrzeug hat Wegerecht? ☒ Segelboot

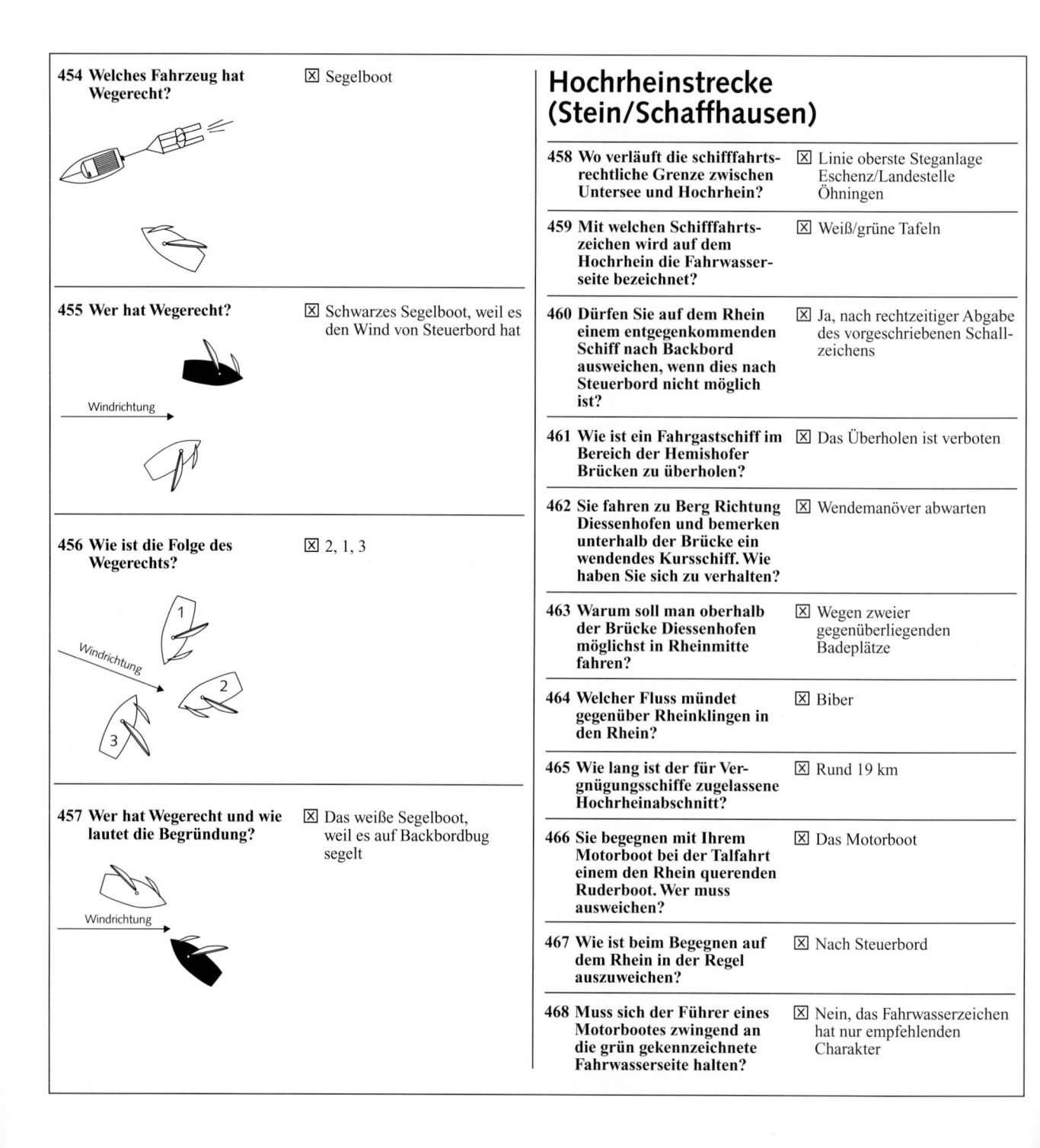

455 Wer hat Wegerecht? ☒ Schwarzes Segelboot, weil es den Wind von Steuerbord hat

456 Wie ist die Folge des Wegerechts? ☒ 2, 1, 3

457 Wer hat Wegerecht und wie lautet die Begründung? ☒ Das weiße Segelboot, weil es auf Backbordbug segelt

Hochrheinstrecke (Stein/Schaffhausen)

458 Wo verläuft die schifffahrtsrechtliche Grenze zwischen Untersee und Hochrhein? ☒ Linie oberste Steganlage Eschenz/Landestelle Öhningen

459 Mit welchen Schifffahrtszeichen wird auf dem Hochrhein die Fahrwasserseite bezeichnet? ☒ Weiß/grüne Tafeln

460 Dürfen Sie auf dem Rhein einem entgegenkommenden Schiff nach Backbord ausweichen, wenn dies nach Steuerbord nicht möglich ist? ☒ Ja, nach rechtzeitiger Abgabe des vorgeschriebenen Schallzeichens

461 Wie ist ein Fahrgastschiff im Bereich der Hemishofer Brücken zu überholen? ☒ Das Überholen ist verboten

462 Sie fahren zu Berg Richtung Diessenhofen und bemerken unterhalb der Brücke ein wendendes Kursschiff. Wie haben Sie sich zu verhalten? ☒ Wendemanöver abwarten

463 Warum soll man oberhalb der Brücke Diessenhofen möglichst in Rheinmitte fahren? ☒ Wegen zweier gegenüberliegenden Badeplätze

464 Welcher Fluss mündet gegenüber Rheinklingen in den Rhein? ☒ Biber

465 Wie lang ist der für Vergnügungsschiffe zugelassene Hochrheinabschnitt? ☒ Rund 19 km

466 Sie begegnen mit Ihrem Motorboot bei der Talfahrt einem den Rhein querenden Ruderboot. Wer muss ausweichen? ☒ Das Motorboot

467 Wie ist beim Begegnen auf dem Rhein in der Regel auszuweichen? ☒ Nach Steuerbord

468 Muss sich der Führer eines Motorbootes zwingend an die grün gekennzeichnete Fahrwasserseite halten? ☒ Nein, das Fahrwasserzeichen hat nur empfehlenden Charakter

469	Wie heißt die Untiefe vor Rheinklingen, nach dem Schifffahrtszeichen Nr. 52?	☒ »Fahrkopf«
470	Liegt das Strandbad Gailingen oberhalb oder unterhalb der Brücke und auf welcher Rheinseite?	☒ Oberhalb, rechtsrheinisch
471	Wie verläuft der Rhein im Bereich der Ortschaft Büsingen in Fließrichtung?	☒ Starke Linkskrümmung
472	Durch welche Öffnung der Hemishofer Eisenbahnbrücke führt die gekennzeichnete Fahrrinne?	☒ Zweite Öffnung von links
473	Was müssen Sie beim Befahren der Hochrheinstrecke von Ihrem Schiff speziell kennen?	☒ Den maximalen Tiefgang des Schiffes
474	Wie wird die Geschwindigkeit auf dem Hochrhein gemessen?	☒ Jeweils zum Ufer (Fahrt über Grund)
475	Bei einer Engstelle ist das gefahrlose Begegnen mit einem anderen, gleichrangigen Schiff nicht möglich. Wer hat sich wie zu verhalten?	☒ Das zu Berg fahrende Schiff muss unterhalb der Engstelle die Durchfahrt des Talfahrers abwarten
476	Wie begegnen Sie Fahrzeugen, die in der Fahrrinne treiben?	☒ Mit genügend Abstand und möglichst geringem Wellenschlag
477	Wo ist das Ankern auf dem Rhein grundsätzlich verboten?	☒ Im Bereich von Brücken und offiziellen Landestellen sowie in Fahrrinnen und Fahrwasserengen
478	Dürfen Sie zollpflichtige Waren aus der Schweiz ohne weitere Formalitäten nach Deutschland einführen?	☒ Nein, die Waren müssen bei einem deutschen Zollamt angemeldet werden
479	Wie legen Kursschiffe in Diessenhofen an?	☒ Gegen die Strömung
480	Sie befahren den Hochrhein mit Ihrem Vergnügungsfahrzeug zu Tal, mit Ziel Schaffhausen. Wo endet für Sie die Schifffahrt?	☒ Unmittelbar vor der Eisenbahnbrücke Schaffhausen-Feuerthalen
481	Wie viele Brücken dürfen Sie mit Ihrem Vergnügungsfahrzeug auf der Hochrheinstrecke passieren?	☒ 4 Brücken
482	Darf ein langsamer fahrendes Schiff auf dem Rhein überholt werden?	☒ Ja, beidseitig, mit genügend Abstand, wenn dadurch der zu Überholende nicht behindert wird
483	Wer hat beim Zusammentreffen im Bereich von Brücken immer, unabhängig von Berg- und Talfahrt, das Wegerecht?	☒ Vorrangschiffe
484	Wie haben Sie sich gegenüber Fischern, Schwimmern und Ruderbooten zu verhalten?	☒ Ich halte den größtmöglichen Abstand und reduziere die Geschwindigkeit so, dass kein oder nur noch geringer Wellenschlag entsteht
485	Wo liegt die Untiefe »Wellenstein«?	☒ Zwischen »Bibermühle« und »Schupfen«
486	Befindet sich die Schiffslandestelle Büsingen ober- oder unterhalb der starken Flusskrümmung im Bereich der Ortschaft?	☒ Oberhalb
487	Wie heißen die deutschen Ortschaften am Hochrhein?	☒ Gailingen, Büsingen
488	Nennen Sie die linksrheinische Schiffslandestelle, die von den Fahrgastschiffen angelaufen wird?	☒ Diessenhofen
489	Welche Höchstgeschwindigkeit darf auf der Hochrheinstrecke gefahren werden?	☒ 20 km/h auf der Talfahrt 10 km bei der Bergfahrt
490	Welche Regeln bestehen auf der Hochrheinstrecke für das Wellenbrettfahren und Wasserskilaufen?	☒ Nicht erlaubt
491	Wo befindet sich die erste schweizerische Zollanlegestelle nach der Einfahrt in den Hochrhein?	☒ Rechtsrheinisch, unterhalb der Straßenbrücke Stein am Rhein

492 Nennen Sie die Brücken der Hochrheinstrecke im Bereich der BodenseeSchO in Strömungsrichtung.	☒ Straßenbrücke Stein am Rhein, Straßenbrücke Hemishofen, Eisenbahnbrücke Hemishofen, Straßenbrücke Diessenhofen, Eisenbahnbrücke Schaffhausen, Straßenbrücke Schaffhausen
493 An welcher Brücke auf dem Hochrhein endet die Sportschifffahrt?	☒ Eisenbahnbrücke Schaffhausen
494 Nennen Sie die rechtsrheinischen Schiffslandestellen in Fließrichtung, die die Kursschifffahrt in der Saison regelmäßig anläuft?	☒ Stein am Rhein, Büsingen, Schaffhausen
495 In welchem Bogen einer Krümmung befindet sich der »Grund«?	☒ Im Innenbogen
496 In welchem Bogen einer Krümmung befindet sich der »Hang«?	☒ Im Außenbogen
497 Welche Fahrwasserverhältnisse können Sie im Innenbogen einer Flusskrümmung annehmen?	☒ Flachwasser, Untiefen
498 Wie viele Öffnungen besitzt die Hemishofener Eisenbahnbrücke im Bereich des Flussbettes?	☒ 4
499 An welchem Ufer der Hochrheinbrücke mündet die Biber und worauf ist unmittelbar unterhalb der Mündung zu achten?	☒ Rechtes Ufer, Untiefen, Felsen
500 Welche Fahrwasserverhältnisse können Sie in der Regel im Außenbogen einer Flusskrümmung annehmen?	☒ Ausreichende Wassertiefe
501 Wo befinden sich kurz unterhalb der Bibermühle Untiefen (Felsen) im Gewässerbett in Fahrtrichtung Stein am Rhein nach Schaffhausen?	☒ Linksrheinisch

Das Patent für die Hochrheinstrecke ist nicht Bestandteil des Bodenseeschifferpatent A. Es ist eine zusätzliche Prüfung erforderlich, für die auch zusätzliche Prüfungsgebühren anfallen. Üblicherweise aber wird die Prüfung gleich mitgemacht.

Die praktische Prüfung

Unter Motor

Aufgabe	Anforderung
Anlegen mit der Backbordseite Anlegen mit der Steuerbordseite Dies kann an einer Kaimauer, an einem Steg oder einem Pfahl erfolgen	Das Boot muss parallel liegen und zum Stillstand gekommen sein. Höchstens 3 Versuche. Je einer von jeder Seite muss exakt sein.
Ablegen mit der Steuerbordseite Ablegen mit der Backbordseite Unter optimaler Nutzung der Antriebsanlage – starre Welle, Z-Antrieb, Außenborder	Kurz vorwärts eindampfen, rückwärts absetzen und vorwärts wegfahren. Je 1 Manöver, das korrekt sein muss.
Steuern verschiedener vom Prüfer angegebener Kurse	
»Mann-über-Bord«-Manöver	Heck vom Überbordgefallenen wegdrehen und auskuppeln. Danach Fahrt nach Lee aufnehmen und das Boot gegen den Wind zum Stillstand bringen. Der Ring muss mit der Hand aufgenommen werden, nur bei hochbordigen Schiffen mit dem Bootshaken. Höchstens 2 Versuche, davon muss einer erfolgreich sein.
Wenden auf engem Raum	Beispielsweise in einer Hafengasse eine 180°–360°-Drehung mit Vor- und Rückwärtsgang ausführen.
Verhalten im Verkehr	Korrekte Ausweichmanöver fahren, gegebenenfalls unter Abgabe der entsprechenden Schallsignale.
Einlaufen in die Box	Vorwärts oder rückwärts in die Box fahren, ohne Steg oder Leiter zu berühren.
Weitere Manöver	Kursfahren nach Vorgabe. Rückwärtsfahren mit Richtungsänderungen. Ankermanöver.
Knoten zum Abschleppen Knoten zum Festmachen	Achtknoten, Kreuzknoten, einfacher und doppelter Schotstek, Palstek, Webeleinstek, Roringstek, Stopperstek; Belegen auf der Klampe. Mindestens 1 Knoten muss auf Anhieb sitzen.
Navigation	Durchführung einer Kreuzpeilung. (Notwendig für die Prüfbescheinigung für den amtlichen Sportbootführerschein See.)

Unter Segeln

Aufgabe	Anforderung
»Mann-über-Bord«-Manöver mit Halse »Mann-über-Bord«-Manöver mit Q-Wende	Das Boot soll so im Wind stehen, dass man den Ring mit der Hand fassen kann. Bei einem Manöver muss ein Totalaufschießer gefahren werden. 2 Versuche je Manöver. Jeweils 1 Manöver muss korrekt sein.
Anlegen Ablegen Wenden Halsen Schiften Beidrehen	Je 1 Versuch pro Manöver, davon müssen insgesamt 2 ausreichend sein. Halsen und Wenden kann eventuell beim »Mann-über-Bord«-Manöver nachgewiesen werden.
Segelbedienung und Segelführung	Setzen und Bergen der Segel, Reffen bzw. Segelwechsel unter Fahrt. Segelführung wird während der Manöver beobachtet.
Bootsführung	Fahren verschiedener Kurse. Ankermanöver. Bei allen Manövern wird eine klare Kommandosprache verlangt.
Knoten zum Abschleppen Knoten zum Festmachen	Achtknoten, Palstek, Webeleinstek, Roringstek, einfacher und doppelter Schotstek, Kreuzknoten; Belegen an einer Klampe. Mindestens je 1 Knoten muss auf Anhieb sitzen. Ohne ausreichende Knotenkenntnisse gilt die praktische Prüfung als nicht bestanden.

Kleines seemännisches Wörterbuch

Abdrift (auch Abtrift) Seitliches Versetzen eines Bootes durch Wind oder Strom.
abfallen Eine Kursänderung vom Wind weg. (Gegenteil: anluven.)
ablandig Wenn der Wind vom Land in Richtung See weht. (Gegenteil: auflandig.)
Abrissheck Eine scharfe Kante zwischen Spiegel und Bootsboden, die verhindert, dass das unter dem Boden hervorschießende Wasser am Spiegel emporleckt und dort einen fahrthemmenden Sog verursacht.
abschlagen Das Abnehmen der Segel. (Gegenteil: anschlagen.)
abtakeln Die gesamte Takelage vollständig abnehmen, also stehendes und laufendes Gut mit dem Mast, etwa um das Boot einzuwintern. (Gegenteil: auftakeln.) Oft fälschlich verwandt für Segel abschlagen.
achteraus Alles, was hinter einem Boot liegt. (Gegensatz: voraus.)
Achterholer Jeweils die Spinnakerschot, die sich in Luv befindet, also am Spinnakerbaum.
Achterleine Festmacherleine, die vom Heck eines Bootes schräg nach achtern an Land oder zu einem Pfahl führt. Bisweilen auch als Heckleine bezeichnet. (Gegensatz: Vorleine.)
Achterliek (das) Die hintere Kante eines Segels.
Achterstag (das) Vom Masttopp zum Heck verlaufendes Stag, das die nach vorne gerichteten Kräfte des Mastes aufnimmt. (Gegensatz: Vorstag.)
Achterstagspanner Eine Vorrichtung, um die Spannung auf dem Achterstag zu verändern und dadurch den Mast nach vorne oder achtern zu trimmen. Auf kleineren Yachten eine Talje, eine Spannschraube oder ein Spannhebel. Auf größeren Yachten ein Handradspanner oder gar eine Hydraulik.

anluven Eine Kursänderung höher an den Wind heran. (Gegenteil: abfallen.)
anschlagen Ein Segel am Baum oder Stag befestigen. (Gegenteil: abschlagen.)
anstecken Einen Gegenstand mit einem Ende oder zwei Enden miteinander verbinden.
aufbrisen Der Wind nimmt an Stärke zu.
auffieren Dem Zug auf einer Leine nachgeben, ohne sie ausrauschen zu lassen. Häufig auch nur: fieren.
aufklaren 1. Das Wetter »klart auf«, es wird besser. – 2. An und unter Deck, im Spind Ordnung schaffen.
aufkommen 1. Mit Ruderlage mittschiffs die Drehbewegung des Schiffs allmählich verringern. – 2. Ein voraus laufendes Schiff einholen. 3. Schlechtes Wetter, Gewitter, Sturm oder dergleichen kommt auf.
auflandig Wenn der Wind von See in Richtung Land weht. (Gegenteil: ablandig.)
aufschießen 1. Mit dem Boot in den Wind drehen, um es zum Stehen zu bringen. – 2. Eine Leine in regelmäßigen Buchten zusammenlegen.
auftakeln (auch aufriggen) Die gesamte Takelage (Rigg) an Bord bringen und aufrichten. (Gegenteil: abtakeln.) Oft fälschlich verwandt für Segel setzen.
auftuchen Ein Segel oder auch eine Abdeckplane ordentlich zusammenlegen.
Auge Bezeichnung für verschiedene Arten von Ringen (Schleppauge), Ösen, Löchern oder Schlingen. In Wortverbindungen entfällt das »e« (Augspleiß, Augbolzen).
Augpressung Maschinelle Pressung eines Auges in Drahttauwerk mit einer Seilhülse aus Kupfer, Aluminium oder Niro.

Babystag (das) Auf Kielyachten ein zweites kürzeres Vorstag, das in Höhe der unteren Saling angreift und aufs Vordeck herabführt. Gelegentlich auch als Trimmstag bezeichnet, weil mit ihm die Mastbiegung reguliert werden kann.
Back (die) 1. Erhöhter vorderer Teil des Decks. – 2. Seemännische Bezeichnung für Tisch.
back (engl.) Zurück, Rückwärts. Wird ein Segel back geholt, fällt der Wind von der »Rückseite« ein. Entweder segelt das Boot dann rückwärts, oder man erhöht dadurch das Drehmoment beim Wenden.
Backbord (Bb) In Fahrtrichtung gesehen die linke Seite eines Bootes. Links.
Backskiste In die Cockpitbank eingebauter, von außen zugänglicher Staukasten.
Backstag (auch Preventer) Ein vom Mast nach achtern aufs Seitendeck führendes Stag. Es kann jeweils nur in Luv durchgesetzt werden. In Lee muss es losgeworfen werden, um nicht den Großbaum zu behindern.
Balkenbucht (die) Eine leichte konvexe Wölbung des Decks.
Balkweger Längsbalken, auf denen die Decksbalken ruhen.
Ballast (der) Gewicht im oder unter dem Kiel einer Yacht, um die Stabilität (Gewichtsstabilität) zu erhöhen. Meistens aus Gusseisen oder Blei.
Baum Eine Stange aus Holz, Kunststoff oder heute meistens Aluminium, an der die untere Kante eines Segels angeschlagen (Großbaum) oder auch »fliegend« gefahren wird (Spinnakerbaum).
Baumniederholer Unten am Mast angreifende Talje, die ein Steigen des Baums auf Vorm-Wind-Kursen verhindert.
beidrehen Eine Yacht hoch am Wind,

durch entsprechende Segelstellung, etwa das Backholen der Fock, nahezu zum Stehen bringen.

beiliegen Beigedreht einen Sturm abwettern, aber auch längere Zeit annähernd an einer Stelle liegen bleiben, um etwas zu bergen oder eine Reparatur auszuführen.

bekneifen Festklemmen (von Leinen).

belegen Eine Leine festmachen.

Beplankung Die Außenhaut eines hölzernen Schiffes.

bergen 1. Die Segel herunternehmen. – 2. Einen Gegenstand in Sicherheit bringen. – 3. Ein in Seenot geratenes Schiff einbringen. Die Besatzung oder Ladung von einem gestrandeten Schiff herunterholen (abbergen).

Bergfahrt Auf Flüssen die Fahrt stromaufwärts, von der Mündung zur Quelle (der Bergfahrer). (Gegensatz: Talfahrt.)

Besan (der) Auf Zwei- und Mehrmastern der hintere kürzere Mast. Aber auch das Segel daran wird als Besan bezeichnet.

Bilge (die) Der Raum im Bootsboden zwischen Kiel und Bodenbrettern.

Binderreff (auch Bändselreff) Die Segelfläche wird bei starkem Wind verkleinert, indem man das Tuch auf den Baum herunterholt und dort festbindet.

Block Gehäuse aus Holz, Metall oder Kunststoff mit einer oder mehreren Rollen, über die Leinen laufen.

Boje 1. Im Grund verankerter Schwimmkörper zum Festmachen von Booten. – 2. Nicht ganz korrekte Bezeichnung für Tonnen, die als Seezeichen oder Wendemarken bei Regatten dienen.

Bord (der) Eigentlich die Schiffsseite (Backbord, Steuerbord), besonders deren Oberkante, daher »über Bord« fallen. »An Bord« heißt allgemein sich auf einem Schiff befinden.

brechen 1. Seemännischer Ausdruck für das Reißen von Leinen und Ketten (nicht jedoch für Segel). – 2. Das »Überkämmen« der Wellen, wenn sich auf einer Welle eine Schaumkrone bildet.

Brückendeck Auf Großschiffen das sich in gleicher Höhe an die Kommandobrücke anschließende Deck. Auf Yachten eine mehr oder minder breite Abschottung des Cockpits gegen den Kajütniedergang, meist als Sitzbank verwendet. Das Brückendeck verhindert, dass Wasser aus dem Cockpit in die offene Kajüte schwappt.

Bucht Schleife in einer Leine. Sie wird »in Buchten« aufgeschossen.

Bug (der) Das vordere Ende eines Schiffes. Steuerbord- bzw. Backbordbug bezeichnet jedoch jeweils die Seite einer Yacht, auf der der Großbaum geführt wird.

Bugkorb (auch Bugkanzel) Fest auf dem Vorschiff montiertes Schutzgeländer aus verzinktem Stahl, Niro oder Aluminium. Entsprechend gibt es auf dem Achterschiff Heckkörbe.

Bullenstander (der) Eine Leine, die auf Vorm-Wind-Kursen vom Ende des Baums nach vorne geführt wird, um zu verhindern, dass der Baum auf die andere Seite herumschlägt.

Cunningham-Hole (auch C.-Kausch) Nach seinem Erfinder, dem Amerikaner Briggs Cunningham benannter Vorliekstrecker am Großsegel. Eine zweite Kausch, etwa 15 cm über dem Segelhals, durch die ein Niederholer führt, mit dem das C.-Hole auf den Baum heruntergeholt werden kann. So lässt sich die Großsegel-Wölbung unterschiedlichen Windverhältnissen anpassen.

Curryklemme Nach ihrem Erfinder, Dr. Manfred Curry, benannte, gezahnte Federklemme, die sich unter Zug bekneift. Vorwiegend zum Festsetzen von Schoten und Streckern verwendet.

CWL In der Schifffahrt übliche Abkürzung für Konstruktionswasserlinie, bis zu der ein Schiff, nach den Berechnungen des Konstrukteurs, ins Wasser eintaucht.

Davit (der) Ein kleiner drehbarer Kran für Anker oder – meist paarweise – für Beiboote.

Deck (das) Die obere Abschlussfläche eines Bootsrumpfes. Bei einer nur teilweisen Eindeckung spricht man entsprechend von einem Vor- oder Achterdeck. Ein schmaleres Seitendeck wird auch als Gangbord bezeichnet.

Diamant(stag) (auch engl. Diamonds) Rhombusartige Verstagung des oberen Mastbereichs.

Dinette (die) Sprachschöpfung der Bootsbauer. Anordnung der Sofabänke zu beiden Seiten eines quer zur Schiffsrichtung stehenden Tisches. Manchmal sind die Bänke auch U-förmig um den Tisch gruppiert. Meist kann der Tisch abgesenkt und die Dinette zu einer Doppelkoje hergerichtet werden.

Dingi (das) Ein kleines Beiboot. Gelegentlich auch Dinghy geschrieben.

Dirk (die) Eine Leine, die vom Masttopp zum Ende des Baumes führt und den Baum hält, wenn das Segel abgeschlagen ist.

Draggen (der) Kleiner vierarmiger Anker, auch als Suchdraggen zum Auffischen über Bord gefallener Gegenstände.

Ducht (die) Quer oder längs liegendes Sitzbrett in einem offenen Boot.

dwars Querab, rechtwinklig zur Fahrtrichtung.

Ende Leine, Tau; ausgenommen sehr dicke Taue. Sie heißen Trossen. Die Enden eines »Endes« bezeichnet man als Tampen oder auch Tamp.

Fahrwasser An engen Stellen oder zwischen Untiefen, Sandbänken usw. die durch Seezeichen markierte Fahrrinne mit tiefem Wasser.
Fall (das, Mehrz.: Fallen) 1. Leinen oder Drähte zum Setzen der Segel. Entsprechend Großfall, Fockfall oder Spinnakerfall. – 2. Der Fall = Neigung eines Mastes nach vorne oder achtern.
Fender (der) Polster aus unterschiedlichen Materialien, um das Bordwand vor Beschädigungen an Stegen, Nachbarschiffen oder Ähnlichem zu schützen.
fieren Dem Zug auf einer Leine nachgeben, ohne sie ausrauschen zu lassen. Häufig auch: auffieren.
Finish (das) Begriff (aus dem Englischen), der mit dem Kunststoff-Bootsbau aufkam. Ursprünglich Kriterium für die äußere Gelcoatschicht (gutes oder schlechtes Finish), inzwischen zu einem etwas verschwommenen Begriff ausgeweitet für die Gesamtfertigung bzw. den Gesamteindruck eines Bootes.
Flybridge (die) Auf Motoryachten offener zweiter Steuerstand (Fahrstand) auf dem Kajütdach, der eine gute Rumdumsicht ermöglicht. Von außen über eine Leiter, auf größeren Yachten auch von innen zugänglich. Gelegentlich auch: Flying Bridge.
Fock (die) Dreieckiges Vorsegel. Es gehört zu den Haupt- oder Arbeitssegeln.
Fockroller Mechanische Vorrichtung, um die Fock, vom Cockpit aus, auf das Vorstag aufzurollen.
Freibord (der) Höhe der Bordwand über der Wasserlinie.

Gaffel (die) Rundholz, an dem das viereckige Gaffelsegel mit seinem Oberliek angeschlagen wird.
Gangbord (der) Geläufige Bezeichnung des Seitendecks zwischen Reling und Kajütaufbau oder Cockpitsüll.

Gatchen (auch Gattchen) Kleines, meist mit einer Metallkausch eingefasstes Loch in Segeln oder Planen, durch das Bändsel, Strecker oder Ähnliches gezogen werden können.
geigen Schaukeln des Bootes um die Längsachse, besonders vor achterlichem Wind.
Genua (die) Eine große Fock für leichtere Winde. Sie zählt zu den Beisegeln. Regatta-Yachten haben bis zu vier Genuas unterschiedlicher Größen und Tuchstärken, die meist römisch beziffert werden. Also Genua I, II usw.
GFK Abkürzung für glasfaserverstärkter Kunststoff, das Baumaterial, aus dem heute die meisten Sportboote hergestellt werden. Andere gebräuchliche Bezeichnungen: Fiberglas- oder Polyesterharz-Boote.
gieren Seitliches Ausscheren eines Bootes aus seinem Kurs, besonders vor achterlichen Seen.
Glattdecker (auch Flushdecker) Bootstyp ohne jegliche Decksaufbauten. Das Deck wird nur durch die Vertiefung des Cockpits und eine flache Überdachung des Niedergangs unterbrochen.
Gräting (die) Gitter oder Rost zum Abdecken von Luken, auf Cockpitböden oder -bänken.
Gut (das) Das gesamte Faser- und Drahttauwerk der Takelage eines Segelbootes, unterteilt in »stehendes Gut« – dazu zählt die feste Verstagung des Mastes mit Vorstag, Wanten und Achterstag – und »laufendes Gut«. Dazu gehören die Fallen zum Setzen der Segel und die Schoten zur Segelführung.

Hahnepot (die) Ein gespreiztes Ende, das die in seinem Scheitel angreifende Kraft auf zwei Punkte verteilt.
Hals Die vordere untere Ecke eines Segels.

halsen Mit dem Heck durch den Wind gehen.
Havarie Beschädigung einer Yacht durch Grundberührung, Kollision oder Sturm.
Heck (das) Das hintere Ende eines Schiffes.
Heckplattform Eine am Heck montierte Plattform mit (abklappbarer) Leiter, die es ermöglicht, bequem ins und aus dem Wasser zu gelangen. Deshalb häufig auch als Badeplattform bezeichnet. Doch ist sie auf höherbordigen Booten eine unerlässliche Rettungseinrichtung, denn nur über eine Heckplattform ist es möglich, einen über Bord Gefallenen wieder an Bord zu bekommen. An Booten mit Z-Antrieben schützt sie gleichzeitig die das Heck nach hinten überragenden Außenbordaggregate vor Beschädigungen.
heißen/hissen Das Hochziehen eines Segels oder einer Flagge.
Holebug Beim Kreuzen der Bug, über den man sich zwar dem Ziele nicht direkt nähert, aber Höhe heraussegelt, um dann vielleicht auf dem nächsten Streckbug das Ziel anliegen zu können.
holen Das Ziehen an einem Ende (anholen, durchholen, einholen, ausholen, aufholen). (Gegensatz: fieren.)
Hubkiel Ein ähnlich dem Schwert – meist mit einer Winde – aufholbarer Ballastkiel.
Hundsfott Bügel oder Auge am Block, an dem die feste Part der Talje angeschäkelt wird.

Jolle 1. Allgemein ein kleines offenes Boot. – 2. Ein offenes Segelboot mit Schwert im Gegensatz zum Kielboot.
Jollenkreuzer Ein (kenterbares) Schwertboot mit Kajüte.

Kat 1. Eine Takelung mit einem Mast und nur einem Großsegel, also ohne

Vorsegel. – 2. Gebräuchliche Abkürzung für Katamaran.
Kausch (die) Eine ring- oder auch herzförmige Metall- oder Kunststoff-Verstärkung für ein Auge.
Keep (die) Rille, Hohlkerbe, Nut, Kerbe; beispielsweise im Baum zum Einziehen des Segels oder zwischen den Kardeelen von Tauwerk.
kentern Umkippen eines Bootes, nachdem es den Kenterpunkt überschritten hat. Alle Schwertboote können kentern.
kentersicher Ein Kielboot, dessen Ballastanteil so hoch ist, dass es sich auch dann wieder aufrichtet, wenn es vom Sturm platt aufs Wasser gedrückt wird, ist kentersicher. Fälschlich auch als »unkenterbar« bezeichnet.
Ketsch Yacht mit Großmast und Besan, der innerhalb der Konstruktionswasserlinie steht.
Kielschwein Eine innen auf dem Kiel liegende Verstärkung, auch Binnenkiel genannt.
Kielschwerter Ein Boot mit einem flachgehenden Kiel und einem zusätzlichen Schwert, das durch den Kiel hindurchgeführt wird.
killen Flattern der Segel.
Kimmstringer Längsversteifung im Rumpf, die an der Kimm sitzt, das heißt dort, wo der Bootsboden in die mehr oder minder senkrechte Bordwand übergeht.
Klampe (die) Eine doppelarmige Knagge aus Holz, Metall oder Kunststoff zum Belegen von Leinen.
Klinker Beplankungsart, bei der die einzelnen Plankengänge dachziegelartig überlappen. Sie wird gelegentlich in Kunststoff imitiert.
Klüse Eine Öffnung in Bordwand oder Schanzkleid zum Durchführen von Leinen, besonders der Ankerkette (Ankerklüse).
Klüver (der) Dreieckiges Vorsegel, das vor der Fock gefahren wird und auf einem Kutter zu den Haupt- oder Arbeitssegeln zählt.

Knarrpoller (der) Einfache Winsch ohne Hebel zur Übertragung geringer Kräfte (Fockschot auf Jollen), meist aus Kunststoff.
Knickspanter Boote, deren Rümpfe einen eckigen Querschnitt haben. Es kann ein einfacher oder ein doppelter Knickspant sein. (Gegensatz: Rundspanter.)
Knoten (kn) Nautische Geschwindigkeitsbezeichnung für Seemeilen pro Stunde. Der Ausdruck stammt von der Markierung der Logleine des alten Handlogs mit Knoten.
Koker (der) Allgemeine Bezeichnung für Gehäuse, Köcher. Beispielsweise heißt die wasserdichte Durchführung für den Ruderschaft Ruderkoker.
Kollisionskurs (der) Eine Fahrtrichtung, die zwangsläufig zu einer Kollision führen muss, wenn sie von zwei oder mehr Schiffen (den Kollisionsgegnern) beibehalten wird.
Kopf Die obere Ecke eines Segels, an der man das Fall anschäkelt.
Kopfschlag Beim Belegen auf einer Klampe wird das letzte Ende so über Kreuz gelegt, dass es sich bekneift.
Krängung Schräglage (eines Bootes) durch Wind- oder Stromeinfluss.
kreuzen Mit Zickzack-Kurs auf ein Ziel in Windrichtung zusegeln.
kurzstag Beim Ankerlichten wird die Kette so weit eingehievt, dass sie keine Lose mehr hat.
Kutter Yacht mit einem Mast und mindestens zwei Vorsegeln (Fock und Klüver).

Lateralplan Die Silhouette des Unterwasserschiffes von der Seite gesehen. Je nachdem ob der Kiel lang, kurz oder tief ist, spricht man von einem langen, kurzen, tiefen oder auch flachen Lateralplan.
laufendes Gut Alles Tauwerk, das beweglich ist und über Blöcke, Scheiben und dergleichen läuft (Fallen, Schoten, Dirken usw., aber nicht

Backstagen). Dient zum Setzen, Bergen und Einstellen der Segel.
Lee Die dem Wind (oder Strom) abgekehrte Seite.
leegierig Ein Boot, das die Eigenschaft hat, ständig abzufallen.
Legerwall Auf Legerwall liegen = eine Yacht liegt vor einer Küste oder einem anderen Hindernis, auf die Wind und See setzen. Stets eine gefährliche Situation.
lenzen 1. Ein Boot leerpumpen oder ausschöpfen. – 2. Mit einem Schiff vor einem Sturm herlaufen.
Liek (das, Mehrz.: Lieken) Die verstärkten Kanten eines Segels (Vor-, Achter-, Ober-, Unterliek).
Lippe (Lippklampe) Klauenartige Durchführung für Leinen im Schanzkleid oder auf Deck.
Log (das) Messinstrument für die Geschwindigkeit, dem Tachometer des Autos entsprechend. Die einfachste Art ist das Patentlog. Ein nachgeschleppter Impeller betreibt über ein Schwungrad ein Zählwerk. Moderne elektrische Logs arbeiten mit im Bootsboden eingebauten Impellern oder einem Fühler, der durch das anströmende Wasser unterschiedlich stark abgelenkt wird, oder nach dem Staudruck-Prinzip.
Lose Wenn ein Ende nicht dichtgesetzt ist, hat es Lose. Lose geben heißt, mit einem dichtgesetzten Ende nachgeben.
Lot Messinstrument für die Wassertiefe. Das Handlot besteht aus einem Bleigewicht an einer markierten Leine. Das Echolot arbeitet elektro-akustisch.
Lümmel Die Verbindung zwischen Baum und Mast, bestehend aus dem Lümmelbeschlag am Baum und dem Lümmellager am Mast. Das kann ein einfacher Haken sein, ein rundum schwenkbarer Zapfen, eine Steckbolzen-Verbindung, ein Schlitten mit Manschette und ist – sofern vorhanden – mit dem Patentreff kombiniert.

Luv Die dem Wind (oder Strom) zugekehrte Seite.
luvgierig Ein Boot, das die Eigenschaft hat, ständig in den Wind zu drehen.

Mastspur Eine Ausnehmung im Kielschwein oder ein Beschlag, der den Mastfuß hält und mitunter in der Längsschiffsrichtung verstellt werden kann, um den Mast weiter nach vorne oder achtern zu trimmen.
Motorwanne Eine Mulde im Achterschiff von Außenborderbooten, in die der Kopf schwenkt, wenn der Motor hochgekippt wird. Sie ist selbstlenzend und hat Durchführungen für Steuer- und Schaltkabel und Tankschlauch.
Muring (auch Mooring) Festmachemöglichkeit im freien Wasser. Meistens eine sicher verankerte Boje.
Niedergang Eingang und Treppe zu der meist tiefer als das Cockpit gelegenen Kajüte.
Nock (die) Das Ende des Baumes, nicht aber des Mastes. Das heißt Topp. Auch die Enden der Kommandobrücke auf Großschiffen werden als Brückennock bezeichnet.

Ösfass Gefäß zum Wasserschöpfen (ösen), meist aus Kunststoff.

Pall (das) Sperrklinke an einem Zahnkranz, beispielsweise an einer Ankerwinsch, um ein Ausrauschen der Kette zu verhindern.
Pallen Mehrzahl von Pall, aber auch Hölzer zum Abstützen des Bootes im Winterlager. Den Vorgang selbst bezeichnet man als aufpallen.
Patenthalse Unfreiwilliges Halsen, verursacht durch Unaufmerksamkeit des Rudergängers oder starkes Gieren oder Rollen des Bootes. Auf Jollen kann sie leicht zum Kentern führen, auf schweren Kielyachten zu Bruch in der Takelage.
Patentreff (auch Rollreff) Die Segelfläche wird verkleinert, indem man das Tuch auf den Baum wickelt.
Persenni(n)g (die) Eine wasserdichte Abdeckplane für die Segel, das Cockpit oder das ganze Boot.
Piek (die) Ecke, Spitze. Die äußersten spitzen Enden einer Yacht heißen dementsprechend Piekräume – Vor- und Achterpiek.
Pinne (auch Ruderpinne) Waagerechter Hebelarm am Kopf des Ruderschaftes, oft klappbar. Gelegentlich wird das Steuern auch als pinnieren bezeichnet.
Plattgatter Bootstyp mit einer breiten glatten Spiegelplatte, über die das Ruder gefahren wird. (Gegensatz: Spitzgatter.)
Plicht (die) Seltenere Bezeichnung für das Cockpit, der Vertiefung im Deck, in der die Crew, die Besatzung sitzt.
Poller (der) Starker, kurzer Pfahl aus Holz, Metall oder auch Stein zum Festmachen von Leinen an Land. Auch die kleineren Versionen an Deck heißen Poller. Man unterscheidet, je nach Form, einfache, Doppel-, Kreuz- und Doppelkreuzpoller.
Preventer Backstag (s. dort).
Propellerbrunnen Ausschnitt im Kiel, Skeg oder Ruderblatt, in dem der Propeller dreht.
pullen Seemännische Bezeichnung für rudern.
Pütting (das; auch Rüsteisen) Beschlag, mit dem die Wanten am Bootsrumpf befestigt sind.

raumen Eine günstige Winddrehung mehr nach achtern. (Gegenteil: schralen.)
reffen Ein Segel verkleinern.
Reitbalken Eine quer übers Cockpit laufende Strebe, unter die man beim Ausreiten des Bootes die Füße haken kann.
Reling (auch Seereling oder populärer Seezaun) Ums Boot laufendes Drahtgeländer, gehalten von Relingstützen. Als Fußreling werden auch Leisten oder Schienen an der Außenkante des Decks bezeichnet, die verhindern sollen, dass man mit den Füßen abrutscht.
Riemen Seemännischer Ausdruck für »Ruder« mit denen nicht gerudert, sondern gepullt wird.
Rigg (das) Moderne Bezeichnung für Takelage. Sammelbegriff für Masten, Bäume, stehendes und laufendes Gut. Entsprechend wird eine Yacht »gerigget« oder »aufgerigget«.
rollen Die aus Schlingern und Stampfen zusammengesetzte Bewegung einer Yacht im Seegang.
Roring (der) Ring, besonders am Ankerschaft zum Befestigen der Kette oder Leine.
Ruder Seemännischer Ausdruck für »Steuer«, auch »Rohr« genannt. Verballhornung des flämischen Roer. Man steuert mit dem Ruder. Jollen haben meist einen Steuermann, Yachten dagegen einen Rudergänger.
Ruderblatt Der unter Wasser befindliche Teil des Ruders.
rund achtern Kommando beim Halsen zum Schiften des Segels.
Rundspanter Boote, deren Rümpfe einen runden Querschnitt haben. Er kann sehr schmal oder auch extrem breit sein. (Gegensatz: Knickspanter.)
Rüsteisen Pütting (s. dort).
Rutscher (auch Schlitten) Gleitschuh am Vorliek eines Segels, der in der Gleitschiene an der Rückseite des Mastes läuft.

Saling (die) Waagerechte Strebe am Mast, die im oberen Bereich die Wanten abspreizt, um eine bessere Mastverspannung zu erzielen.
Sandwich-Bauweise Zwischen zwei

Deckschichten aus Kunststoff wird ein Kern aus PVC-Hartschaumstoff, Balsa- oder Bootsbausperrholz eingeschlossen. Das ergibt, bei großer Steifheit des Bootskörpers bzw. Decks, ein nur geringes Gewicht und gute Isolation.

Schäkel (der) Durch Schraub- oder Steckbolzen verschließbare Metallbügel unterschiedlicher Größen und Stärken, um stark beanspruchte Teile an Bord miteinander zu verbinden. Beispielsweise den Anker mit der Kette oder Fall und Segel.

schamfilen Scheuern, reiben.

Schandeckel Die äußere an die Bordwand anschließende Decksplanke auf Holzschiffen.

Schanzkleid Eine Erhöhung der Bordwand über das Deck hinaus. Auch die häufig auf seegehenden Yachten anzutreffende Verkleidung der Seereling mit Segeltuch wird als Schanzkleid bezeichnet.

scheren 1. Ein Ende durch einen Block, ein Auge oder eine Leitöse führen. – 2. Im Sinne von »laufen«. Ein Schiff schert aus dem Kurs.

schiften Den Baum von einer Seite auf die andere nehmen.

Schlag Die zwischen zwei Wendemanövern beim Kreuzen zurückgelegte Strecke.

schlingern Das seitliche Schaukeln eines Schiffes im Seegang, also eine Drehbewegung um die Längsachse.

Schot (die) Leine zum Regulieren der Segelstellung. Entsprechend Fockschot, Großschot oder Spinnakerschot.

Schothorn Die hintere untere Ecke eines Segels.

Schotring Ein runder Bügel am Großbaum, an dem die Schot angreift.

Schott (das) Querwände, möglichst wasserdichte, in Schiffen. (Mehrz.: Schotte.)

schralen Eine ungünstige Winddrehung mehr nach vorne. (Gegenteil: raumen.)

schricken Etwas fieren. »Einen Schrick in die Schot geben.«

Schwell (der) In Häfen hineinstehende schwache Dünung. Von vorbeifahrenden Schiffen verursachter Wellenschlag.

Schwert Senkrecht in einem Schwertkasten steckende Platte auf Jollen, die beim Segeln der seitlichen Abdrift entgegenwirkt. Es gibt Steckschwerter und drehbar gelagerte Senkschwerter.

schwojen Das Pendeln eines Bootes um seinen Anker oder seine Muring, hervorgerufen durch Wind oder Strom.

Seeventil Absperrhahn an allen wasserführenden Leitungen, die den Bootsrumpf durchbrechen: Abflüsse von Waschbecken, WC etc.

Setzbord Der erhöhte Rand des Cockpits als Schutz gegen überkommendes Wasser. Auch Waschbord genannt.

Skeg (der; engl.) Deutsche, aber wenig gebräuchliche Bezeichnung »Ruderleitflosse«, auch »Kiel-« oder «Ruderhacke». Ein »Totholz« vor dem Ruderblatt, das günstigere Anströmverhältnisse schafft und dadurch eine bessere Ruderwirkung erzielt.

Skipper Der »Kapitän«, das heißt, der verantwortliche Führer einer Yacht, im Gegensatz zum Besitzer, der Eigner genannt wird.

slippen 1. Das Zuwasserbringen eines Bootes auf einem Slip, einer Bootsrampe. – 2. Schnelles Loswerfen einer Leine. »Auf Slip belegen.«

Slup Yachttyp mit Großsegel und einem Vorsegel. Die am meisten verbreitete Takelung.

Spant (das; Mehrz.: Spanten) Die Quer- und Längsrippen eines Schiffes. Der Kunststoff-Bootsbau kommt weitgehend ohne sie aus. Längsspanten werden auch Stringer genannt.

Speigatt Öffnungen im Schanzkleid oder in der Fußreling zum Wasserablauf.

Spiegel Der Abschluss des Hecks. Ist er einwärts geneigt, spricht man von einem einfallenden Spiegel, bei Neigung nach auswärts entsprechend von einem ausfallenden.

Spinnaker (auch Spi) Ein leichtes, bauchiges, lose (»fliegend«) an einem Baum gefahrenes Vorsegel für Kurse mit raumem und achterlichem Wind.

spleißen Das dauerhafte Verflechten von Tauwerk. Entweder um zwei Enden miteinander zu verbinden oder um ein Auge zu bilden.

Spring Zusätzliche Festmacheleinen zu der Vor- und Achterleine, die eine Bewegung des Bootes in der Längsrichtung verhindern. Die Vorspring verläuft vom Vorschiff schräg nach hinten, die Achterspring vom Achterschiff schräg nach vorne.

Sprung Der Verlauf der Decksline, der auf Yachten nur selten waagerecht ist. Liegen Bug und Heck höher als der Mittelteil des Rumpfes, hat das Boot einen positiven Sprung, verläuft die Deckslinie umgekehrt, einen negativen Sprung.

Stag (das) Drahttauwerk zum Abstützen und Versteifen der Masten nach vorne und achtern. – Über Stag gehen, dasselbe wie wenden.

Stander 1. Für bestimmte Zwecke fertig gespleißtes Drahtende, z. B. der Bojenstander. – 2. Kurze dreieckige Flagge (Vereinsstander), im Gegensatz zum Wimpel, der auch dreieckig, aber lang und schmal ist.

Standerschein Die Berechtigung zum Führen des Club- oder Vereinsstanders.

stampfen Das Schaukeln eines Schiffes in der Längsrichtung, also um die Querachse, bei gegenanlaufender See.

Steuerbord (Stb) In Fahrtrichtung gesehen die rechte Seite eines Bootes. Rechts.

Steven Vorderer und hinterer Abschluss des Bootsrumpfes, entsprechend Vor- und Achtersteven.

Stevenrohr Die Durchführung der Propellerwelle durch den Bootsrumpf.
Streckbug Beim Kreuzen der Bug, über dem man die längeren Schläge machen kann, weil der Wind nicht genau vom Ziel her weht.
Stringer Versteifung des Bootsrumpfes in Längsrichtung (s. Spanten). »Gleitstringer« sind keine Stringer, sondern dem Rumpf außen aufgesetzte Kunststoffprofile zur Verbesserung des dynamischen Auftriebs.

Takelage Sammelbegriff für Masten und Bäume, stehendes und laufendes Gut. Modernere Bezeichnung: Rigg.
Takelung Die Art und Weise, wie ein Boot getakelt oder gerigt ist: Slup, Kutter, Ketsch usw.
Tamp(en) Die beiden Enden einer Leine (seemännisch: eines Endes).
Toggle Kniegelenk. An beiden Seiten gabelförmiges Verbindungsstück zwischen Wantenspanner und Pütting.
Topp Spitze des Mastes.
Toppnant Aufholer für den Spinnakerbaum.
Törn 1. Eine Segelfahrt. – 2. Ein ungewollt in eine Leine eingedrehtes Auge. Eine vertörnte Leine = unklare Leine.
Trapez Ein auf Rennjollen oben im Mast befestigter Draht mit einem Gurt, in dem sich der Vorschotmann weit nach Luv aus dem Boot hängt, um als »lebender Ballast« die Stabilität zu erhöhen.
Traveller (engl. Laufkatze) Genau genommen der Schlitten, an dem der Großschot-Fußblock auf einer Schiene oder einem Rohr gleitet. Inzwischen aber hat sich die Bezeichnung für die gesamte Einrichtung eingebürgert, die dem besseren Trimm des Großsegels dient.
Trimaran (auch Tri), Dreirumpfboot mit einem großen Mittelrumpf, in dem sich die Kajüte befindet, und zwei kleineren Auslegerrümpfen.
trimmen (der Trimm) Alle Maßnahmen, die ein Boot schneller machen und sein Seeverhalten verbessern.
Trysegel (sprich: Trei-) Ein kleines dreieckiges Segel aus schwerem Tuch. Es wird bei Sturm anstelle des Großsegels mit losem Fußliek gefahren.

über Stag gehen Eine andere Bezeichnung für »wenden«.

Verdrängung (Deplacement) Gewichtsangabe für eine Yacht in kg oder t. Gewicht der Yacht = Gewicht des verdrängten Wassers.
verholen Ein Schiff mit Leinen von einem Platz zu einem anderen bringen.
Verklicker Drehvorrichtung für einen Stander am Masttopp zur Windrichtungsanzeige.
Verstagung Dasselbe wie »stehendes Gut«. Sammelbegriff für die Masthalterungen: Vor- und Achterstag und Wanten.
Vorluk Eine verschließbare Luke auf dem Vordeck. Auf kleineren Booten meist nur ein kleines Arbeitsluk, auf größeren der Einstieg in die Vorschiffsräume.
Vorschiff Der vor dem Mast liegende Teil eines Bootes. Entsprechend das Vordeck.
Vorschoter Derjenige, der nicht steuert, sondern die Vorschot bedient.
Vorsegel Alle Segel vor dem Mast, also Fock, Genua, Klüver, Spinnaker.

Want (das; Mehrz.: Wanten) Das stehende Gut rechts und links vom Mast. Kleine Boote haben nur ein Wantenpaar, größere Yachten mehrere (Topp-, Ober- und Unterwanten).
Waschbord Erhöhter Rand des Cockpits (s. Setzbord).

Wasser machen Ein Schiff leckt, ist undicht.
Wegerung Die innere Verkleidung des Rumpfes. Sie dient hauptsächlich der Isolation.
wegfieren Eine Verstärkung des Ausdrucks fieren (s. dort).
wenden Mit dem Bug durch den Wind gehen.
Winsch Mit einer Kurbel oder elektrisch zu bedienende Winde (Schotwinsch, Fallwinsch, Ankerwinsch).
Wirbelschäkel Schäkel mit einem drehbaren Auge oder drehbar verbundene Doppelschäkel.
wriggen, auch **wricken** Ein Ruderboot mit einem Riemen am Spiegel durch schraubenartige Bewegung vorwärtsbewegen.

Yawl Yachttyp mit Großmast und Besan, der außerhalb der Konstruktionswasserlinie steht.

zeisen Zusammen- oder anbinden, etwa aufgetuchte Segel. – Beschlag-Zeiser = Bänder zum Zeisen der Segel.
zurren Zusammenschnüren, festbinden. Etwas seefest zurren.